왕의 경영

왕의 경영

수신修身에서 치국治國까지
정조가 묻고 세종이 답하다

김준태 지음

다산
초당

나는 그대의 자질이 아름다운 것을 알고 있다.

만약 하지 않겠다면 모르지만

진실로 마음을 다해 노력한다면

어떤 일이든 해내지 못하겠는가.

－세종 世宗

산보다 더 높은 것이 없고

바다보다 더 넓은 것이 없지만

바다는 산을 포용해도 산은 바다를 포용할 수 없다.

사람의 가슴도 바다처럼 드넓어야지,

오로지 높은 것만을 추구해서는 안 된다.

－정조 正祖

일러두기

1. 이 책은 우리 역사상 최고의 군주로 손꼽히는 조선 세종과 정조의 말씀들을 대화 형식으로 재구성한 것으로, 2010년 8월부터 트위터 상에 게재하였고 2012년 1월부터 같은 해 5월까지 주간 「이코노미스트」에서 연재한 것을 최종적으로 보완하여 엮은 것이다.

2. 이 책은 국사편찬위원회의 『(국역)조선왕조실록』과 한국고전번역원의 『(국역)홍재전서』로부터 큰 도움을 받았다. 인용한 글들은 모두 필자가 새롭게 번역을 한 것이지만, 선행 번역자들의 성과물을 참조할 수 없었다면 매우 어려운 작업이 되었을 것이다. 전체 원문은 '조선왕조실록'(sillok. history.go.kr)과 '한국고전종합DB'(db.itkc.or.kr)에서 각각 검색할 수 있다.

3. 본문에서 원전(原典)의 기록을 인용할 때에는 큰 따옴표(" ")로 묶어 표기했다. 원문을 국문으로 그대로 번역하여 옮긴 것은 주석을 달아 그 원문을 소개하였으며, 편집하거나 각색한 것은 주석에 원문과 번역문을 함께 실었다. 이는 인용된 부분의 역사적 맥락과 사실 관계를 정확하게 파악하고, 주석 자체만으로도 말씀들을 충분히 새길 수 있도록 하기 위해서다. 그 외에 인용 표시가 없는 부분은 모두 저자의 창작이다.

4. 본문에서 사용된 날짜는 『조선왕조실록』을 근거로 했으며, 기본적으로 모두 음력(陰曆)이다.

5. 서지 사항 및 문장 부호는 다음의 기준에 맞춰 사용했다.

『 』: 단행본, 전서, 총서

「 」: 위 사항의 하위 항목이나 각 권, 또는 정기간행물, 보고서, 논문

' ': 위 사항의 개별 항목

"이 세상은 변화가 무궁무진하여, 옛날과 오늘날 사이의 차이점을 따지자면 한도 끝도 없겠지만 그 이면에는 서로 비슷한 데가 있다. 사람의 타고난 본성과 감정의 작용이 같고, 시대가 융성하고 쇠퇴하는 흐름도 대개 유사하다. 그러므로 잘 관찰해보면 오늘의 일은 옛 사람이 일찍이 겪었던 일이요, 옛 사람이 남긴 말은 지금도 마땅히 되새겨야 할 가르침이 된다."

정조正祖 임금의 어록이다. 시간과 공간, 과학기술의 발전이라는 옷만 갈아입었을 뿐 인간의 본질과 감정의 흐름은 예나 지금이나 여전하며, 시대의 전개 양상 또한 비슷하다. 인간이 선택하고 행동한 결과들, 인간이 도출한 성공과 실패의 수많은 사례들이 집약되어 있는 '역사'를 배워야 하는 이유가 여기에 있다. 똑같은 잘못을 거듭하지 않기 위해서, 그리고 보다 현명한 선택을 하기 위해서, 우리는 지나온 '과거'를 공부하여 지금 살아가고 있는 '오늘'을 더욱 풍요롭게 하고, 앞으로 살아가야 할 '미래'에 대비해야 하는 것이다.

우리 역사를 대표하는 위대한 군왕인 세종과 정조를 다시 이야기하는 것도 그래서이다. 아마도 대한민국 국민 중에서 이 두 임금을 모르는 사람은 거의 없을 것이다. 하지만 대부분 두 임금이 어떤 일을 했는지를 아느냐고 물으면 쉽게 대답하지 못한다. 세종대왕에 대해서는 훈민정음 창제, 6진4군 개척, 각종 기구 발명 정도를 기억할 테고, 정조 임금에 대해서는 탕평책, 금난전권 철폐 정도가 전부일 것이다. 두 임금이 어떤 정치를 펼쳤는지, 어떤 업적을 세웠는지에 대해서 잘 알지 못할 뿐만 아니라, 그러한 정치를 '왜'하게 되었는지, 어떤 생각과 마음 자세로 정치에 임했는지에 대해서는 더더욱 문외한이다.

사람들은 흔히 세종의 시대가 태평성대였기 때문에 평온하기만 해서 '재미없을 것'이라고 생각한다. 하지만 그 시대는 실상 매우 역동적이었다. 즉위 초 여러 해에 걸쳐 계속된 기근과 재해를 이겨내고 조선사 유일의 영토 확장 전쟁을 수행했으며 혁신적인 신무기도 개발했다. 새로운 문자를 만들었고 과학기술을 진보시켰으며, 형벌에서 삼심제를 도입하고 어떤 면에서는 오늘날보다 더 선진적인 복지정책을 구현했다. 정조의 시대도 마찬가지다. 붕

당 간의 극단적인 대립과 죽음의 위협 속에서도 정조는 정치를 변화시키고 민생안정을 이끌어냈다. 엄격한 자기관리의 바탕 위에서 각종 개혁 정책을 성공시켰으며, 조선 후기 문예부흥을 이끌었다.

또한 세종과 정조는 임금이 만백성의 모범이 되어야 한다고 생각하여 지도자의 도덕성과 자기반성을 매우 강조했다. 임금의 과오는 나라의 존망, 백성의 안위와 직결되기 때문에 높은 도덕성과 끊임없는 성찰은 필수적이라는 것이다. 두 임금이 보인 '열정'과 '시대를 읽어내는 안목'도 기억해야 한다. 세종과 정조는 놀랄 만한 에너지를 쏟아내며 정무에 열중했고, 주어진 과제에 치열하게 몰두했다. 두 임금은 "전력을 다한다면 이루지 못한 일은 없을 것이다(세종)." "태산의 정상 위에 올라 다시 또 다른 태산을 찾아 오르라(정조)."는 자신들의 말을 그대로 실천해냈으며, 역사, 독서 등 꾸준한 공부를 통해 긴 안목으로 시대가 요구하는 과제를 정확히 읽어냈다. '소통'의 문제도 본받아야 한다. 세종이 반대자들을 포용하고, 여러 비판에도 귀 기울이며, 정적政敵을 대거 발탁해 그 능력을 최대치까지 이끌어낸 모습은 감탄을 넘어서 장엄하기까지 하다.

이 책은 이러한 세종과 정조에 대한 기록이다. 책 속에서 두 임금은 400년의 세월을 뛰어넘어 가상으로 대화를 나눈다. 독자들은 이 가상 대화를 통해 두 임금이 세운 업적은 물론, 두 임금이 남긴 말과 행동들을 살펴볼 수 있을 것이다.

*

세종과 정조의 가상 대담은 우연한 계기에서 시작되었다. 두 임금의 정치사상과 리더십에 대해 공부하고 있던 필자는 그 작업의 일환으로 『세종실록世宗實錄』과 『정조실록正祖實錄』, 정조의 문집인 『홍재전서弘齋全書』를 읽으면서 주요 대목들을 정리하고 있었다. 그런데 각각의 자료가 쌓이다 보니 서로 연결되는 부분이 많다는 것을 발견했다. 정치, 군주의 자세, 자기관리, 공부, 형벌, 백성 구휼 등 다양한 분야에서 두 임금의 문제의식은 맞닿아 있었다. 그래서 문득 "두 분이 이러한 문제들을 두고 서로 이야기를 나누면 어떨까?"하고 생각했던 것이 이 대담의 출발점이 되었고, 트위터와 『이코노미스트』지에서의 연재를 거쳐, 이 책이 완성되었다.

처음 원고를 구상할 당시에는 두 임금이 동일한 사안을 두고 치열한 논쟁을 벌이기도 하면서 공통점과 차이점을 함께 드러내는 것을 목표로 했었는데 필자의 공부가 부족하여 그 정도까지 이르지는 못했다. 그래서 차선으로 선택한 것이 이 책의 부제처럼 "정조가 묻고 세종이 답하다."이다. 실제로 정조는 자주 세종의 시대를 그리워하며 당대의 문제점을 안타까워 한 바 있다. 그래서 "정조가 직접 세종에게 자신의 고민에 대한 질문을 던지는 것이

가능했다면, 그리고 세종이 정조에게 그에 대한 조언과 격려를 해 줄 수 있었다면 어떤 모습이었을까?"하는 상상을 여기에 담았다.

이 책에서 이루어지는 대화는 세종과 정조의 실제 어록과 사건을 바탕으로 구성된 것이다. 다만 한 가지, 필자의 '주관적 편집'이 개입되면서 사실史實이 왜곡되어 전달되는 부분이 있을 수 있다는 점에 대해 양해를 바라고 싶다. 원활한 대화 형식을 만들어 내기 위해 시간 순서를 뒤섞기도 했고, 요약·각색 등의 작업도 이루어졌다. 어록과 어록 사이를 매끄럽게 연결하기 위해 필자의 창작 또한 많이 들어가 있다. 물론 창작과 실제 기록을 분명하게 구분했고, 각색을 하더라도 그 어록이 나오게 된 취지와 배경에서 벗어나지 않도록 하기 위해 나름의 노력을 다하였지만, 부족한 부분이 있을 수 있다. 이러한 문제점을 보완하기 위해 각 장의 주석마다 해당 어록의 출처가 되는 원전의 본문과 번역문을 싣고, 그 어록이 나오게 된 배경에 대해서도 간략한 설명을 붙여놓았다. 역사적인 맥락과 사실을 확인하고 싶으신 분은 주석을 참고하시길 부탁드린다.

*

바둑이 끝나면 복기復碁가 열린다. 승자와 패자가 그 판을 처음부터 순서대로 다시 두며 의견을 교환하는 자리다. "이때 나라면 어떻게 했을까?" "이 상황에서 더 좋은 수手는 없었을까?" "내가 잘 못 판단한 까닭은 무엇인가?"를 가지고 토론을 하면서 승자는 승리를 계속 이어갈 수 있는 지혜를 얻고, 패자는 다음번 시합에서 승리하기 위한 준비를 할 수 있다.

필자는 부족하나마 이 책이 세종과 정조라는 탁월한 두 지도 자에 대한 복기가 될 수 있기를 소망한다. 두 분 임금의 정치와 백성에 대한 마음가짐, 인생에 대한 자세, 그리고 성공의 조건에 대해 생각해볼 수 있는 계기가 되었으면 한다. 그렇다고 세종과 정조의 뒤를 무조건 따라가서는 안 될 것이다. 두 임금의 방식이 현대 사회와 적합하지 않는 부분도 있을 뿐 아니라, 맹목적 추종은 답습이기 때문이다. 우리는 세종과 정조의 뒤를 좇아가는 것이 아니라 그분들이 추구하고, 이루고자 했던 바를 좇아가야 한다. 두 분의 업적이 아니라 정신을 배워서 오늘날에 맞게 새롭게 재창조 해내야 하는 것이다.

정치가 혼란스럽고, 나라가 어지러울 때 역사 속의 리더를 소환해내는 나라는 불행한 나라다. 지금 현재에 본받을 만한 지도자가 없다는 의미이니 말이다. 루카치가 "우리가 가고 있고 또 가야만 하는 길의 좌표를 창공의 별들이 인도해주는 시대는 얼마나 아름다운가!"라고 했지만, 세종과 정조가 더 이상 그 별의 역할을 해서는 안 된다. 세종과 정조라는 두 찬란한 별은 우리 뒤편에서 우리가 걸어가는 길을 흐뭇하게 바라보고 있고, 우리는 우리 위에 놓인 새로운 별이 인도하는 길을 따라 앞으로 나아갈 수 있어야 한다. 그런 날이 오기를 고대한다.

*

이 책이 완성되기까지 많은 분들의 도움을 받았다. 언제나 내게 큰 힘이 되어주시는 부모님과 가족들, 학문하는 방법과 자세를 일깨워주신 은사 최일범 교수님께 깊이 감사드린다. 박순영 교수님, 최영진 교수님으로부터 가르침을 받았던 것도 큰 행운이었다. 그리고 이 책은 선행 연구자들로부터 많은 영감을 얻었다. 연구자들께 경의를 표한다. 흔쾌히 추천사를 써주신 남재희 전 장관님께도 감사를 드린다. 더불어 세종대왕과 정조 임금의 가상 대담에 무한한 성원과 격려를 보내준 트위터의 2만여 팔로어 여러분이 계셨기 때문에 중도에 포기하지 않고 이 작업을 계속할 수 있었다. 원고를 처음 지면에 연재할 수 있도록 기회를 준 「이코노미스트」의 이거산 편집장과 남승률 팀장, 박성민 기자께도 고마움을 전한다. 끝으로 이 원고를 선뜻 받아 좋은 책으로 재탄생시켜 주신 다산북스의 김선식 대표와 다산초당의 정성원 분사장, 교정을 도맡아 준 박지아 씨께 특히 감사 인사를 드린다. 부족하지만 소중한 시간들이 이 책에 스몄다.

차 례

서문 • 7

정치
政治
"올바른 다스림을 이룩하는 요체는 백성을 사랑하는 것보다
앞서는 것이 없다." • 19

법치
法治
"법을 집행하는 까닭은 처벌이 목적이 아니라 법을 어기는
자가 없어지길 바라서이다." • 45

인재
人材
"각기 그 재목의 특성에 맞추어 사용하면 천하에 버릴
재목이란 없다." • 73

현장
現場
"저들은 실로 죄가 없다. 저렇게 만든 자들이 죄인이다." • 99

포용
包容
"누구나 자유롭게 말하게 하라." • 119

복지
福祉
"곡식은 풍년을 기다려 보충하면 되지만, 한 번 백성을 잃고 나
면 장차 어떻게 보충하겠는가." • 155

"나라는 백성을 근본으로 삼고 백성은 먹는 것을 하늘로 삼는다." • 189

 "타고난 재주보다 중요한 것은 하고자 하는 의지이다." • 211

 "임금은 자신의 잘못을 고치는 일에 주저하지 않는다." • 233

 "모든 빛나는 공적은 작은 시간도 헛되게 보내지 않는 데서 시작한다." • 259

 "태산의 정상에 올라서 다시 또 다른 태산을 찾아 오르라." • 283

 "만 줄의 글을 열 번 읽는 것은 열 줄의 글을 만 번 읽는 것보다 못한 법이다." • 309

유조 遺詔 • 337

정치
政治

하늘의 비와 이슬은 땅을 가리지 않고 내리고
해와 달은 만물을 고루 비춘다.
무릇 임금 된 자는 이처럼 공평무사한 하늘과 해와 달을 본받아
신분의 귀천이나, 거리의 멀고 가까움의 구별 없이
온 백성에게 고루 은택을 베풀어야 한다.

— 영조(英祖)

"올바른 다스림을 이룩하는 요체는 백성을 사랑하는 것보다 앞서는 것이 없다."

1418년(태종 18년, 세종 즉위년)* 8월 11일, 전날 태종으로부터 양위를 받고 보위에 오른 세종은 경복궁 근정전勤政殿에 나아가 즉위교서를 반포했다. 다음은 즉위교서의 제일 마지막 대목이다.

"군왕으로서 서게 된 이 자리를 바르게 하고 그 처음을 삼가며 종묘사직의 무거운 책무를 받들리니, 어짊을 베풀어 이 땅 위에 훌륭한 정치가 이루어지게 함으로써施仁發政 바야흐로 선왕들께서 땀 흘려 이루신 은택을 계승해 나아가리라."[1]

---

* 새 왕이 즉위한 해는 '새 왕의 해'가 아닌 '선왕(先王)의 해'로 여겼기 때문에 '즉위년'이라 부른다. '원년(1년)'은 왕이 즉위한 다음해이다.

정조 삼가 여쭙습니다. 전하께서는 즉위교서에서 '시인발정施 仁發政(어짊을 베풀어 훌륭한 정치가 이루어지게 한다.)'의 다짐을 천명하셨 습니다. 이것은 맹자께서 말씀하신 '발정시인發政施仁(훌륭한 정치를 행하여 어짊을 베푼다.)'에서 가져오신 것이라 알고 있사옵니다. 그렇 다면 왜 '발정'과 '시인'의 순서를 바꾸신 것입니까?

세종 맹자께선 훌륭한 정치를 행하여 어짊仁을 베풀어 나가야 한다고 말씀하셨다. 그리되면 이 세상 모든 사람들이 앞을 다투 어 왕의 나라로 몰려와 농사짓고, 벼슬하고, 장사하며 행복하게 그 들의 삶을 영위하게 된다고 말이다. 그리하여 설령 나라의 크기는 작을지라도, 그 어떤 대국들도 감히 넘보지 못하는 부강한 나라가 될 수 있다 하셨다.[2] 내가 꿈꾸는 이상도 맹자의 말씀과 다르지 않 다. 다만 맹자의 말씀처럼 할 경우, 물론 맹자께서는 그런 의도가 아니시겠지만, 후세 왕들이 정치의 주체를 백성이 아닌 왕 자신으 로 오해할 여지가 생길 수 있다. 그래서 '발정시인'을 '시인발정'으 로 바꾼 것이다. 나는 백성 한 사람 한 사람에게 인을 베풀고 싶다. 그리고 그 인을 통해 교화된 백성들이 모여 그들이 곧 위대한 정 치를 이루어 가도록 만들고 싶은 것이다. "어짊을 베풀어 이 땅 위 에 훌륭한 정치가 행해지게 함으로써 선왕들께서 땀 흘려 이루신 은택을 이어 나갈 것이다."라는 다짐은 그러한 나의 소망을 담은 것이다.[3]

정조 백성들에게 인을 베풀어, 그들이 곧 바른 정치를 행하게 한다는 말씀이 정확하게 와 닿지를 않습니다. 조금 더 자세한 가르침을 주시옵소서.

세종 우리가 추구해야 할 정치는 오로지 백성, 즉 '생민生民'에 목적을 두어야 한다. 『시경詩經』에서 말하는 '생민',[4] 『맹자』에 나오는 '생민',[5] 이것은 곧 사람, 백성을 가리키는 말이다. 백성을 가리키는 말에 왜 굳이 '생'자를 덧붙였을까? 하늘이 백성을 낳으셨다는 의미도 있지만, 그렇게 낳은 백성을 멈추지 말고 계속 살려가야 한다는 뜻이 담겨있는 것이라 생각한다. 선대왕들께서 '생민의 휴척休戚(편안함과 근심)'을 늘 살피셨는데[6] 이때도 왜 '백성의 휴척'이라 하지 않고 '생민'이라 했겠느냐. 백성을 '살리기' 위한 노력을 잊지 말라는 의미이다. 나는 백성 개개인이 하늘로부터 부여받은 사명을 깨닫도록 하는 것, 자신의 존재의 의미를 알고 그것을 이루기 위하여 노력하도록 돕는 것, 그것이 바로 백성을 '살리는' 것이고, 그것이 곧 임금의 '어짊仁'이라 생각한다. 일찍이 내가 "백성들이 '생생지락生生之樂'을 누릴 수 있도록 해야 한다."[7]고 강조한 바 있다. 인을 베풀어 뭇 백성들이 자신의 사명을 완수하여 살아가는 즐거움을 영위할 수 있게 만든다면, 그들 한 사람 한 사람이 바로, 직접 바른 정치를 만들어가게 될 것이다.

정조 '생생지락.' 백성들 각자가 자신에게 주어진 사명을 발견하고 살아가는 즐거움을 누릴 수 있게 하라는 말씀이 참으로 감명 깊사옵니다. "나라의 근본을 튼튼하게 하는 길은 백성에게 있으니, 임금은 어떠한 상황 속에서도 이들을 돌보고 지켜주어, 백성들이 각자의 삶을 성취할 수 있도록 도와야 할 것입니다."[8]

세종 그래, 우리가 펼치는 정치는 곧 백성을 위한 것이어야 한다. "너의 가슴 속에는 오로지 백성을 살릴 수 있는 방법을 담도록 해라."[9]

정조 깊이 새기겠사옵니다. 하오면 전하, 그러한 정치를 펼치기 위해 중요한 것은 무엇이옵니까?

세종 입는 것과 먹는 것을 풍족하게 해주고, 교육을 활성화시켜 아름다운 풍속을 만들어주는 것이 기본이며 거기에 더하여 "어떤 백성이든 차별 없이 다스리고"[10] "백성들의 상황과 생각, 의견이 막힘없이 위로 통하게 해야 한다."[11] 특히 "무엇보다 중요한 것은 믿음이다. 백성들이 임금을 믿을 수 있어야 할 것이다."[12]

정조 참으로 그러하옵니다. 백성이 나라를 믿지 못하고 임금을 믿지 못한다면 어찌 정치가 올바르게 펼쳐질 수 있겠습니까.

"군사력이 갖추어져 있어도 백성들의 믿음이 뒷받침이 되어야 비로소 나라를 튼튼하게 방위할 수 있고, 재정과 식량이 풍족해도 백성들의 믿음이 뒤따라야 안정적이고 효과적인 운용이 가능할 것입니다. 백성의 신뢰가 없다면 그 어떤 정책도 성과를 거두지 못할 것이니, 평화로울 때나 위태로울 때나 이 도리는 반드시 지켜져야 합니다. 이를 제대로 하지 못하면 임금은 임금 구실을, 나라는 나라 구실을 할 수가 없을 것입니다."13

세종 옳은 말이다. 그렇다면 이 '믿음'을 지키기 위해서 임금은 어떻게 행동해야 하겠느냐.

정조 사사로움을 제거하고 공정함을 최우선으로 삼아야 합니다. "당당하고 큰 명분을 갖춘 일일지라도, 거기에 이해관계를 따지고, 얻고 잃는 것을 비교하는 마음이 아주 조금이라도 개입되어 있다면 그것은 더 이상 대의大義가 아닐 것입니다."14 "실행에 옮길 수 없는 일을 가지고 일시적인 좋은 말로 사람들을 현혹해서도 안 됩니다."15 또한 "백성의 말에 귀를 기울이는 것도 중요하다고 생각하옵니다."16 누구나 자신의 말에 진심으로 귀 기울여주는 사람에게 믿음을 갖게 되는 법 아니겠습니까?

세종 중요한 말들을 해주었다. 그 밖에도 백성들로부터 믿음을 받으려면, 법과 제도를 시행하는 데 있어서 "모름지기 쇠와 돌처럼 굳건하게 하여, 분분히 변경하려 들어서는 안 될 것이다."[17] 일관성이 없이 툭하면 제도를 고치고 법을 바꾸려 드는데, 이는 잘못이다.

정조 명심하겠사옵니다. 하오나 전하, 법과 제도에 폐단이 있다면 바꾸어야 하는 것 아니겠습니까?

세종 당연하다. 마땅히 개혁해야 하겠지. 다만 "역사가 오래되고 백성들 사이에 널리 퍼져 있는 것이라면 갑작스레 바꾸고자 할 경우 큰 혼란이 야기될 수 있으니 주의해야 한다. 그럴 경우에는 한 번에 다 바꾸려 들지 말고, 폐단을 중심으로 하여 점차적으로 개선해 나아갈 필요가 있다."[18]

정조 유념하겠사옵니다. "새로운 법과 제도를 만들려 하기 전에, 과연 옛 것을 제대로 구현해보았는지에 대해서 먼저 성찰해봐야 할 것이옵니다. 폐단이란 것이 그 법과 제도의 취지와 내용을 온전하게 실행하지 못했기 때문에 생겨난 것일 수도 있지 않겠사옵니까?"[19] 소손이 생각하건대 "새로운 것을 만드는 것과, 예전 것을 그대로 유지하는 것 사이에는 모두 조심해야 할 바가 있습니다. 이들 사이의 손익을 잘 살펴서 옛 것을 보완하여 운용해갈 것인지, 아니면 개혁하여 새로운 것을 만들 것인지, 그 당위성을 잘 찾아낼 수 있도록 노력하겠나이다."[20]

　　세종 훌륭한 말이구나. 무릇 "임금이 정치를 할 때는 반드시 한 시대를 올바로 이끌 수 있는 법과 제도를 마련해야 한다. 올바른 다스림을 이룩하는 요체는 백성을 사랑하는 것보다 앞서는 것이 없는데, 그 시작은 백성들이 실생활에서 마주하는 법과 제도에 달려 있기 때문이다."[21] 그리고 "법과 제도를 만들 때에는 급하게 마련하여 시행하는 것이 아니라, 점진적으로 빈틈없이 준비해 나가야 한다. 일단 틀이 완성되면 먼저 한 지역을 선택하여 시험 실시를 해볼 필요가 있으니, 이는 새로운 제도의 문제점을 확인하여 보완하기 위함이다."[22] 이에 대해 백성들의 여론이 좋거나 나쁘다고 하여 바로 시행하거나 폐기해서는 안 된다. 내가 일전에 공법貢法을 만들면서 전 백성을 대상으로 여론조사를 실시한 적이 있다(28쪽 참조). 당시 결과가 "찬성은 98,567명, 반대는 74,149명이었다."[23] 얼핏 찬성이 많으니 시행해야 하는 것처럼 보일 것이다. 하지만 실상을 살펴보면 경상·전라도 지방은 찬성이 65,864명, 반대가 664명으로 찬성하는 자들이 압도적으로 많았고, 함길·평안도의 경우는 찬성이 1,410명, 반대가 35,912명으로 반대하는 자들이 월등히 많았다. 이는 토지의 비옥肥沃도에 따른 유·불리함 때문이니, 단순히 찬성이 많다고 하여 무작정 시행할 수는 없는 것이었다.

정조 "백성을 위하는 정책이라고 해도, 그 정책이 상황과 여건에 부합하는지 아닌지를 성찰해야 하는 것이군요."[24] "문제의 근원을 고찰하고, 여론의 이면을 살피지 않은 채 오직 이것이 좋은 법이요, 아름다운 제도라 하여 마구 시행하다 보면 결국 나라를 병들게 만들 것입니다."[25] 소손. 명심하여 따르겠나이다.

세종 그리고 특히 당부할 것은 조세 문제이다. 너도 알다시피 조세와 부역은 백성의 삶과 직결된다. "임금은 백성을 편안하게 함을 정치의 근본으로 삼는 것인데, 백성을 편안하게 하는 방법은 오로지 부역을 가볍게 하고 세금을 적게 하는 일에 있을 따름이 아니더냐."[26] "내 생각으로는, 백성에게서 거두어들이는 것에 절도가 없으면 임금이 소비하는 것도 한량이 없게 된다."[27] 법에서 정해 놓은 것 이외에는 조금도 더 징수하지 못하게 해야 하며, "백성이 굶어죽고, 민생이 어려울 때는 적극적으로 조세를 경감하거나 탕감해주어야 한다."[28] 그렇게 한다면 백성의 생활도 안정되고, 나라에서 비용을 지출하는 것도 절도가 있게 되어 탐욕스러운 관리들이 간악한 잔꾀를 부리지 못할 것이다. 임금과 나라에 대한 백성의 믿음도 더욱 굳건해질 것이라 믿는다.

26

정조 전하의 하교를 잊지 않겠사옵니다. "성을 높이 쌓는 것이 유형有形의 성이라면, 민심을 껴안는 것은 무형無形의 성이라 할 수 있을 것입니다."[29] 외적을 막기 위해서는 유형의 성이 필요하오나, 진정 나라를 튼튼하게 보위하기 위해서는 무형의 성이 더욱 절실하다 생각하옵니다. 백성들로부터 믿음을 얻어, 굳건한 민심의 성을 쌓을 수 있도록 노력하겠나이다.

세종 그래, 그 마음을 잊지 말라. 백성들이 임금을 믿는다면 임금이 하는 일 또한, 그것이 어떤 일일지라도 믿고 지지할 것이다. 우리가 더욱 힘써 노력해야 할 부분이다.

공법의 재정비

세종 9년, 세종은 책문策問을 통해 공법의 재정비를 천명한다.

"예로부터 제왕이 정치를 할 때는 반드시 한 시대를 올바로 이끌
수 있는 제도를 마련해왔다. [...] 다스림을 이루는 요체는 백성을
사랑하는 것보다 앞서는 것이 없는데, 그 시작은 바로 백성에게
취하는 제도에 달려 있기 때문이다. 그리고 백성으로부터 거둬들
이는 제도 중에는 전제田制(토지제도에 따른 세금)와 공부貢賦(공물과 부
역)만큼 중요한 것이 없다. 전제의 경우 해마다 조정에서 조사관을
뽑아 각 도에 파견하여, 풍흉(풍작과 흉작), 수확 정도를 정확히 조사
하고 그에 맞는 적절한 세금을 부과하도록 하였는데, 간혹 조사관
으로 파견된 사람들이 내 뜻을 따르지 않고, 백성들의 고통은 외
면한 채 자신들의 기분에 따라 세를 올리고 내리니 내 이를 매우
못마땅하게 여기던 터였다. [...] 이 폐단으로부터 백성들을 구제하
고자 한다면 마땅히 공법과 조법助法에서 방법을 찾아야 할 것이
다."

自古帝王之爲治 必立一代之制度 [...] 致治之要 莫先於愛民 愛民之始 惟

28

取民有制耳 今之取於民, 莫田制貢賦之爲重 若田制則歲揀朝臣 分遣諸道
踏驗損實 期於得中 間有奉使者 不稱予意 不恤民隱 予甚非之 [...] 欲救斯
弊, 當於貢助求之   『세종실록』 35권, 9년 3월 16일

그리고 몇 년의 준비 과정을 거쳐 호조에서는 "전답 1결結마다 세
금으로 10말을 거두게 하되, 평안도와 함길도는 땅이 척박하니 1
결에 7말을 거두게 하고, 풍재風災(바람으로 인한 재난) · 상재霜災(서리
로 인한 재난) · 수재水災(물로 인한 재난) · 한재旱災(가뭄으로 인한 재난)로
인하여 농사를 완전히 그르친 사람에게는 조세를 전부 면제하게
하자."는 안을 올렸다. (『세종실록』 47권, 12년 3월 5일) 하지만 세종
은 보다 면밀한 논의가 필요하다고 판단하고 "정부 · 육조, 각 관
사와 서울 안의 전직 관료, 각도의 감사 · 수령 및 벼슬아치로부터
민가의 가난하고 비천한 백성들에 이르기까지 모두 이 공법에 대
한 가부可否와 의견을 물어서 내게 아뢰도록 하라."는 명을 내렸다.
(『세종실록』 47권, 12년 3월 5일) 전 백성을 대상으로 한 여론조사
가 실시된 것이다.

　　그로부터 석 달 후, 세종은 공법에 관한 여론조사가 잘 진행되
고 있는지를 물으며 "지금껏 농사의 풍 · 흉작 상태를 조사할 때
공정성을 잃는 일이 자못 많았다. 간사한 아전들이 잔꾀를 써서
부유한 자에게 유리하게 하고 가난한 자를 괴롭히는 것을 내 심히
우려하고 있다. 각 도의 결과 보고가 모두 도착하거든 자세히 논

의하도록 하자."(『세종실록』 49권, 12년 7월 5일)고 밝혔다. 그러면서 만약 "백성들이 새 법이 좋지 않다고 하면 시행하지 않을 것이다."(『세종실록』 49권, 12년 7월 5일)라고 말한다.

같은 해 8월 10일, 드디어 공법에 관해 전국 각지에서 올라 온 의견들을 모두 정리한 문서가 호조로부터 보고되었다. (『세종실록』 49권, 12년 8월 10일: 양이 방대하여 여기에서 소개하는 것은 생략하기로 한다. 이 문서에는 중앙과 지방의 관리들이 공법에 대해 제시한 의견이 모두 기술되어 있고, 각 도별 찬성·반대의 숫자가 상세히 기록되어 있다.) 이에 따르면 "찬성은 98,567명 반대는 74,149명이다." 그런데 수치를 자세히 보면 경상·전라 지방은 찬성이 65,864명, 반대는 664명으로 찬성하는 쪽이 압도적으로 많았고, 함길·평안도의 경우 찬성 1,410명, 반대 35,912명으로 반대가 월등히 많았다. 이는 토지의 비옥도에 따른 유리함과 불리함 때문으로, 전국적으로 찬성의 합계가 더 많다고 하여 무작정 시행할 수는 없다는 것이 세종의 판단이었다. 이후 공법의 논의는 상당히 오랜 시간을 끌었다. 조정 대신들의 토론과 실무자들의 토의가 계속 이어졌지만 명확한 결론이 나지 않았고, 그로부터 4년 후인 세종 18년에 가서야 세종이 "선왕들이 만드신 법을 경솔히 고칠 수 없다는 이유로 지금껏 공법을 시행하지 못하고 있으나, (기존 제도의) 폐단이 이토록 극심하니, 우선 1~2년 동안 시험적으로 실시하는 것이 어떻겠는가?"(『세종실록』 71권, 18년 2월 23일)라고 신하들에게 의견을 물었고, 신하들이 이에 동의함에 따라 시범 실시가 이루어졌다. 그리고 다시 1년 후에 세종은 "공법의 시행을 원하는 백성들이 많았으나, 조정의 논의가 분분해서 잠정적으로는 그대로 두고 행하지 않은 지가 몇 해가 되었다. 이제 생각해보니, 이 공법은 원래 성인의 제도인데, 후대의 사람들이 잘못 사용하여 폐단이 많았던 것이다. 호조에서는 우리와 중국의 역사 속에서 폐단이 없었던 좋은 법들의 내용을 모두 고찰하여, 이 공법을 훗날까지 오래도록 전할 수 있는 방법을 숙고하라. 그리하여 세부 시행 절차를 세밀하게 마련해서 아뢰도록 하라."(『세종실록』78권, 19년 7월 9일)는 지시를 내렸고 공법이 보다 완결성을 지닐 수 있도록 철저히 보완하도록 하였다.

그리고 마침내 세종 25년, 전분6등법(비옥도에 따라 토지를 6등급으로 나누는 것)과 연분9등법(그 해 농사의 풍년·흉년의 정도를 '상상·상중·상하·중상·중중·중하·하상·하중·하하'의 9등급으로 구분하는 것)을 근간으로 하는 공법이 확정되게 된다. (『세종실록』106권, 26년 11월 13일)

1 『세종실록』 1권, 즉위년 8월 11일
   "正位謹始 以奉宗桃之重 施仁發政 方推渙汗之恩"

2 『맹자』, 「양혜왕(梁惠王)」 上편
   "이제 왕께서 바른 정치를 베풀고 인을 펼치시어, 천하의 벼슬아
   치들이 모두 왕의 조정에 몰려와 벼슬살이를 하고 싶게 만들고, 농
   부들이 모두 왕의 들녘에서 논밭을 경작하고 싶게 하고, 장사꾼들
   은 모두가 왕의 시장에다 물건을 저장해 놓길 바라게 하고, 여행하
   는 이들이 모두 왕의 길로 나서고자 하게 하시고, 천하에 왕을 싫
   어하는 이들까지도 모두 왕 앞에 와서 하소연할 수 있게 만드시옵
   소서. 이와 같다면 누가 이것을 막을 수 있겠습니까?"
   今王 發政施仁 使天下仕者 皆欲立於王之朝 耕者 皆欲耕於王之野 商
   賈 皆欲藏於王之市 行旅 皆欲出於王之途 天下之欲疾其君者 皆欲赴
   愬於王 其若是 孰能禦之

3 필자는 '발정(發政)'의 직접적인 주체가 임금이 아닌 백성이라고 해
   석하였는데, 이는 주제를 선명하게 드러내기 위한 창작이다. 참고로
   세종의 '시인발정'과 맹자의 '발정시인'을 연결 지어 처음 설명한
   것은 조남욱의 『세종대왕의 정치철학』이며, 세종이 '발정시인'의

순서를 바꾼 것을 '시인'의 적극성과 백성들의 자발적 참여를 강조
하기 위함으로 파악한 선행 연구도 있다. (박현모, 『세종처럼』)

4 『시경』, 「시경대아생민지십(詩經大雅生民之什)」

5 『맹자』, 「공손추(公孫丑)」上편
"自生民以來 未有孔子也"

6 『태조실록』 7권, 4년 4월 24일
"현재 시행되고 있는 정책의 잘잘못과 백성들의 편안함과 근심에
대해 숨김없이 말하여, 잘못을 고쳐 올바른 방향으로 이끌어 나감
으로써 천재지변이 없어지게 하라."
其時政得失 生民休戚 陳之無隱 庶幾遷善改過 以消天變焉

『태종실록』 17권, 9년 6월 20일
"최근 들어 물, 가뭄, 바람, 서리, 비, 우박 등의 재해가 일어나고, 산
이 무너지며 천둥과 벼락이 치는 등, 하늘의 이변이 거듭 일어나
과인의 잘못을 경고하니 이 어찌 우연한 일이겠는가! 모든 관리들
은 직무를 막론하고, 정치의 잘잘못과 백성들이 편안하고 근심스

럽게 여기는 바에 대해 숨김없이 아뢰도록 하라."

近年以來 水旱風霜雨雹之災 山崩雷震天文之變 屢彰譴告 是豈偶然
哉 政治得失 生民休戚 宜令時散備陳無隱

7　『세종실록』105권, 26년 윤7월 25일

"윗사람이 성심을 다해 지도하고 이끌지 않는다면, 어떻게 백성들
로 하여금 부지런히 힘써서 본업에 종사하여, 각자의 생생지락(生
生之樂)을 완수하게 할 수 있겠는가?"

不有上之人誠心迪率 安能使民勤力趨本 以遂其生生之樂耶

8　『정조실록』5권, 2년 6월 4일

"나라의 근본을 견고하게 하는 길은 백성에게 있으니, 백성을 양
육하는 방법은 먹을 것을 충족시켜주는 데 있고, 먹을 것이 충족되
면 가히 교화할 수 있는 것이다. 교화가 이루어진 후에는 또한 반
드시 지켜주고 보호해주며, 도와주고 (백성들의 삶에) 보탬이 되게
해 주어야 하니, 이것이 나라를 보존하기 위한 근본 도리인 것이
다."

固本在民 養民在食 食足則可敎 旣敎矣 又必警衛之 助益之 此保邦之
大本也

9　『세종실록』30권, 7년 12월 10일

"항상 마음속에 백성을 구제할 방법을 생각하라. 옛날에는 백성들

에게 예의염치를 가르쳤으나, 지금은 입고 먹는 것이 부족하니 어
찌 예의를 다스릴 여가가 있겠느냐. 입고 먹는 것이 넉넉하면 백성
들이 예의를 알게 되어 형벌로부터 멀어질 것이다. 그대들은 나의
이러한 지극한 마음을 본받아 백성들을 편안하게 기르는 일에 힘
쓰도록 하라."

救民之術 恒念于懷 古者 教民以禮義廉恥 今則衣食不足 何暇治禮義
衣食足則民知禮義 而遠於刑辟 爾等體予至懷 以安養斯民爲務

10 『세종실록』 37권, 9년 8월 29일
"以人君治之 固當一視 豈以良賤 而有異也"

11 『세종실록』 62권, 15년 10월 23일
"爲政之道 使下情上達"

12 『세종실록』 28권, 7년 4월 14일
"나라를 다스리는 도리는 믿음을 보이는 것만한 것이 없다."
爲國之道 莫如示信

13 『홍재전서』 124권, 「노론하전(魯論夏箋)」 3
"평상시든 변란에 처했을 때든, 어떤 곳, 어떤 일에서든지 어찌 잠
시라도 믿음을 버릴 수 있겠는가. 무릇 군사력에는 국가의 안위가
달려 있고, 식량은 백성들의 죽고 사는 문제가 관계되어 있다. 사

람이 살아가는 데 식량보다 더 중요한 것은 없고, 나라를 위해서는 군사력보다 더 중요한 것이 없다. 군사력이 갖추어져 있지 않으면 나라를 지킬 수 없고, 식량이 없으면 목숨을 보전할 수 없기 때문이다. [...] (그런데) 군사력이 있어도 믿음이 없어서는 안 되고, 식량이 풍족해도 역시 믿음이 없어서는 안 되니, 평화로울 때도 이 도리를 지켜야 하고, 위급한 변란이 닥쳐도 이 도리를 지켜야 한다. 이것을 버리면 사람은 사람 구실을 하지 못하고, 나라는 나라답지 못할 것이니, 이를 거론해서 무엇 하겠는가."

毋論處常處變何處何事 而可以須臾去信乎 夫兵者安危所係 食者死生所關 生人之所大 莫大於食 有國之所重 莫重於兵 無兵則不可以衛國 無食則不可以保命 [...] 兵焉而無信則不可 食焉而無信則不可 處常也是此道理 處變也是此道理 捨此則人不人而國不國矣 兵與食 又奚論哉

14　『홍재전서』178권,「일득록(日得錄)」18
"雖是堂堂大義理 而有毫髮計較之心 則斯爲利而已矣"

15　『홍재전서』132권,「고식(故寔)」4
"豈或以不可做底 爲一時好說話而止哉"

16　『홍재전서』110권,「경사강의(經史講義)」47
전(傳)에 이르기를, "장차 국가가 흥성하려면 백성에게 귀 기울이고, 장차 국가가 망하려면 귀신에게 귀 기울인다."고 하였다.

傳曰國之將興聽於民 國之將亡聽於神

17 『세종실록』 49권, 12년 8월 13일
"若欲行法 須堅如金石 勿令紛更可也"

18 불교의 폐단을 혁파하고, 불교를 강하게 단속·억제해야 한다는
상소에 대해 세종이 한 말이다.
"다만 불씨의 법은 이 땅에 온 지 오래되어, 한꺼번에 급히 다 혁
파하기란 어려운 것이다."

但佛氏之法 其來已久 難遽盡革 (『세종실록』 23권, 6년 3월 8일)

19 『홍재전서』 168권, 「일득록」 8
"요즘 사람들이 폐단을 바로잡는 문제에 대해 말할 때면 번번이
신묘하고 기이한 방법이 있어서 모든 문제들을 한 번에 다 해결해
줄 것이라고 여기는데, 이는 모두 깊이 생각하지 않은 탓이다. 선
왕들께서 훌륭하고 좋은 법과 제도를 찬연하게 갖추어 놓으셨으
나, 단지 후세 사람들이 이를 잘 계승하여 시행하지 못함으로써 근
심이 있을 뿐이다. [...] 나는 온갖 새로운 제도를 만들어내느니 차
라리 옛 법의 취지와 정신을 온전하게 구현해 내는 것이 더 낫다
고 생각한다."

今人言矯弊 輒思神奇之法 此皆未深思也 祖宗朝以來良法美制 燦然

具備 只患後人不能修擧耳 [...] 予則曰出百新式 不如明一舊典

20 『홍재전서』42권, 「비(批)」1

"내가 듣건대, 천하의 일들은 새롭게 경장(개혁)하는 것과, 예전의
것을 그대로 따르는 것 모두 폐단이 있기 마련이고, 새롭게 경장하
는 것은 예전의 것을 따르는 것에 비해 그 폐단이 더욱 심하다. 예
전의 것을 따르는 것의 폐단은 알지 못하는 사이에 쇠가 점점 녹
아서 없어지듯이 점차 약화되다가 마침내 쇠잔하고 미약한 지경
에 이르니, 이를 알아차리기란 어렵고 그 피해도 천천히 닥친다.
그런데 새롭게 경장하는 것의 폐단은 시끄럽고 요란스럽다가 필
경에는 소요를 초래하게 되니, 이는 살피기가 쉽고 피해도 급박하
게 닥친다. 이런 까닭에 옛날 현명한 임금들은 손해와 이익 사이의
여러 문제들을 잘 살펴서, 옛 것을 그대로 따를지 아니면 경장(개
혁)해야 할지의 당위성을 구하였으니, 이것이 어찌 일을 추진할 뜻
이 없어서 그러한 것이겠는가."

予聞天下事更張因循 均有弊焉 更張視因循 爲弊愈甚 因循之弊 歸於
潛銷暗鑠 必底委靡 此則難知而害遲也 更張之弊 歸於嘖沓紛紜 竟致
騷擾 此則易見而害急也 是以古先哲王 審於損益之際 求其因革之宜
是豈無意於有爲而然也

21 『세종실록』35권, 9년 3월 16일

"自古帝王之爲治 必立一代之制度 [...] 甞聞致治之要 莫先於愛民 愛

民之始 惟取民有制耳"

22 『세종실록』 109권, 27년 9월 8일
"무릇 법을 만드는 것은 점진적으로 해나가는 것을 귀하게 여기니, 마땅히 먼저 한 곳에서 시험 실시를 해보아야 하는 것이다. 하물며 지금 이 일은 (새 법의) 편리함과 문제점을 시험하고자 하는 것이니, 갑자기 영원토록 변함없을 계책을 만들려는 것이 아니다. 만일 시험 실시하여 백성들에게 폐단을 끼치는 일이 발견된다면 나는 마땅히 이 법을 행하지 않을 것이다."
凡作法 以漸爲貴 當先試於一處 矧此事欲驗其便否 非遽以爲萬世永久之策也 若試之而有弊於民 則予當勿行矣 予本無與民爭利之心 昔占膏腴之地 號爲國農所 予卽位罷之 以業農民 予豈有好利之心哉

23 『세종실록』 49권, 12년 8월 10일

24 『홍재전서』 3권, 「춘저록(春邸錄)」 3
"백성들을 위한다고 말하면서 그것이 그 시점에서 적절한 것인지 아닌지를 살피지 않는다면, 비록 그 마음은 백성을 위하고자 하는 데서 나왔을지 몰라도 그 일은 도리어 백성을 해치는 것으로 귀결될 것이다."
吾以爲民而不問其時之可否 則其心雖出於爲民 而其事反歸於病民

25 『홍재전서』 179권, 「군서표기(羣書標記)」 1

"나라를 다스리는 자가 반드시 먼저 폐단의 근원이 어디에 있는지를 살펴보고, 세상의 인심에 어울리는 것이 무엇인지를 성찰한 연후에 오늘날의 사정에 적합한 옛 법을 찾아서 행한다면 이 위태로운 세상을 가히 평안하게 만들고, 이 혼란함을 종식시켜 다스릴 수 있을 것이다. 만약 폐단의 근원과 세상의 인심에 어두운 채로 오로지 이것이 좋은 법이요, 아름다운 제도라 하면서 이것저것을 뒤섞어 마구 시행하다 보면, 이로움도 없을 뿐 아니라 나아가 나라를 병들게 하지 않는 경우가 드물 것이다."

爲國者必先究其弊源之所在 察其物情之所宜 然後按古法之當乎今者而行之 則危可安而亂可治也 苟或昧然於弊源物情 而惟謂是良法美制也 雜試而竝用 則不惟無益 其不病國也者幾希矣

26 『세종실록』 105권, 26년 7월 9일

"王者之政 以安民爲本 其要不越乎輕徭薄賦而已"

27 『국조보감(國朝寶鑑)』 7권, 「세종 28년」

"予謂 斂民無節 則君之所用 亦無極"

28 『세종실록』 3권, 1년 1월 6일

"임금이라는 자가 백성들이 굶어죽고 있다는 말을 듣고서 오히려 조세를 징수하는 것은 참으로 못할 짓이다. 하물며 지금 묵은 곡식이 이미 다 소진되어서 창고를 열어 진휼미를 나누어준다고 해도 그 혜택이 미치지 못하는 백성이 있을까 염려되거늘, 도리어 굶주리고 있는 백성들에게 조세 부담을 주어서야 되겠는가? 감찰을 보내 백성들이 굶주리고 있는 실태를 파악하고, 조세를 면제해주지 않는다면, 대체 임금이 백성을 위하여 해줄 일이 또 무엇이 있단 말인가."

爲人君者 聞民且飢死 尙徵租稅 誠所不忍 況今舊穀已盡 開倉賑濟 猶恐不及 反責租稅於飢民乎 且遣監察 視民饑饉 而不蠲租稅 復有何事 爲民實惠乎

29 『홍재전서』 118권, 「경사강의」 55
"城者古人所以築斯待暴之意 然拱以衆心 無形之城也 屹彼崇墉 有形之城也"

법치
法治

법이란 나라를 다스리는 근거로,
포악한 짓을 금지하고 선(善)함으로 인도하는 것이다.
[...]
법이 공정하면
백성들은 매사에 스스로를 삼갈 줄 알게 되고
죄를 정당하게 판결하면
백성들은 자연히 이에 복종한다.

— 한나라 문제(文帝)

"법을 집행하는 까닭은 처벌이 목적이 아니라
법을 어기는 자가 없어지길 바라서이다."

1427년(세종9년) 8월 20일. 형조판서 노한盧閈*이 아뢰기를,

"신臣이 길을 가다가 한 노복이 무슨 물건을 등에 지고 가는 것을 보았는데, 모습이 이상하여 자세히 살펴보니 사람이었으며 가죽과 뼈가 붙어 초췌하기가 이를 데 없었나이다. 그 형상의 참혹함에 놀라서 물으니 집현전 응교應敎 권채權採의 집 여종인데 도망간 것을 붙잡아 가두어서 그 지경에 이르렀다고 하옵니다. 형조에서 이를 조사하고 있사오나, 아직 진상 파악을 다 마

---

* 노한(盧閈, 1376~1443): 조선 초기의 문신. 세종의 외할아버지인 여흥 부원군 민제(閔霽)의 사위로, 세종에게는 이모부가 된다. 형조판서, 대사헌, 우의정 등을 역임했다.

치지 못하여 정식 보고를 올리지는 못하였습니다. 아무튼 권채의 잔인함이 심한 것이 이루 다 말할 수가 없사옵니다."[1]

라고 하니, 세종은 그 잔인함에 놀라, 사건의 진상을 남김없이 조사하도록 지시했다. 그리고 나흘 후 8월 24일, 형조에서 다시 보고가 올라왔다. 덕금은 본래 권채의 첩이었는데, 병든 조모祖母를 문안하고 싶다고 휴가를 청하였지만 이를 허락해주지 않자 몰래 조모에게 갔고, 그것을 두고 권채의 정실부인인 정씨鄭氏가 '덕금이 다른 남자와 간통하고자 도망갔다.'고 무고誣告하였는데 화가 난 권채가 덕금의 머리털을 자르고 매질을 한 후 족쇄를 채워 방에 가두어 놓았다는 것이다. 그 후 정씨는 덕금에게 음식을 주지 않고 강제로 배설물과 구더기를 먹게 하는 등 수 개월에 걸쳐 잔혹하게 학대하였다는 것이 형조의 조사를 통해 밝혀졌다. 형조에서는 권채와 그의 아내를 잡아와서 의금부에서 죄를 심문하도록 하고 엄벌에 처해야 한다고 건의하니 세종은 이를 수락하였다.[2]

그리고 다시 5일 후, 권채와 그의 아내 정씨의 심문을 마친 의금부에서 아뢰기를,

"(죄상이 명백한데도) 권채와 그 아내는 죄를 인정하지 않고, 오

히려 (자신들을 처음 고발한) 형조판서에게 잘못을 돌리고 있습니다. 이 사람이 글을 배웠을지는 모르나, 부끄러움은 알지 못하는 것 같사옵니다."

라고 하였다. 이에 세종은 다음과 같이 말한다.

"임금의 직책은 하늘을 대신하여 만물을 다스리는 것이니, 만물이 각자의 바른 자리를 찾지 못한 것만으로도 대단히 상심할 것인데, 하물며 사람에 있어서야 어떠하겠는가. 진실로 차별 없이 만물을 다스려야 할 임금이 양민良民과 천인賤人을 구별해서 다스리겠는가? 녹비祿非(권채의 다른 여종)가 자백하여 일의 증거가 더욱 명백해졌는데도 권채가 기어이 죄를 인정하지 않는다면 마땅히 형벌을 가하여 심문해야 할 것이다."[3]

세종 네가 봐도 참으로 잔혹한 사건이 아니냐. 신하들 중에는 주인과 종 사이에 벌어진 문제이므로 나라에서 개입하는 것이 옳지 않다고 하는 사람들이 있었다. 하지만 그건 아니지 않느냐. 아무리 주인이라 해도 사람을 그렇게 잔인하게 대한 것을 용서할 수는 없다. 또 첩으로 삼았다면 그 역시 아내인 것인데, 이것이 부부 간의 정리情理에 맞는 일이겠느냐. 피해자가 천민이고 가해자가 양

47

반이라고 해서 다른 잣대를 댈 수는 없는 것이다. 법은 누구에게나 공정하게 적용되어야 하는 것이니, 내 권채를 용납할 수가 없구나.

정조 지당하시옵니다. "법이란 영원토록 공평하여야 합니다. 법의 기준이 한번 흔들리면, 그 누가 법을 믿고 따르겠나이까."[4] 또한 "법이란 공공共公의 아름다운 도구로, 법으로 용서할 만한 것이면 임금이 사사롭게 처벌할 수 없고, 법으로 처벌할 만한 것이면 임금이 마음대로 용서할 수 없는 것이옵니다."[5] 하물며 주종 관계에서야 더 말할 나위가 있겠습니까. 권채에게 엄히 죄를 물으시려는 전하의 뜻에, 소손 깊이 공감하옵니다.

세종 고맙구나.

정조 하오면 전하. 법과 형벌에 대한 말씀을 꺼내신 김에 소손이 여쭙고 싶은 것이 있사옵니다.

세종 그래? 주저하지 말고 말해 보거라.

정조 일찍이 공자께서는 백성들을 덕德이 아닌 법과 제도로써만 다스리고, 예禮가 아닌 형벌로써만 통제하게 되면, 백성들은 그 형벌을 피하려고 들 뿐 자신의 잘못된 행동에 부끄러움을 느끼지 못한다고 하셨습니다.[6] "예와 덕이 정치의 근본이라면, 형벌은 정치를 보조하는 수단이 아니겠습니까? 백성들이 착한 마음을 갖도록 교화하는 것은 예로써 가능할 것이고, 백성들이 죄를 짓지 않도록 만드는 것은 형벌로써 가능할 것입니다."[7] 물론 형벌이야 없을수록 좋겠지요. 하지만 폐지할 수도 없는 노릇이 아니겠습니까. 그렇다면, 어떻게 해야 형벌로써 백성들이 죄를 짓지 못하도록 경계하면서도 동시에 형벌로 인해 억울하게 고통을 받는 백성들을 줄일 수 있겠사옵니까?

세종 법의 집행을 분명하고 엄격히 하면서도 죄를 받는 자를 줄이는 것, 이는 나 역시 항상 가슴에 담고 있었던 질문이었느니라. 그래서 내가 나름대로 고심 끝에 내놓은 방안은 백성들이 법을 더 잘 알도록 하는 것이었다. 너도 알다시피 "법조문은 모두 한문으로 기록되어 있는데다가 그 양이 방대하여 무지한 백성들은 도저히 알 도리가 없다. 글을 알고 세상 이치를 잘 아는 사람이라도 법조문을 읽어봐야 죄의 무겁고 가벼움을 알게 되는데, 하물며 어리석은 백성들이 어찌 스스로 죄를 알고 고치겠느냐."[8] 하여 중요한 항목들만이라도 따로 뽑아 이두로 번역하여 민간에 반포하도록 하니, 이조판서 허조가 백성들이 법을 알게 되면 법망을 교묘히 피하고 제 마음대로 농락하는 무리가 생겨난다며 반대했다.

그래서 내가 되물었느니라. "백성들이 법의 내용이 어떠한지도 알지 못하는데, 이를 어겼다 하여 처벌하는 것은 과연 옳은 일인가?"라고 말이다.[9] 무릇 "법을 만들고 그것을 어긴 자에게 형벌을 부과하는 것은, 처벌을 목적으로 함이 아니라 법을 어기는 자가 없어지기를 바라서가 아니겠느냐."[10]

정조 참으로 그러하옵니다. 소손 또한 전하를 본받아 좋은 방안을 마련하겠나이다. 하오면 전하, 구체적으로 법을 집행하고 형벌을 부과함에 있어서 주의해야 할 점은 무엇이겠는지요. 가르침을 청하옵니다.

세종 일전에 사헌부에서 승하하신 선왕(태종)께 불경스러운 말을 한 자라 하여 극형을 선고한 적이 있었다. 그런데 살펴보니 그는 무죄였다. 사헌부가 덮어놓고 처벌하고자 하는 마음이 있다 보니 무고인 줄도 모르고, 진위 여부도 가리지 않은 채 강압적으로 사람을 압박하여 죄 없는 자에게 죄를 부과한 것이었다. 내가 사헌부의 판단만 믿고 죄를 집행했더라면 어쩔 뻔 했느냐. 죄 없는 사람을 죽이는 크나큰 과오를 범할 뻔하지 않았느냐.[11]

너도 말했지만 "형벌이란 정치가 잘 행해질 수 있도록 돕는 역할을 하기 때문에, 요·순 같은 성군(聖君)들이 위대한 정치를 펼쳤던 시대에도 폐지되지 않았던 것이다. 다만 형벌은 사람이 죽고 사는 문제와 관련된 것이기 때문에 반드시 참된 진실에 입각해야만 한다. 매질이나 고문으로 자백을 받고, 죄 있는 자는 풀어주면서 죄 없는 자를 처벌하고, 백성들의 원통함을 풀어주기는커녕 오히려 더 큰 억울함을 갖게 만드는 것, 나는 이 문제에 대하여 밤낮으로 염려하고 걱정한다. 형벌은 단 한번이라도 실수하면 후회해 봤자 아무런 소용이 없는 것이다. 때문에 왕을 비롯하여 중앙과 지방에서 법을 담당하는 관리들은 정밀하게 사건을 살피며, 마음을 공평하게 하여 판결에 임해야 한다. 자신의 주관에 구애되지 말고, 먼저 들은 말들로 인해 선입견을 가지지 마라. 여론에 부화뇌동하여 따르지 말고, 구차하게 과거의 관행을 쫓지 말며, 죄수가 쉽게 자백한다고 기뻐하지 말고 옥사를 빨리 매듭지으려 해서도 안 된다. 여러 각도에서 조사하고, 묻고, 되풀이해 증거를 찾아서, 설령 사형을 선고받는 죄인이라도 여한이 남지 않게 하며, 여타 다른 형벌을 선고 받은 이들의 마음속에 한 줌의 원망도 품음이 없도록 하여, 모든 사람이 진심으로 승복하게 만들어야 할 것이다."[12]

아울러 "법전에 기재되어 있는 조항은 한정되었지만, 사람이 일으키는 범죄의 종류는 무한하다. 형법에는 '법에 딱 들어맞는 조목이 없으면 유사한 법조항을 인용하여 적용한다.'는 말이 있는데, 형벌이란 성현聖賢께서도 삼가셨던 것으로 매우 조심해서 시행해야 할 것이다. 가령 형량을 높이거나 낮출 때는 아주 작은 정황이라도 놓치지 말아야 한다. 그런데 지금 법을 맡은 관리들이 형을 부과할 때에 대개 무거운 쪽으로 하니, 그것이야말로 내가 안타깝게 여기는 바다. 죄가 가벼운 듯도 하고 무거운 듯도 하여 의심스럽고, 사건의 정황도 명백하지 않은 경우에는 가벼운 쪽의 법에 기준하여 처벌하는 것이 마땅하고, 실제 범법정황이 중대한 쪽에 해당하더라도 아무쪼록 철저히 법에 근거하여 형을 부과하도록 하라. 『서경書經』의 '조심하고, 조심하라. 형을 시행함에 조심하라.'라 한 말은 내 항상 잊지 않는다."[13] 너 또한 깊이 유념했으면 좋겠구나.

정조 명심하겠나이다. "사물의 이치에 대해 공부할 때는 반드시 깊이 생각하고 힘써 파고들어, 질문의 여지가 없다고 생각하던 곳에 다시 질문을 던지고, 의문을 일으킨 곳에 또 다른 의문을 일으켜서 더 이상 의심할 바가 없는 경지에 이른 뒤에야 명백히 깨달았다고 할 수 있습니다. 소손, 죄를 다스리는 것도 이와 같다고 생각하옵니다. 사건 정황이나 법리에 있어서 털끝만큼도 의심할 만한 점이 없다고 해도, 거기에 다시 의문을 던지고 의심하고, 또 의심하여, 더 이상 의문점이 남지 않은 뒤에야 비로소 판결을 내릴 수 있을 것이옵니다.[14]" 같은 맥락에서 "범죄에 연계되어 있는 공범을 조사할 때도, 이미 잡혀 있는 죄수를 두 번이고 세 번이고 자세히 심문하여 동참한 행적이 명백히 드러난 뒤에야 비로소 잡아 오는 것을 허락하곤 하였습니다. 취조 중에 나오는 말이 반드시 진실이라고 할 수 없지 않습니까. 고신拷訊*을 받는 중에는 더욱 그러합니다. 죄수가 실토하는 이름이라 하여 그때마다 잡아들인다면 억울하게 걸려드는 사람이 반드시 생겨날 것입니다.”[15] 또한 “이미 범죄 사실을 인정했어도 의문이 드는 점이 있으면 끝까지 파고들어 진상을 밝혀냈고, 의심이 가는 점이 남아 있다면 벌을 주지 않았습니다. 여러 신하들이 반대하였지만, 형을 가혹하게 하여 심문한다면 무엇인들 원하는 대답을 얻어내지 못하겠으며, 누구라서 끝끝내 버틸 수 있겠습니까. 사건 정황에 의심할 만한 점이 있다면, 그 자는 다소 관대하게 처리하는 것이 백성을 살리고자 하는 법의 본래 취지에도 부합할 것이라 생각하옵니다.”[16]

세종 잘하고 있구나. 용서하는 것도 죄를 주는 것도 공평함에 바탕을 둔다면, 그것으로 된 것이다. 그 점을 늘 잊지 마라. 허면 옥안獄案**에 관한 심리는 어떻게 하고 있느냐? 한 장 한 장 심혈을 기울여 검토해야 하기 때문에 신경을 쓰는 바가 많을 터인데.

정조 예. “보통 한 번에 100여 건의 문안을 며칠에 걸쳐 검토

---

* 자백을 받아내기 위해 형벌을 가하는 것
** 재판에 쓰던 조서, 범죄 심문 기록

하곤 하는데, 밤을 지새워가며 살피느라 몸과 마음이 무척 피곤하기는 하지만 이를 통해 죽음을 면하게 되는 자들이 한 사람씩 생겨날 때마다 그 피로를 잊을 수가 있었습니다."[17] 무릇 "옥안은 백성의 생명에 관계되는 것이 아니겠습니까. 아주 작은 단서라도 그냥 지나치게 되면 살아야 할 자가 혹 억울하게 죽게 되고, 반대로 죽어야 할 자가 살게 되는 일이 생겨나니 늘 크게 두렵습니다."[18] "최종 판결을 내려 승지에게 불러줄 때도 한 글자 한 글자를 읽을 때마다 몇 번이나 망설였는지 모릅니다."[19]

세종 그러한 마음을 가지고 임하는 것이 중요하느니라. 두려운 마음이 있어야 더 조심하게 되고, 더 세밀하게 정황을 살필 수 있을 것이다. 그리고 또한 내가 당부하고 싶은 것은, 옥獄에 갇혀 있는 죄수들도 똑같은 너의 백성이니 그들에 대한 처우에도 관심을 기울여야 한다는 것이다. "옥이라는 것은 본래 악한 죄를 징계하고, 자신이 저지른 죄를 반성하도록 하기 위해 만든 것이지 사람을 죽게 하려고 만든 것이 아니다. 그런데 옥을 맡은 관리가 정성껏 살피지 않아서 옥에 갇힌 사람들이 병에 걸리고, 얼어 죽고, 굶주리며, 심지어 옥졸의 핍박과 고문 때문에 원통하게 생명을 잃는 사람들이 적잖이 있다."[20] "옥에 갇힌 죄수를 보살피는 항목들은 법전에 이미 실려 있으며, 나를 비롯하여 선왕들이 여러 차례에 걸쳐 지시를 하였기 때문에 그 세부적인 사항들은 자못 상세히 마련되어 있을 것이다. 문제는 담당 관리가 이를 무시하거나, 제대로 시행하지 못하는 데에 있으니 주의해야 한다."[21]

잘못된 판결을 받는 것도 억울하지만, 나라의 부주의로 인해 옥 안에서 소중한 생명을 잃는 것만큼 억울한 일도 없을 것이다. 너는 이 문제를 철저하게 확인하고, 관리들로 하여금 절대 해이하지 말게 하라. 또한 "죄인들이 옥에 오랫동안 갇혀 있는 경우가 많다. 무거운 죄를 저지른 범인들이라면 그만이나, 대수롭지 않은 소송으로 갇혀 있는 사람들, 더욱이 나라에서 그 소송 절차를 지연하였기 때문에 오래도록 갇혀 있는 사람들이라면 억울함과 원통함이 클 것이다."[22] 이 부분도 유념하여 대처하도록 해라.

정조 깊이 새기겠사옵니다. 죄를 지어 옥에 갇혔다고 해도, "저들도 사람인데 어찌 본성에는 착한 마음이 없겠습니까. 다만 평소에 나라에서 교화를 제대로 하지 못하였고, 임금인 제가 잘 인도하지 못하였기 때문에 그 순수함을 잃고 범죄를 저지르게 된 것이겠지요. 법을 엄격하게 적용하여 저지른 죄에 상응하는 무거운 처벌을 내리더라도, 죄인들을 측은히 여기고 불쌍히 여기는 마음을 잊은 적은 없사옵니다. 특히 한겨울이나 무더운 여름철에는 반드시 죄인을 잘 돌보아주라는 명을 내렸고, 추우면 솜옷을 만들어주고 더우면 감옥을 청소해주고 몸을 씻겨주라 지시하였나이다."[23] 무릇 "옥을 설치한 것은 사람의 포악함을 억제하고 세상의 혼란스러움을 그치게 하려는 것입니다. 진실로 죄가 있는 사람이라면 그를 가두거나 묶어도 안 될 것이 없지만, 죄가 없는데 가둔다면 그것은 나라의 수치일 것입니다. 그런데 최근 들어 '구류拘留'라는 명목이 생겨났습니다. 감옥에 죄인들이 가득하게 되면, 수령이 교화를 올바로 하지 못하고, 해당 기관이 판결을 제대로 처리하지 못하여 그렇다는 질책을 들을까 두려워서 만들어낸 것입니다. 겉으로는 옥에 가두는 것과 다르다고 말하나, 실제는 감옥보다도 더 심합니다. 소손 이 역시 일체 금지하도록 조치하였나이다."[24]

세종 잘 하였다. '구류' 같은 것을 자칫 잘못 놓아두면, 권세가나 수령들에 의해 악용되는 사례가 벌어질 수 있느니라.

정조 하옵고 전하, 전하께서는 죽음으로써 죄를 묻는 것에 대해서는 어찌 생각하시는지요? 가령 "사람을 죽인 자에게 사형을 부과하는 것은 정당한 형벌이라 할 수 있을 것입니다. 사건의 정황으로 보나 법리로 보나 어느 하나도 용서해줄 만한 점이 없다면 애석해할 필요도 없겠지요."[25] 그런데 소손 "죄는 사형에 해당하지만, 정황을 살폈을 때 사형에 처하기에는 부당한 백성들을 많이 보았나이다. 이들이 무슨 죄겠습니까. 이 세상에 반드시 죽어야 할 만한 사람이란 없는 것 아니겠습니까. 이는 위에 있는 사람들이 잘못 이끈 탓입니다."[26] 하여 법을 맡은 관리들이 "사건의 정황을 심리할 때는 처음부터 이 자는 죽어 마땅하다는 식의 전제를 두지 말고, 불쌍히 여기는 마음으로 살피라고 지시했나이다."27 하지만 그럼에도 늘 두렵습니다. 사형을 선고하고 나면 "번번이 여러 날 잠을 이루지 못합니다. 혹시라도 억울하게 죽어간 이가 없을까 하는 걱정을 떨치기가 쉽지 않습니다."28

세종 너의 마음 씀씀이가 참으로 지극하구나. 사형은 사람의 목숨과 관계된 까닭에 각별히 신경을 써야 한다. 하여 과인은 "사형에 해당하는 죄를 저지른 자에 대해서는 한 번의 심리로 판결을 내리지 말고 세 차례에 걸쳐 거듭 심리하도록 하였는데, 이는 혹시라도 잘못된 판단을 내리지는 않을까 염려했기 때문이다."29 그리고 지방에서도 "처음에는 두 고을의 수령이 합동으로 신문訊問하고, 끝난 다음에는 이웃 고을로 옮겨 가두고, 다시 다른 고을의 수령을 정하여 신문하도록 하였다."30 물론 이렇게 절차상으로 아무리 정비를 한다 한들, 법을 담당하는 사람들이 진심을 다해 사건을 살피는 것만 하겠느냐. 단 한 사람의 억울한 죽음도 없도록 모두가 정성으로 노력해야 할 것이다.

정조 분부 받들겠사옵니다.

1   『세종실록』 37권, 9년 8월 20일

"刑曹判書盧閈啓曰 臣路見一僕負一物 稍似人形 而皮骨相連 憔悴莫
比 駭而問之 曰集賢殿應教權採家婢也 採疾其逃亡因之 以至於此 本
曹覈之未畢 未卽啓達 其殘忍之甚 不可勝言"

2   『세종실록』 37권, 9년 8월 24일

"刑曹啓 集賢殿應教權採 曾以其婢德金作妾 婢欲覲病祖母 請暇不得
而潛往 採妻鄭氏訴於採曰 德金欲姦他夫逃去 採斷髮榜掠 加杻左足
囚于房中 鄭礪劍擬斷其頭 有婢祿非者曰 若斬之 衆必共知 不如困苦
自至於死 鄭從之 損其飮食 逼令自喫溲便 溲便至有生蛆 德金不肯 乃
以針刺肛門 德金不耐其苦 幷蛆强吞 數月侵虐 其殘忍至於此極 乞收
採職牒 與其妻幷拿來 鞫問懲戒"

3   『세종실록』 37권, 9년 8월 29일

"義禁府提調申商啓 權採奴婢納招 與刑曹無異 而採與妻皆不輸情 且
歸咎於刑曹判書 此人但識學文 不知慙愧 上曰 人君之職 代天理物 物
不得其所 尙且痛心 況人乎 以人君治之 固當一視 豈以良賤 而有異也
祿非現出 則事證尤爲明白 如此而採亦不服 則當刑問"

4   『홍재전서』 169권, 「일득록」 9
"법이란 영원토록 공평하여야 한다. 법이 한번 흔들리면 폐단이
따라서 불어난다."
法者萬世之公也 法一撓弊隨而滋

5   『홍재전서』 170권, 「일득록」 10
"法者天下共公之名器也 法可宥焉 君不得以私誅 法可誅焉 君不得以
自宥"

6   유교정치사상은 법치가 아닌 덕치에 무게를 둔다.
"공자께서 말씀하셨다. 법령으로써 인도하고, 형벌로써 가지런히
하려고 들면 백성들은 형벌을 면하려고만 하지 (잘못을 저지른 것
에 대한) 부끄러움을 알지 못하게 된다. (하지만) 덕으로써 인도하
고, 예로써 가지런히 하면 백성들은 부끄러움을 알 뿐만 아니라 스
스로 잘못을 바로 잡는다."
"子曰 道之以政 齊之以刑 民免而無恥 道之以德 齊之以禮 有恥且格"
(『논어』, 「위정(爲政)」편)

7   『홍재전서』 179권, 「군서표기(羣書標記)」 1

"대개 형벌은 다스림을 돕는 도구로써, 백성들이 죄를 짓지 않도록 하는 것은 이것이 있기 때문이다."

蓋刑者輔治之具也 使民而遠罪 以有是也

8　『세종실록』 58권, 14년 11월 7일

"비록 이치를 잘 알고 있는 사람이라고 해도 반드시 율문을 살펴본 연후에야 죄의 가볍고 무거움에 대해 알게 되거늘, 하물며 어리석은 백성들이 어찌 자신이 저지른 죄의 크고 작음을 알아서 스스로 고치겠는가. 비록 백성들로 하여금 율문을 모두 다 알게 할 수는 없겠지만, 따로 큰 죄의 항목들만이라도 모아 적어서 이를 이두문으로 번역한 다음 민간에 나눠줌으로써, 일반 평범한 백성들까지 범죄를 피할 수 있도록 알게 함이 어떻겠는가?"

雖識理之人 必待按律 然後知罪之輕重 況愚民何知所犯之大小 而自改乎 雖不能使民盡知律文 別抄大罪條科 譯以吏文 頒示民間 使愚夫愚婦知避何如

9　上同

"백성으로 하여금 알지도 못하고 죄를 범하게 하는 것이 옳으냐? 백성이 법을 모르는데, 법을 어겼다고 해서 벌을 주게 되면 이는 조삼모사의 술책에 가깝지 않은가?"

然則使民不知 而犯之可乎 民不知法 而罪其犯者 則不幾於朝四暮三之術乎

이러한 세종의 인식은 맹자에서부터 등장한다.

"죄에 빠지게 한 연후에 이것을 가지고 처벌한다면, 이는 백성에게 그물을 던지는 것이다."

及陷於罪然後 從而刑之 是罔民也 (『맹자』, 「양혜왕(梁惠王)」上편)

10 『세종실록』25권, 6년 8월 21일
"선왕들께서 형벌을 사용하신 까닭은, 형벌이 없어지는 세상이 오기를 바라셔서이다."

予惟先王用刑 期于無刑

11 『국조보감』5권, 「세종」4년/『세종실록』18권, 4년 10월 9일/같은 책, 4년 10월 9일

12 『세종실록』52권, 13년 6월 2일
"형벌이라는 것은 정치를 돕는 도구로 옛날 위대한 정치가 성대하게 펼쳐졌던 시대에도 그것을 없애지는 못했었다. [...] 대개 옥사(獄事)라는 것은 사람의 삶과 죽음이 달려 있는 것으로 진실로 참된 정황에 입각하여야 하는 것이다. 그런데 매질로 자백을 받으며 죄가 있는 자는 요행히 죄를 면하고, 죄가 없는 자는 환난에 빠져서, 형벌이 올바름을 얻지 못하고 사람들이 원망을 머금고 억울함을 가지게 되니, 마침내는 원통함을 풀지 못하여 천지의 조화로운 기운을 상하게 하는 데 이르게 되고, 수재(水災)와 한재(旱災)

를 부르게 되니, 이는 옛날이나 지금이나 공통된 근심이었다. [...] 아, 슬프구나, 죽은 자는 다시 살아날 수 없고, 형벌로 팔다리가 끊어진 자는 다시 이전으로 되돌릴 수 없는 것이니, 진정 단 한 번이라도 실수하면 후회한들 무슨 소용이 있을까. 이것이 내가 밤낮으로 안타깝게 여기며 잠시라도 마음속에서 잊지 못하는 것이다. 이제부터 내외의 법을 담당하는 관리들은 옛 일을 거울삼아 지금의 일을 경계하여, 정밀하고 명백하게 사건을 대하고, 마음을 공평하게 하라. 자신의 주관에 구애되지 말고, 먼저 들은 말로 인해 선입견을 갖지 말 것이며, 부화뇌동하여 따르는 것을 본받지 말고, 구차하게 과거의 관행을 답습하지 말라. 죄수가 쉽게 죄를 실토한다고 하여 기뻐하지 말고, 소송 판결문을 빨리 끝내려 들지 말며, 여러 각도에서 조사하고 거듭 되풀이해 찾아서, 죽은 자로 하여금 구천에서 원한을 품지 않게 하고, 산 자로 하여금 마음속에 억울한 마음을 갖는 일이 없도록 하라."

刑者 輔治之具 雖古之盛世 固不得而廢也 [...] 蓋獄者 人之死生係焉 苟不眞得其情 而求諸箠楚之下 使有罪者幸而免 無罪者陷于辜, 則刑罰不中, 以致含怨負屈, 終莫得伸, 足以傷天地之和, 召水旱之災, 此古今之通患也 [...] 噫 死者不可復生 刑者不可復續 苟或一失 悔將何及 此予之夙夜矜恤 未嘗頃刻而忘于懷者也 繼自今爲吾執法中外官吏 尙其鑑古戒今 精白虛心 無拘於一己之 無主於先入之辭 毋雷同而效轍 毋苟且以因循 勿喜囚人之易服 勿要獄辭之速成 多方以詰之 反覆以求之 使死者不含怨於九泉 生者無抱恨於方寸

13 『세종실록』29권, 7년 7월 19일

"律文所載有限 而人之所犯無窮 所以刑書 有律無正條 引律比附之文
夫刑 固聖賢之所愼 而上下比附毫釐之際 尤所當恤 今之法吏 於比附
之際 率從重典 予甚愍焉 罪之疑於輕 疑於重 情理相等者 則當從輕典
若其情理近於重者 務合於法 書曰 欽哉欽哉 恤刑之欽哉 予所服膺"

14 『홍재전서』166권, 「일득록」6

"窮格必熟思力究 無疑處起疑 起疑處又起疑 直到十分無疑地 然後方
可謂豁然 決獄亦類此 情與法 雖無毫分可疑 亦當從無疑處起疑 疑之
又疑 又便到十分地無疑 然後始可決折 以此推將去 鮮有誤了處"

15 『홍재전서』167권, 「일득록」7

"국청(鞫廳, 왕의 명에 의해서 특별히 설치되는 재판 기구로, 주로 대
역·모반죄 등 중죄인에 대한 심문과 재판을 담당했다.)에서 체포하기
를 요청하는 사람에 대해서는, 그의 연루 사실을 고한 죄수를 두
번이고 세 번이고 자세히 더 조사하도록 하여 동참한 행적이 명백
히 드러난 뒤에야 비로소 체포해 오도록 허락하였다. 고문을 가하
게 되면 죄수는 반드시 진실만을 말하지 않는다. 그런데도 죄수의
자백에 의거하여 그때마다 나장(羅將, 의금부, 병조 등에 소속된 하
급 관원, 죄인 체포 등의 임무를 맡았다.)을 파견한다면, 이치상 억울
하게 잡혀오는 경우가 분명히 있을 것이다."

鞫廳請捕之人 輒令再三盤覈於援告之囚 明知有同參之跡 然後始許捉

拿 櫟拷掠之下 難責其情實 若依囚招 隨發緹騎 則橫罹之患 理所必至

16 『홍재전서』166권, 「일득록」 6

옥사를 다스릴 때에는 너그러이 용서하는 방향으로 힘써서 비록
이미 자신이 저지른 죄를 고백했다고 하더라도 의심할 만한 점이
있는 자는 대부분 관대하게 석방하였다. 이에 대해 여러 신하들이
반대 의견을 제시하였으나, 하교하기를 "옛 사람이 남긴 말 중에
'형구(形具) 아래에서 무엇을 구한들 얻지 못하겠는가.'라 하였다.
저들이 비록 죄를 인정하고 실토하였다고 하더라도 사건 정황에
있어서 조금이라도 의심할 만한 점이 있는 자는 (형벌의) 등급을
가볍게 하여 처리한다면, 사람을 살리는 덕에 해가 되지 않을 것이
다. 쉽게 뜻을 결정해서는 안 되는 것이 옥사를 다스리는 도리이니
라."라 하였다.

治獄之際 務從寬恕 雖或已輸款 有可疑者 多從宥釋 諸臣爭之 則教曰
古人云桁楊之下 何求不得 彼雖輸款 情或有可疑者 付之惟輕之科 亦
不害爲竝生之德 治獄之道 決不可快意也

17 『홍재전서』170권, 「일득록」 10

"百餘度文案 判於數日之中 精力雖疲 得活者頗多 是足以忘勞瘁之
苦"

18 『홍재전서』166권, 「일득록」 6

"此係民命 一毫放過 則當生者或寃死 當死者或傅生 豈不大可懼乎"

19 『홍재전서』170권,「일득록」10

"雖執筆承書之人 看作容易 而每呼一字 不知幾回憧憧也"

20 『세종실록』76권, 19년 1월 23일

"獄者 本以懲惡 非致人於死 而司獄官吏不用心糾察 繫獄之人 或罹疾病 或因凍餓 或因獄卒侵逼榜掠隕命致寃者 不無有之"

21 『세종실록』121권, 30년 8월 25일

"옥(獄)은 죄 있는 사람을 가두는 곳이다. 그러나 감싸주고 보호해주지 않는다면 혹 횡액으로 병에 걸리어 일찍 죽는 사람이 있을 것이다. 감싸고 보호하기 위해 지켜야 할 조건들이 『육전(六典)』에 실려 있고, 나 역시 여러 차례 교지를 내린 바 있어 세부사항이 자세하게 마련되어 있으나, 담당하는 관리가 혹 유의하지 않아서 받들어 행함이 철저하지 못해, 죄수들이 질병에 걸려 생명을 잃는 일이 벌어지니 참으로 염려가 된다."

犴獄 所以囚繫有罪 然不庇護 則或有橫罹夭札者矣 故其庇護條件 載在六典 且累降傳旨 節目纖悉 然官吏或不致意 奉行未至 使囚徒致有疾患 遂至殞命 誠爲可慮

22 『세종실록』55권, 14년 3월 22일

"予聞刑曹獄囚多滯 若關係死生者則已矣 以不緊所訟 久在牢獄 冤抑
不小"

23 『홍재전서』 169권, 「일득록」 9
"彼亦人耳 豈無秉彝好善之心 而秖緣敎之無素 導之無方 浸浸然汨沒
其天眞 不覺自陷於重辟 王法至嚴 雖不得不斷以當律 而聖人仁隱惻
怛之心 未嘗不行乎其間 每當祁寒盛暑 必降恤囚之命 寒則造給絮衣
暑則掃其圄圉 滌其繫縲"

24 『홍재전서』 169권, 「일득록」 9
"서울과 지방에 감옥을 설치한 것은 장차 포악함을 금지하고 혼란
을 그치게 하려는 것이니, 진실로 죄가 있다면 가두고 묶어두는 것
이 안 될 것이 없지만, 정말 죄가 없다면 그런 일로 송사(訟事)가
벌어지고 옥사(獄事)가 벌어지는 것 자체가 재판을 맡은 관리의
수치라 할 것이다. 최근 몇 년 동안 법관들이 물 흐르듯 순리대로
판결을 하지 못해서, 체포되고 결박되는 자가 계속 늘어나는 것은
어쩌면 당연한 일인지도 모르겠다. 그런데 (관리들이) 감옥이 가득
차는 것을 두려워하여 이른바 '구류(拘留)'라는 명목을 만들어내
서 녹계(錄啓, 보고서)에 포함시키지도 않고 관아에서 관할하지도
않고 있다. 말이야 옥에 가두어 묶는 것과는 다르다고 하지만 실상
은 감옥보다 심하다. 이는 형조의 감옥 외에 또 다른 감옥을 만들
어내는 것이니, 백성들이 어떻게 감당하겠는가. 이제부터 각 관청

에서는 소위 '구류간(拘留間)'이라는 명목을 일체 폐지하라. 예전의 습속대로 하지 못하도록 금지해야 할 것이다."

京外之置囹圄 將以禁暴而止亂 苟有罪矣 囚之繫之 無所不可 苟無罪矣 速獄致訟 亦是訟官之恥 近年以來 爲法官者 不能剖斷如流 則逮繫相續 勢所必至 而反以囹圄之充滿爲憂 則又有所謂拘留之名 不入於錄啓 不管於政府 名雖殊於囚繫 實則甚於犴狴 是大理囹圄之外 又出許多囹圄也 民何以堪之 自今各司所謂拘留間之名 一切禁斷 俾不得復踵前習

25 『홍재전서』166권, 「일득록」6

"다른 사람을 죽인 자를 사형에 처하는 것은 당연한 법이다. 정황으로 살피거나 법리로 따져 봤을 때 용서해줄 만한 점이 전혀 없다면 실로 안타까워할 필요도 없을 것이다. 하지만 판결을 내릴 때 이 범죄를 저지른 자는 반드시 모두 죽이고야 말겠다는 마음을 가지고 그런 판결을 내린 것은 아닐 것이다. 우발적으로 살인을 하고만 경우도 종종 있으니, 그 사정을 논하면 불쌍히 여길 만도 한 것이다. 그런데 법을 집행하는 관리들이 오로지 법으로만 단죄하니, 이는 (법을 어긴 백성들을) 불쌍하고 가엽게 여겨 처리해야 한다는 정신에 벗어난다. 그러므로 심리 계본(옥사에 관한 조사·심리·판결 내용을 기록하여 왕에게 올리는 문서)에 대해서는 반드시 반복하여 자세히 살펴보고 점검하며 읽어서, 반드시 죽게 된 사람 중에서 살려내는 사람이 있기를 추구하는 것이다."

殺人者死 自是常法 論以情法 俱無可原 則固不足惜 而大抵坐此獄者 未必擧皆有必殺之心而然也 邂逅致此者 往往有之 論其情實有可矜 而執法之吏 一斷以法 殊非哀矜之意 故於審理啓本 則必反覆考閱 求生於必死之中

26 『홍재전서』 168권, 「일득록」 8
"閱法府奏讞 見罪重而情不當抵辟者 [...] 天下本無必可死之人 直由在上者有以導之也"

27 『홍재전서』 166권, 「일득록」 6: 25번 참조 바람.

28 『홍재전서』 168권, 「일득록」 8
"予於判獄之後 輒數日不甘於寢 卽此心耿耿 不自禁也"

29 『세종실록』 14권, 3년 12월 22일
"凡死罪三覆啓者 以重人命 恐或差誤也"

30 『세종실록』 50권, 12년 12월 3일
"내가 항상 염두에 두고 있는 것이, 형벌은 정말로 조심하지 않으면 안 된다는 것이다. 사람이 죽고 사는 문제가 여기에 달려 있으니 어찌 가볍게 여기겠느냐. 고려 말엽에 안렴사와 병마사가 모두 제 마음대로 사람의 목숨을 거뒀으니, 그 중에는 죄없이 죽음을 당한 자들이 없지 않았다. 우리 태조께서 나라를 창업하신 이래 그러한 법을 없애버리고 군무(軍務)와 국정의 중대사를 친히 결정하셨으나, 어찌 착오가 하나도 없었다고 할 수 있겠는가. 더욱이 형벌이란 사람이면 누구나 고통스럽게 여기는 바이다. 죽은 사람은 다시 살아날 수 없으며, 형벌을 받은 자는 다시 되돌릴 수가 없다. [...] 이제부터는 사형에 해당하는 범인의 경우, 처음에는 두 고을의 수령이 함께 심문하고 그것이 끝나면 인근 고을로 옮겨 가둔 다음 다시 다른 고을의 수령을 선정하여 범죄의 실상에 대해 조사하고 심문하게 하라. 이것을 영구적인 제도로 삼으라."

予常思之 刑罰不可不愼 人之死生係焉 其可忽乎 高麗之季 按廉使兵馬使 皆擅殺人命 其間不無濫殺之人 我太祖開國以來 革去其法 凡軍國之事 皆親裁決 然其間豈無誤錯之事 刑罰 尤人人之所苦 死者不可復生 刑者不可復脫 [...] 宜自今犯死罪者 初定兩官守令 同劾已畢後 又移囚隣官 更定他官守令 覈問其實 永爲恒式

인재
人才

천하의 다스림은 천하의 현자들과 함께 이뤄가는 것이다.
오늘날 현명한 선비들은 대부분 숨어 은거하고 있으니,
조정에서 이들을 예의를 다해 대하지 않기 때문은 아닌가?
짐의 덕이 부족하고 우매하여 현자를 초빙하는 일에 소홀하거나
혹 관리들이 그들을 가로막고 있기 때문은 아닌가?

— 명나라 태조(太祖)

"각기 그 재목의 특성에 맞추어 사용하면
천하에 버릴 재목이란 없다."

율곡栗谷 이이李珥가 선조에게 올린 『성학집요聖學輯要』*에는 이런
대목이 나온다.

"공자께서 '정치는 인재를 얻는 데 달려 있으니, 현명한 이를 등
용하지 않았는데도 정치를 잘하는 사람은 없다.'고 하셨습니다.
신이 생각하건대, 임금과 신하가 서로 잘 만나야 올바른 정치가
행해질 수 있는 것이니, 임금의 최우선 임무는 오로지 현명한

---

* 1575년(선조 8년)에 이이(李珥, 1536~1584)가 저술하여 선조에게 올린 것으로, '성학(聖學,
임금이 배우고 갖추어야 할 학문)의 요점을 모은 책'이라는 뜻이다. 『대학(大學)』과 『대학연의
(大學衍義)』의 기본 형식에 맞추어서, 임금이 닦아야 할 수양과 학문, 올바른 정치를 펼쳐가는
방법 등에 대하여 서술하였다.

이를 잘 찾아내어 관직을 맡기는 것에 있습니다."[1]

공자가 '용현用賢', 즉 '현명한 인재를 등용하는 것'의 중요성을 강조한 이래, 유교 국가에서 이 문제는 임금이 가장 신경을 써야 할 핵심 과제로 인식되고 있었다. 세종도 마찬가지다.

"우리나라는 선비를 과거 시험으로만 뽑을 뿐, 덕이 높고 행동이 바르며 자질이 뛰어난 인재를 발굴하는 방법이 따로 마련되어 있지 않았다. 하여 선비들 사이에는 경박하고 조급하게 경쟁하는 풍조만이 만연하고, 순박하고 겸손하게 사양하는 도리는 거의 사라져 버렸으니, 이러한 것이 나라의 풍습으로 굳어지도록 두고만 볼 수는 없는 일이다. 서울의 한성부漢城府와 지방의 감사, 수령은 몸가짐이 바르며 굳은 절개와 지조, 염치가 있는 자와 마음이 강직하고 의로우며 바른 말로 직언과 간언을 할 수 있는 자, 아름다운 행실로 주위에 소문이 나고 가진 자질과 재주가 다른 이들로부터 신뢰를 받는 자들을 항상 주시하며 찾으라. 관직과 품계가 있고 없음을 따지지 말고, 수효가 많고 적은 것에도 구애받지 말고 그 사람의 행적을 조사하여 모두 나라에 보고하도록 하라. 그런 사람이 없는데도 억지로 천거할 수는 없거니와 있다면 반드시 천거해야 할 것이다. 내가 담당 관청을 통해 살펴본 다음 마땅한 인재가 있다면 그를 등용할 것이다. 무릇 열 집밖에 살지 않는 아주 작은 고을에도 반드시 충성과 신의를 갖춘 사람이 나오는 법인데*, 하물며 한 나라 안에 사람이 없음을 걱정하겠는가. 단지 두려워해야 할 것은 인재를 정성껏 구하여 찾지 않는 것이고, 천거를 신중하게 하지 않는 것일 따름이다."2

세종 "옛 사람들이 말하길, '어느 시대인들 사람이 없으랴.'고 했다. 인재는 언제나 반드시 있어 왔지만, 다만 몰라서 쓰지 못했을 뿐인 것이다."3 인재를 선발할 때 한 가지 방법만 고집하다 보면 놓치게 되는 인재가 많은 것 같다. 인재를 선발하는 데 있어 정해진 방법이란 없는 것이지 않겠느냐? 다양한 선발 방법을 마련하여 선비들에게 자극을 주어야 할 필요가 있다. 산祘이 너도 이 점을 유념했으면 한다.

정조 깊이 새기겠사옵니다. 하온데 전하, 좋은 인재를 등용하기 위해서는 인사를 담당하는 관리인 전관銓官의 역할도 크다고 생각하옵니다. "무릇 전관은 사람을 위해 관직을 고르는 것이 아니라, 관직을 위해 사람을 골라야 합니다. 그런데 요즘 전관들은 얼마나 오래 근무했는지, 아니면 과거나 인사고과 성적이 높은지

---

* 이 말은 원래 『논어』, 「공야장(公冶長)」편에 나오는 말이다: "子曰 十室之邑 必有忠信"

낮은지만을 가지고 관직을 배치하고 있습니다. 또한 평소부터 관심을 갖고 차분히 인재를 저울질해 살펴서 재능과 기량을 점검해야 함에도 불구하고, 당장 사람이 필요한 상황이 닥쳐서야 황급히 인재를 찾겠다고 나섭니다."[4] 이러면서 요즘은 인재가 별로 없다느니 하는 소리만 하고 있으니 한심할 지경입니다. "인재가 없는 것은 인재를 좋아하기를 지극히 하지 않고, 구하기를 힘써 하지 않기 때문이라고 주자朱子께서 말씀하셨습니다."[5] 전하의 말씀처럼 "어느 시대나 그 시대의 과업을 성취해낼 수 있는 인재를 가지고 있는 것입니다. 만일 진정으로 인재를 좋아하고 인재를 찾기 위한 노력을 게을리하지 않았다면 어찌 인재를 얻지 못할 리가 있겠습니까. 다만 그 인재를 구별하는 것이 쉽지 않음을 유념하고, 찾지 못해 묻혀버린 인재는 없는지를 염려해야 할 것입니다."[6]

세종 옳은 말이다. 하지만 전관들에게만 책임을 미루지 말고, 네가 먼저 임금으로서 절실한 마음으로 인재들을 고르고 살피는 모범을 보여라. 그러고 나서 전관들이 따라 배울 수 있도록 해야 할 것이다.

정조 명심하겠사옵니다. 소손이 "나라 안 모든 사람들이 적임자라고 인정할 만한 인재를 찾아내어 선발하고자 노력하고 있사옵니다만, 선발한 사람들이 과연 선발되기에 부끄러움이 없는 사람인지, 다른 이들의 눈을 번쩍 뜨이게 할 만한 훌륭한 사람인지 자신이 없습니다."[7] 어떻게 하면 진정으로 좋은 인재를 뽑을 수 있을지요. 가르침을 청하옵니다.

세종 "정치를 함에 있어서 인재를 얻는 것이 가장 급선무이니, 직무에 적임자인 관원을 선발한다면 모든 일이 다 잘 다스려지겠지."[8] 그런데 누가 직무에 적임자인가, 그 "사람을 알아보기란 참으로 어려운 일이다."[9] 더욱이 "임금이 어찌 혼자서 짧은 시간 안에 여러 사람의 어질고 어질지 못함을 다 파악하고 장점과 단점을 평가할 수 있겠느냐. 그것은 불가능하다. 따라서 인사를 맡은 신하들이 거듭 자세하게 검토한 뒤 임금에게 추천하도록 하는 제도를 잘 갖출 필요가 있다."[10] 거기에 더하여 너는 그렇게 추천된 인재가 열의를 가졌는지, 아닌지를 잘 살피도록 하라. "대체로 처음에는 부지런하다가 나중에는 게을러지는 것이 인지상정이다. 그리하여 비록 시작은 열정을 내어 일에 임하다가도 끝을 완수하지 못하는 일이 많은데, 하물며 처음부터 열의가 없는 자를 어디에다 쓰겠느냐?"[11]

정조 유념하겠나이다. "그 사람의 말과 동작이 재빠르지 못하고 둔하다고 해서 그 사람의 업무 능력을 함부로 단정 짓는 일도 없어야 할 것이옵니다. 일찍이 소손이 잘못 판단한 바가 많사옵니다."[12] 하옵고 전하, 또 여쭐 것이 있사옵니다. 어떤 이들은 제게 군자君子만 가려서 등용해야 한다고 말합니다. 죄를 지은 인물은 다시는 조정에 발을 붙이지 못하게 해야 한다고도 했습니다. 이 말이 과연 옳은 것입니까? 소손은 누구에게든 기회를 주되, 임금이 "현명한 자와 불초한 자, 지혜로운 자와 어리석은 자, 모든 재능을 취할 자와 한 가지 재능만을 취할 자를 가려 그 능력에 맞게 쓰면 된다고 생각하옵니다."[13]죄를 지은 이들도 "물론 개과천선하지 못하는 자, 죄를 주었다 하여 분한 마음을 품고 원망하며 더 악한 행동을 저지르는 자들이야 결코 용납할 수 없겠지요. 이들은 죽이고 없애도 아까울 바가 없습니다. 하지만 자신의 잘못을 깊이 반성하고 과오를 극복하고자 노력한다면 당연히 다시 기용해야 하지 않겠습니까?"[14] 이 점에 대해서는 어찌 생각하시는지요?

세종 그렇다. "임금은 소인小人이라도 내쳐서는 안 된다. 그에게도 분명 적당한 임무가 있고, 활용할 바가 있을 것이다. 물론 이 말은 임금이 군자와 소인을 구별할 수 있어야 한다는 것이 전제가 된다. 군자를 가까이 하고 소인을 멀리 하는 것이 군왕의 정치이니까. 다만 좋은 목수가 나무의 크고 작은 것, 길고 짧은 것, 굽고 곧은 것, 아름답고 미운 것 중 어느 하나 소홀히 하지 않고 잘 살펴서 각기 그 적당한 쓸 곳을 찾듯, 임금도 그래야 한다. 재목에 따라서 그 용도에 맞게 잘 활용하면 천하에 버릴 재목이란 없을 것이다."[15] 또한 너의 말처럼, 나라를 위해 쓸 만한 인재라면 설령 과오를 범했더라도 다시 기회를 주어야 할 것이다. 적어도 인재라면, "다시 기회를 얻었을 때 이전의 허물을 벗기 위해 마음을 고쳐 진심으로 노력하리라 생각한다."[16] 나의 치세 때 황희黃喜*가 그랬느니. 그는 교하 지역 토지 개간의 공을 내세워 상당한 땅을 차지하고 그 대가로 고을 수령의 아들에게 벼슬을 주었다가 탄핵을 당했고,[17] 박포의 아내와 간통했다는 추문도 있었다.[18] 또 사위 서달이 시골 아전을 죽인 사건을 덮으려 하기도 했다.[19] 이런 황희였지만 "나랏일을 풀어가는 모책이 탁월했고 학문과 경륜이 뛰어나 주장하는 바가 모두 사리에 맞아 한 치의 오차도 없으니"[20], 어찌 황희를 버릴 수 있었겠느냐. 하여 귀양과 파직 등을 통해 그의 죄를 징계하되 다시 기회를 준 것이다. 황희 자신도 스스로의 과오를 반성하고 노력하니, 교하 사건 이후에는 그 어떤 잘못도 저지르지 않았다. 나아가 청백리의 표상으로까지 자리하지 않았느냐.

정조 "인물을 인물의 특성대로 놓아두고 그 성향에 맞춰 대응하고, 관리해야 하는 것 같사옵니다. 그리하여 단점은 버리고 장점만을 취해야 하는 것이겠지요."[21] 헌데 전하, 황희는 무려 18년간

* 황희(黃喜, 1363~1452): 세종시대를 대표하는 재상. 양녕대군의 폐위를 반대하다가 태종에 의해서 유배를 당했고, 세종이 즉위한 후 복권되어 1431년부터 1449년까지 18년간 영의정으로서 국정을 담당했다.

이나 영의정을 지내지 않았습니까? 전하의 다른 대신들도 대부분 오랜 기간 판서와 정승으로 재임했던 것으로 아옵니다.

세종 그러하다. 어찌하여 묻는 것이냐.

정조 "큰 정치를 위해서는 적체된 인사人事를 소통시켜주는 것이 중요하다고 배웠나이다. 해당 업무에 뛰어난 인재를 찾지 못했다고 해서 10년이고 20년이고 한 사람에게 계속 같은 임무를 맡기다 보면, 인사 적체를 해소할 수 없지 않겠습니까? 아래에 있는 사람들은 위로 올라가지 못한 채로 사장되고, 그 임무를 맡길 만한 다른 인재들을 길러내는 것도 어려워질 우려가 있다 생각되옵니다."[22] 황희가 불후의 명재상이기는 하지만, 그로 인해 다른 뛰어난 신하들이 재상으로서의 능력을 발휘해볼 기회조차 얻지 못하지 않았사옵니까.

세종 너의 말이 참으로 옳다. 내가 반성할 부분이다. 과인이 김종서가 북방에서 돌아온 이후에도 함길도와 관련된 업무는 그의 자문을 받아 처리하도록 하여 성과를 거둔 바 있는데,[23] 적절한 시기마다 인사 적체를 해소해주되 해당 업무의 전임자가 후임자에게 자신의 경험과 전문성을 잘 전달해줄 수 있는 방안을 마련하여 보완해주면 될 것 같구나.

정조 외람되지는 않았는지 송구하옵니다. 말씀은 그리 올렸으나 전하의 신하들이 부럽나이다. 소손은 신하들에게 "관직을 맡겼다가 해임하고, 일정 시간의 시련을 준 후에 다시 자리를 주곤 했습니다. 이처럼 한 것은 그들이 나태함에 빠지지 않도록 경계하기 위함이었고, 내실을 더 쌓고 신망을 기르길 바라서였습니다. 관직에서 물러나 쉬는 기간 동안에도 그 마음이나 행동이 바르고 흔들림이 없는지를 시험하기 위한 목적도 있었습니다."[24] 그런데 몇몇을 제외하고는 하나같이 소손의 기대에 부응하지를 못했사옵니다. "무릇 관원이란 오로지 백성을 사랑하고, 국가를 위한 계책을 세우는 일에만 맹렬히 집중해야 하지 않겠습니까."[25] 그러나 "어떤 일이 옳은지 그른지에 대해 스스로 생각해보지도 않고서, 그저 임금의 뜻이 어디에 있는지만을 살피고, 다수의 의견이 어떠한지만 탐지하고서 따라가기만 하는 자"들이 태반이었나이다.[26] 그리하여 저의 정책이나 노력에 적극적으로 호응해주는 이들은 거의 찾아보기 힘들었습니다. 결국 "이루어진 성과는 거의 없으니 멍하니 그저 실망스러울 따름입니다."[27] 대체 무엇이 잘못된 것이겠습니까? 인재를 구하고, 인재를 대하는 저의 마음이 정성스럽지 못한 탓입니까? 제 마음을 알아주는 인재가 없는 이유, 저의 조정에 인재가 적은 이유가 무엇이겠습니까? 너무 답답하옵니다.

세종 "이 세상 어느 임금이 훌륭한 인재를 찾아 등용해 쓰고 싫어 하지 않겠느냐. 그런데 인재가 있어도 임금이 그를 쓰지 못하는 경우가 세 가지가 있다. 첫 번째는 임금에게 인재를 알아보는 눈이 없는 것이고, 두 번째는 임금이 인재를 절실하게 구하고자 하는 자세가 없는 것이며, 세 번째는 국왕과 인재의 뜻이 합치되지 못하는 경우이다."[28] 너의 경우에 문제는 앞의 두 가지가 아니라고 생각한다. 문제는 세 번째다. 혹시 네가 너와 생각이 같고, 너의 뜻에 합치되는 인재만을 찾은 것은 아니냐? "인재는 선천적으로 정해진 것이 아니라 임금이 어떻게 정치하느냐, 어떻게 이끌어가느냐에 달렸다."[29] 여기서 이끌어간다는 것은 인재가 너의 뜻에 따라오도록 하거나, 너의 생각에 무조건 인재를 합치시키는 것이 아니라, 너와는 반대되는 생각을 가진 인재와 네가 끊임없이 의논하여 하나가 된 의견을 만들어가는 과정을 의미하는 것이니라. 당부한다. 부디 너를 거스르는 사람이나 너의 뜻에 반대되는 사람이라도, 그 사람이 능히 정사政事를 감당할 재주가 있다면 포용하고, 단 한 사람이라도 버리지 마라. 반대자가 능력을 발휘하도록 만드는 것도 군왕의 자질이다.

정조 전하께서 전하의 장인을 죽이는 데 앞장섰던 박은朴블*을

---

* 박은(朴블, 1370~1422): 호조판서와 좌의정 등을 역임하였으며 1420년(세종 2년)에는 집현전 영전사(領殿事, 정1품 관직으로, 최고책임자)에 제수되었다. 세종의 장인인 심온(沈溫, 1375[?]~1418)과 대립하였으며, 심온이 태종에 의해서 제거되는 과정에 깊숙이 개입하였다.

집현전의 최고 책임자로 삼고, 전하가 세자로 책봉되는 것을 결사 반대했던 황희에게 영의정을 맡겨 전하의 치세 대부분의 국정을 책임지게 했던 것처럼 말입니까? 저도 부족하나마 저의 정적政敵들을 등용하고, 그들에게 권력을 주었으며, 국정을 운영해 나가는 데 참여하도록 했나이다. 허나 그자들은 소손이 추진하는 정치를 도와달라고 거듭 부탁했음에도 아무런 반응을 보이지 않았습니다.[30] 저의 신하들은 전하의 신하들과 같지가 않사옵니다.

세종 너의 정치적 여건이 나와는 비교할 수 없을 정도로 힘든 상황이었음을 안다. 하루하루가 살얼음판을 걷듯 위태로웠고, 수많은 정치적 위협 속에서 보위를 지켜야 했음도 알고 있다. 그러니 내가 어찌 너를 뭐라 할 자격이 있을까. 하지만 조금 더 의논하고, 조금 더 포용하고, 조금 더 차이를 줄이기 위한 노력을 할 수는 없었을까? 신하는 너를 위한 인재가 아니라, 나라와 백성들을 위한 인재여야 한다는 것을 잊지 말아야 한다. 국가를 위해 헌신하느냐를 따져야지, 너의 뜻에 부응하는지 아닌지를 살피면 안 되느니라.

정조 삼가 전하의 하교를 잊지 않겠사옵니다.

1 이이(李珥), 『성학집요(聖學輯要)』

"孔子曰 爲政在於得人 不用賢 而能致治者 未之有也 君臣相得 乃可有
爲 人君之職 惟以知賢善任爲先務"

2 『세종실록』80권, 20년 3월 12일

"古昔帝王每下求賢之詔 益弘理國之規 周之卿大夫 考其德行道藝而
賓興之 漢之州郡 察孝廉茂才而辟擧之 與科目之士同於擢用 此得人
之多 而後世之未講也 我國家以科擧取士 而無德行選擧之法 浮躁爭
競之風漸成 淳朴廉讓之道幾息 以此成風 漸不可長也 如有持身方正
有節氣廉恥者 立心慷慨 能直言極諫者與夫士行卓然 素聞於鄕者 才
藝特異 見信於人者 京中漢城府 外方監司守令常加搜訪 不計職之有
無 不拘數之多少 具其行迹 悉皆申報 無則不須强擧 有則期於必薦 予
當付諸有司 參覈敍用 夫十室之邑 必有忠信 況擧一國之內 何患無人
第恨求之不誠 薦之不謹爾"

3 『세종실록』81권, 20년 4월 28일

"古人云 何代無人 今亦必有其人矣 但不能知而用之耳"

4 『홍재전서』168권, 「일득록」8

"전관(銓官, 인사, 인재선발을 담당하는 관리)의 으뜸가는 임무는 관직을 위하여 사람을 고르는 것이다. [...] 그렇지 않으면 사람을 위하여 관직을 고르게 되니 단지 사사로움을 도모하는 것일 따름이다."

銓官之先務 在於爲官擇人 [...] 不然則爲人擇官 只是營私而已

『홍재전서』 170권, 「일득록」 10

"이른바 전형(銓衡, 사람을 능력과 성품 등을 가려서 뽑음. 오늘날 '대학입학전형'할 때의 '전형'과 같은 말)이라는 것은 저울대의 수평을 조절하듯이 사람을 저울질하는 것을 말한다. 진실로 그 사람이 등용할 만하다면 비록 오늘 처음 조정에 출사했더라도 다음날 바로 직임을 줄 수도 있다. 허나 만약 사람됨이 등용하기에 적당하지 않다면 비록 10년이 지났어도 관직을 주지 않음이 옳은 것이다. 관직을 줄지 주지 않을지, 이는 오로지 전관(銓官)을 맡은 자의 사람 감별 능력에 달려 있는 것인데, 요즘 서전(西銓, 병조. 무관의 인사를 담당)의 행정은 이와는 아주 다르다. 소위 구근과(久勤窠), 취재과(取才窠), 별취재과(別取才窠)라는 것들이 있는데, 단지 얼마나 오랫동안 근무하였는지, 취재(取才, 선발시험) 점수가 높은지 낮은지만을 가지고 배분하여 후보자를 천거하는 차례로 삼을 뿐, 전관이 살피고 가려서 뽑는 바가 없다. 누군가 한 사람이 만들어 행

한 것이 결국엔 일상적인 관행이 되어 버렸는데, 이는 실로 전관들
이 자신들에게 올 수 있는 비방을 피하려고 만든 교묘한 계책이라
하겠다. 사정이 이와 같다면 한 사람의 행정관리 하나로 충분할 것
이니, 어찌 전관이 감별할 것이 있겠는가. 오늘날의 전관들 중에서
진실로 비방을 무릅쓰고 인재를 가려낼 수 있는 사람이 있다면, 이
와 같은 잘못된 전례는 폐지하는 것이 옳을 것이다.”

銓衡云者 謂其權度人物 如衡之平也 苟其人之可用 雖今日出身而明
日除職可也 苟其人之不可用 雖十年不做一官可也 此惟在於爲銓官者
之鑑別 而近來西銓行政 大異於是 有所謂久勤窠 有所謂取才窠 又有
所謂別取才窠 只以久勤遠近取才高下 爲排望之第次 而銓官則無所取
捨 一人刱行 遂成恒例 此固近來銓官避謗之妙計 而審如是也 一政吏
足矣 何事乎銓官之鑑別也 今之銓官 苟有任謗擇人者 此等謬例 罷之
亦可也

5 『홍재전서』 134권, 「고식(故寔)」 6
“‘인재를 좋아하는 마음이 지극하지 않고, 인재를 찾기 위한 노력
을 다하지 않는다.’는 말 역시 주자께서 경계하신 가르침이다. 만
일 진정 인재를 좋아한다면 어찌 인재를 구하고도 얻지 못할 일이
있겠는가.”

所以好之未至 所以求之未力 此亦朱夫子之訓也 如好之則豈有求之而
未得之理乎

6   『홍재전서』178권, 「일득록」18

"그 시대의 일들을 해나가기엔 그 시대의 인재들로 충분한 법이
다. 매번 옛사람들을 우러러보기만 하면서 따라 오를 수 없다고 하
고, 지금의 사람들은 자질이 낮아서 일을 하기에 부족하다고 말하
는데 이 또한 잘못이다. 대개 인재는 구하기만 하면 있기 마련이
니, 다만 인재를 구별해내는 것이 쉽지 않고, 다 찾아내지 못해 묻
혀버린 인재는 없는지를 걱정해야 할 따름이다."

一世之才 足以周一世之事 每仰古人爲不可梯級 而謂今人卑不足有爲
此亦過矣 蓋求之則有矣 而但慮區別未易 需用未盡耳

7   『홍재전서』8권, 「서인(序引)」1

"사람의 눈과 귀는 항상 오래된 것에 대해서는 무덤덤하니 익숙하
게 대하지만 새로운 것에 대해서는 눈을 번쩍 뜨고 주목한다. 때
문에 새 관직을 설치하게 되면 그 인선 작업에 최선을 다함으로
써, 나라 안 사람들이 모두 그 관직에는 그 사람이 적합하다고 하
게 하여 명검(名檢, 聖人의 가르침에 따라 말과 행동을 삼감)을 장려
하고 예술을 활성화시키는 것이 나의 바람이었다. 그런 까닭에 관
직을 새로 설치한 이후로 그 직임에 선발된 자가 그리 많지 않았
는데, 이는 그만큼 내가 신중을 다해 골랐기 때문이다. 그러나 그
렇게 해서 뽑힌 사람일지라도 과연 부끄러울 것이 없는 사람인지,
사람들의 두 눈을 번쩍 뜨이게 할 만한 사람인지 알 수 없으니, 만
약 그런 인물이 아니라면 반드시 비웃음과 비방하는 소리가 뒤따

를 것이라, 내가 이를 매우 두려워하는 바이다."

人之耳目 恒狃於故而聳於新 新其官而極其選 使國人 皆曰是人也而

後 居是官 其於勵名檢 興藝術 或不爲無補 此予意也 故置官以來 與選

者無多 蓋難之也 然其與選者 果皆不愧其選否 能聳勸人否 苟無以聳

勸人 則必嘲刺以隨之 此又予所甚懼也

8 『세종실록』22권, 5년 11월 25일
  "爲政之要 得人爲最 官稱其職 則庶事咸治"

9 『세종실록』49권, 12년 8월 30일
  "知人之難 豈不信歟"

10 『세종실록』54권, 13년 11월 5일
  "이 법(왕이 사람을 직접 고르는 법)은 앞서 이미 시행하였는데, 옳
  지 못한 점이 발견된 까닭에 이를 고친 것이다. 대저 여러 사람의
  어질고 어질지 못한 점을 어찌 나 혼자서 능히 알고서 정밀하게
  살필 수 있겠는가. 경들이 임금 앞에서 뭇 사람들의 장단점을 논하
  는 것 역시 어찌 창졸지간에 그 사람들의 실상을 다 파악해낼 수
  있겠는가. 경들은 정청(신하들이 업무를 보는 곳)에 물러가 앉아서
  마음을 평온하게 하고, 기운을 가지런히 한 다음에 그 사람의 어짊
  과 어질지 못함을 판단하라. 지극히 상세히 살피고, 거듭 되풀이하
  여 고찰한 연후에 나에게 보고하면, 나 또한 다시 살펴서 등용할지

버릴지 여부를 결정하겠다."

此法前此已試之 有不可者 故改之 大抵衆人之賢否 豈一人所能盡知
而精察乎 卿等就君前 論衆人長短 於倉卒之間 豈得其情乎 莫若退坐
政廳 平其心 易其氣 於人之賢否 察之甚詳 考之反覆 然後予亦更察而
用捨焉

11 『세종실록』117권, 29년 9월 9일
"大抵人之常情 始勤終怠 初雖銳意 未保其終 況初不銳意者乎"

12 『홍재전서』170권, 「일득록」 10
"不可以言語動作之敏給疎鈍 斷定其政事能否 予曾驗之於人多矣"

13 『홍재전서』172권, 「일득록」 12
"인재는 예나 지금이나 오로지 위에 있는 사람이 어떻게 인도하고
이끌어주느냐에 달려 있을 뿐이다. (인재의) 전체를 취하는 경우도
있고 한 가지 재능만을 취하는 경우도 있다. 현명한 자와 불초한
자, 지혜로운 자와 어리석은 자, 높은 자와 낮은 자를 각기 그 쓰임
에 맞게 배치하는 것이니, 이를 총괄해 헤아려 보면, 단 한 사람이
라도 쓰지 못할 사람이란 없는 것이다."

人才無古今 惟在在上者導率之如何耳 有取其大體者 有取其一能者
賢不肖智愚高下 使之各當其用 而摠而計之 未見其有一箇不可用底人

14 『홍재전서』 133권, 「고식(故寔)」 5

"대체로 보면, 임금이 인재를 등용함에 있어서 비록 작은 재주를
가진 사람이라 할지라도 처음부터 버릴 사람이란 없는 것이다.
[...] (하지만) 만약 가르쳐주어도 이끌어지지가 않고, 인도해도 나
를 따라오지 않는다면 죄를 주고 물리쳐서 기후가 열악하고 황량
한 변방으로 유배를 보냈다가, 개과천선하면 다시 등용하고, 그러
지 못하면 그것으로 끝낼 뿐이다. 혹 사리에 어둡고 완고하여 변하
려 들지 않는 이는 난신(亂臣, 정사를 어지럽히는 신하)이요, 적신(賊
臣, 도적과 같은 신하)이다, 아무리 하늘과 땅이 뭇 생명을 소중하게
여기는 어짊처럼, 임금의 덕도 그런 것이라 해도 이는 도저히 용서
할 수 없는 일이니 가차 없이 죄를 물어 죽여도 아까울 바가 없을
것이다."

大抵人君用人 雖斗筲之才 元無可棄之人 [...] 如有教之而不率 導之而
不我從 則於是罪之斥之 瘴癘之魑魅之 能變則復用 不能變則已之 其
或冥頑而不知變 怨懟而不欲變 則是亂臣也賊臣也 雖天地好生之仁
不得以貸之 則誅之殛之 無惜也 夫朱夫子於聚斂之臣 何惜而爲此訓
乎 特言人君用人之道 亦當如此云耳 大哉夫子之訓

15 이 부분은 세종의 어록이 아니고, 사헌부에서 세종에게 올린 상소
의 내용을 인용한 것이다. 조선시대에 사헌부나 사간원 등 간언(諫
言)을 담당한 기관들은 특별한 사안이 발생하지 않아도, 정책의 방
향과 임금이 갖추어야 할 자세, 정치의 도리와 같은 내용의 상소를

임금에게 자주 올렸다.

"임금이 사람을 등용하여 쓰는 것은 목수가 나무를 골라 쓰는 것과 같아서, 각기 그 재목의 특성에 맞추어 사용하면 천하에 버릴 재목이란 없습니다. 하지만 군자와 소인은 구별하지 않을 수 없으니, 군자를 가까이 하고 소인을 멀리하는 것이 임금이 행해야 할 정치입니다. 그리고 크고 작은 것, 길고 짧은 것, 굽고 곧은 것, 아름답고 미운 것을 구별하지 아니할 수 없으니, 잘 살펴서 각기 적당한 용도로 사용하는 것은 목수가 갖추어야 할 양식입니다."

人君之用人 猶匠之用木也 各因其材而用之 則天下無可棄之材 然君子小人 不可不辨 內君子而外小人 君之政也 大小短長 曲直美惡 不可不分 審察而當其用 匠之良也 (『세종실록』20권, 5년 5월 17일)

16 『세종실록』68권, 17년 6월 17일

"사람의 정리라는 것이 잃었던 직임을 그대로 다시 주면, 전에 범한 허물을 벗기 위해 마음을 고치고 생각을 바꾸는 것이다."

且人情 任職有失 仍更授之 則欲免前愆 改心易慮

17 『세종실록』53권, 13년 9월 8일 기사 참조.

18 『세종실록』40권, 10년 6월 25일 기사 참조.

19 『세종실록』36권, 9년 6월 17일, 21일 기사 참조.

20 황희가 탄핵을 받고 사직서를 제출하자, 세종이 이를 반려하며 한
말이다.

"경은 세상을 경영하고 다스릴 만한 재주와 실제에 적용할 수 있
는 학문을 지니고 있다. 일을 도모하고 대책을 세우는 능력은 일만
가지 사무를 아우르기에 넉넉하고, 덕망은 모든 관료의 사표가 되
기에 충분하다. 부왕께서 신임하셨으며, 과인이 또한 의지하고 믿
어서 정승의 자리를 맡긴 것이다."

惟卿經世之才 適用之學 謀猷足以綜萬務 德望足以師百寮 皇考之所
信任 寡躬之所倚毗 爰命作相 (『세종실록』 40권, 10년 6월 25일)

21 『홍재전서』 10권, 「서인(序引)」 3

"근래 와서 다행히도 태극, 음양, 오행의 이치를 깨닫게 되었고, 또
(이) 사람이 합당한 사람인가를 꿰뚫어 볼 줄도 알게 되었다. 그
리하여 대들보감은 대들보로 이용하고, 물오리는 물오리대로, 학
은 학대로 각자의 (어울리는) 삶을 얻게 하니, 만물이 각기 부여받
은 물성을 발현하게 하고, 만물이 내게로 다가오면 순리에 맞게 대
응하였다. 또한 단점은 버리고 장점은 취하였고, 착한 점은 드높여
주고 악한 점은 덮어주었으며, 잘한 것은 안착시키고 잘못한 것은
뒷전으로 돌렸으며, 대인은 나아가게 하고 소인은 포용해주었다."

近幸悟契於太極陰陽五行之理 而又有貫穿於人 其人之術 莛楹備於用
梟鶴遂其生 物各付物 物來順應 而於是乎棄其短而取其長 揚其善而
庇其惡 宅其臧而殿其否 進其大而容其小

22 『홍재전서』 168권, 「일득록」 8

"세상에서 말하는 '큰 정사'란 대부분 적체되었던 것을 소통시키
는 일이 핵심이다. 그러나 적체의 소통에만 중점을 두다 보면 인재
를 고르는 데 있어서 실수하기가 쉽고, 인재를 고르는 것에만 무게
를 두면 적체를 소통시키는 일에 있어서 실책을 범하기가 쉽다."

世所稱大政 而大政多主於疏滯 然只主疏滯 則易失於擇人 只主擇人
則易失於疏滯

23 『세종실록』 92권, 23년 1월 19일

(임금께서) 병조에 지시하시기를, "오늘 이후부터는 함길도의 긴급
사태나 함길도를 방어하는 문제 등은 반드시 형조판서 김종서(金
宗瑞, 1383~1453)와 같이 의논하도록 하라."하셨다. 일찍이 김종서
가 함길도의 도절제사를 역임하여 북방의 문제에 대해 잘 알고 있
기 때문이었다.

傳旨兵曹 今後咸吉道事變及防禦等事 必與刑曹判書金宗瑞同議 以宗
瑞嘗爲其道都節制使 備諳北方事變也

24 「오회연교(五晦筵敎)」 중 한 대목이다. '오회연교'와 관련된 자세한
설명은 포용章 '실록 속으로'(133쪽)를 참조 바람.

"대체로 등용하고 해임하고 하는 주기를 8년 기한으로 하였기 때
문에, 시간을 낭비하는 면이 없지 않으나 반드시 (일정 기간을) 쉬
게 한 후에 다시 쓰려고 했던 것은 당시 여건이 그런 것도 있지만,

무엇보다 그 사람이 보다 내실을 더 쌓고 신망을 기를 수 있는 시간을 주기 위해서였다. 내가 왜 쉽게 하는지 그 이유를 그 사람에게 말해주기는 하였지만, 실제로 잘 쉬는 것은 어찌 처신하기 어려운 일이 아니겠는가. 등용하고 해임한 주기가 굳이 '8년'이 된 것은 우연히 그렇게 된 것이지만, 하여튼 8년을 전후하여 세 정승을 번갈아 등용하였고 중간 중간에 정승으로 제수되어 책임을 맡은 자 또한 많았는데, 모두 그 마음이나 행적에 있어서 의리(지켜야 할 도리)를 지킴이 반드시 굳건함이 있어야만 등용하였다."

蓋其進退之際 皆以八年爲限 亦自有積費造化者存 所以必欲休息而用之者 非但時宜之適然 亦所以爲其人養望之道 予之使之休息也 亦嘗言及于自家 而自家之善爲休息者, 亦豈非難及處乎 間八年用之 特適然之擧 而三相八年前後 其間拜相而委任者亦多其人 而皆必心與跡之有依據於秉執 然後用之 (『정조실록』54권 24년 5월 30일)

25 『홍재전서』168권, 「일득록」8

"재상이 나라를 경영하고 원대한 계획을 수립하기 위한 길은, '민우국계(民憂國計, 백성의 삶을 근심하고 국가를 위한 계책을 세움)' 이 네 글자에서 벗어나지 않는다. [...] 사대부가 조정에 나오게 되면, 먼저 백성을 어질게 대하고 만물을 사랑하는 것부터 맹렬히 안목을 집중해서 공부해야 한다."

宰相者經邦謀猷 無出於民憂國計四箇字 [...] 士大夫立朝 先自仁民愛物上 須猛著眼工夫

26 『홍재전서』167권, 「일득록」7

"必要先覘上意如何 又探外議如何 妄自揆度 不計當否"

27 『홍재전서』170권, 「일득록」10

"成效邈然殊 令人憮然失圖"

28 세종이 과거시험에 출제한 '책문(策問)'에 나오는 대목이다. '책문 (策問)'은 문과 과거시험의 문제 형식 중 하나로, 주로 시무(時務) 에 대한 대책을 묻곤 했다. 왕이 직접 출제하는 경우도 많았는데, 여기서 인용한 글은 당시 장원급제를 했던 조선 초의 문신 강희맹 (姜希孟, 1424~1483)의 문집인 『사숙재집(私淑齋集)』에 나오는 것 으로, 세종이 출제한 문제와 강희맹의 답변이 함께 수록되어 있다. "人主孰不擧而用之 而不能者有三焉 一者不知 二者不切 三者不合"(『사숙 재집』, 「책(策)」)

29 上同

"則人材之本 在政而已 上項衆材 非定性命也"

30 『정조실록』54권, 24년 5월 30일/『정조실록』54권, 24년 6월 16일 보다 자세한 내용은 포용章 '실록 속으로'(133쪽)를 참조 바람.

현장
現場

모든 문제와 해결책은 현장에 있습니다.

— 윤종용(尹鍾龍)

"저들은 실로 죄가 없다. 저렇게 만든 자들이 죄인이다."

1784년(정조 8년) 3월 20일. 정조는 한양의 공계원*과 시전 상인들을 창덕궁 선정문宣政門** 앞에 모두 모이게 하고, 당면한 민생·경제 현안에 대한 의견을 물었다.

"진정으로 백성들에게 보탬이 되는 것이라면 어떤 재물인들 아깝게 여길 것이며 무슨 일인들 조치하지 않겠는가. 군수물자가 부족하기는 하나 지금 그것을 거론할 상황이 아니며, 국가 경상

---

* 여기서 '공계(貢契)'란, 대동법(大同法)을 실시한 이후에 궁궐과 각 관아에서 필요로 하는 물품을 납품하였던 공인(貢人)들이 조직한 공동출자기구를 말한다.
** 창덕궁의 편전(便殿, 임금이 평상시에 거처하면서 정무를 보는 공간)인 선정전(宣政殿) 앞에 세워져 있는 문.

비용이 쪼들리는 것도 따질 겨를이 없다. 내가 요즘 뜬 눈으로 밤을 지새우고 있으며 식사를 하거나 휴식을 취할 때도 마음이 편하지 않다. 이는 혹시라도 먼 지역에만 신경을 쓰느라 정작 도성은 소홀히 하여, 도성 안에 사는 백성들이 공평한 혜택을 받지 못하지는 않을까 걱정해서이다. [...] 그러니 전황錢荒*은 어떻게 해야 해결할 수 있으며, 물가는 어떻게 해야 안정시킬 수 있을지, 돈을 빌려주는 정책은 어떤 것이 편리하며, 세금을 걷고 혜택을 베푸는 방법으로는 무엇이 좋겠는가? 어려워하지 말고 하고 싶은 말을 숨김없이 모두 아뢰도록 하라."[1]

이에 참석자들은 이자를 받지 않고 국가의 돈을 백성에게 대여해주자는 등, 다양한 의견과 제안을 내놓았고 정조는 이들이 한 말을 정책에 적극 반영하여 시행하도록 각 관청에 지시하였다.

정조 소손, 어제는 도성 안의 사정을 잘 알고 있는 크고 작은 상인들과 공계원貢契員들을 창덕궁 선정문 앞에 모두 모이게 하고, 그리로 가서 그들과 대화를 나누었습니다. 그들에게 하고 싶은 말을 숨김없이 말하도록 하니 모두가 자유롭게 자기의 생각을 이야

---

* 화폐 유통량 부족 현상.

기했고, 그 중에는 장기적으로 정책에 반영할 만한 말들과 당장 시행해도 좋을 만한 생각들도 많았습니다. 백성들의 상황을 살피고 그들을 위한 대책을 마련할 때는 궁궐 안에서의 탁상공론으로 그쳐서는 안 되며, 반드시 현장의 목소리를 들어야 함을 다시금 느꼈나이다.

세종 그래, 맞는 말이다. 현장의 상황을 잘 알고 있는 자들의 목소리를 정책에 반영하는 것은 매우 중요한 일이지. 과인 또한 전에 백성들의 구휼이 제대로 이루어지지 않아 고민하던 차에, 현장 담당자의 의견을 듣고 이에 따라 절차와 방식을 변경하여 큰 효과를 거둔 적이 있었다.[2] 연륜이 높은 농부들에게 직접 물어 그 경험을 활용함으로써 척박한 농토에서 소출을 높이는 성과를 거두기도 했으며,[3] 공법을 제정할 때도 백성들의 의견을 전국적으로 수렴하여 법을 보완하는 데 많은 도움을 받았느니라.[4]

정조 하온데 전하, '임금이 모든 일의 실상實相을 직접 살피고 일일이 현장을 확인하는 것이 불가능하기 때문에 현장을 잘 아는 이들을 불러 현장의 목소리를 청취하고자 하는 것이 아니겠습니까? 그런데 이 자들이 안일하게 원론적인 이야기만 늘어놓거나, 책임을 모면하려 상황을 왜곡하는 경우가 있사옵니다.'[5] 이럴 때는 어찌해야 하옵니까?

세종 "우리는 궁중에서 나고 자랐으므로 민생의 고단함을 다 알지 못한다. 그러니 기회가 닿는 대로 백성들을 찾아 직접 묻고, 듣는 것이 좋겠지."[6] "일전에 내가 가뭄이 걱정되어 벼농사 상황을 직접 확인하고자, 입직한 내금위 군관만 거느린 채 영서역迎曙驛에 나간 적이 있었다. 황폐한 논을 보고 놀라서 농부들에게 작황을 물으니 하나같이 한숨만 내쉬더구나. 수행한 이가 점심을 들라고 했으나 눈물이 나 차마 먹을 수가 없었다. 내가 더 화가 났던 것은 그간 신하들이 올해 농사는 잘 되었다고 보고했기 때문이다. 궁궐에 돌아와 이를 질책하니, 지신사知申事* 곽존중은 영서 땅이 원래 척박해서 그렇다고 했다. 그 땅은 비옥한 땅인데도 말이다."[7] "또 한 번은 청주에 다녀오는 길인데 올 때와는 달리 길가에 백성들이 하나도 보이질 않는 것이 이상했다. 현감을 불러서 까닭을 물으니, 어가御駕 행렬 앞에 잡인이 끼어들어 소란을 일으킬까 봐 일체 나오지 못하게 했다는 것이다. 이는 지극히 옳지 못한 일이 아니더냐. 수령이라는 자가 감히 제멋대로 백성과 임금의 사이를 가로막았으니, 고금을 통틀어 듣도 보도 못한 일이었다. 아마도 자신들의 과오가 알려질까 두려워서 벌인 짓이리라."[8] 하여 내 엄히 문책한 바 있다. 그래, 이처럼 현장 담당자들이 잘못된 보고를

---

* 왕명의 출납(出納)을 관장하던 정3품 관직으로 왕의 비서실장 격이다. 고려 말부터 도승지(都承旨)란 명칭과 번갈아 사용되다가, 세종15년부터는 도승지로 정해져 갑오경장까지 이어졌다.

올리고, 상황을 차단하거나 왜곡해도 임금은 자칫 모른 채로 넘어갈 위험이 있다. 이러한 행태를 단속하고 이것이 가져올 폐해를 예방하기 위해서는, 더더욱 임금이 직접 현장을 확인할 필요가 있는 것이다. 물론 자주 찾지는 못할 것이다. 다만 불시에 찾아 점검하는 것만으로도 아래에서 올바로 실태를 보고하고 있는지를 확인하고, 담당 관원들에게는 긴장감을 불러일으킬 수가 있느니라. "임금이 직접 찾아갈 수 없는 먼 지역은 비밀리에 감찰과 어사를 파견하면 된다. 고을 수령의 탐욕스러운 행실로 인해 고통 받는 백성은 없는지, 고을 수령이 가혹한 형벌을 사용하지는 않는지, 백성들이 굶주리고 헐벗어 고생하고 있지는 않은지, 처지가 어렵고 딱하지는 않은지, 원통하고 억울한 일을 당했는데도 도움을 못 받고 있지는 않은지를 모두 확인하여 임금에게 보고토록 해야 한다. 한갓 소문도, 임금에 대한 비판도, 정책에 대한 의견도, 백성들의 이야기는 그 어떤 것이라도 모두 전하게 해야 할 것이다."[9]

정조 명심하겠사옵니다. 하온데 전하, 그런 감찰이나 "어사는 파견하지 않을 수도 없으나, 자주 보내서도 안 되지 않겠습니까. 어사가 모함에 휘둘리면 자칫 좋은 관리가 파직될 우려가 있고, 제대로 민정을 살피지 못하면 오히려 상황이 왜곡되어 전달될 수도 있다 생각되옵니다."[10] 또한 임금이 수령을 믿지 못한다는 인상을 심어줄 수도 있음이옵니다.

세종 너의 말이 옳다. 수령과 관리들에 대한 임금의 믿음을 보여주기 위해서라도 자주 보내는 건 좋지 않겠지. 그들에게 긴장감을 유발시킬 수 있는 정도만 하면 될 것이다. 그리고 감찰이나 어사로는 자질이 검증된 사람을 보내야 한다. 오랜 시간 옆에서 지켜보아, 통찰력과 재능이 뛰어나며 특히 강직하고 바른 말을 함에 주저함이 없는 자들을 선발하도록 하라.

정조 분부 받들겠사옵니다.

세종 아울러 백성들이야말로 곧 현장이고, 백성들의 삶이야말로 진정한 현장의 모습이 아니겠느냐. 백성의 목소리를 직접 들을 수 있는 통로도 열어 놓아야 한다. 특히 백성들은 자신의 억울한 사정을 하소연할 곳이 없을 때 마지막 수단으로 임금을 찾아오곤 한다. 그 여건을 잘 보장해주는 것도 중요할 것이다.

정조 신문고나 격쟁擊錚을 말씀하시는 것이옵니까? 백성들이 북이나 징을 쳐서 자신의 사정을 위에 알릴 수 있도록 하는 제도를 만든 것은, 억울한 일을 당했는데도 하소연할 곳이 아무데도 없는 상황을 막기 위해서였습니다. 그런데 "이 제도를 악용하는 백성들이 늘어, 남을 무고하거나 자신의 사사로운 이익을 챙기기 위해 징을 치는 일이 빈번하며, 절차를 지키지 않은 채 사소하고 하찮은 일까지 중앙에 가져와 하소연함으로써 행정 업무를 번거롭게 하고 있사옵니다. 물론 그렇다고 해서 이 제도를 폐지하거나 엄격히 규제해서는 안 될 것입니다. 백성들이 자신의 사정을 위에 알릴 수 있는 기회를 빼앗는 것이 될 테니, 이는 임금이 취해서는 안 될 도리겠지요."[11] 하지만 그렇다고 계속 이 상태로 놓아두면 폐단은 더더욱 늘어날 것입니다. 어찌해야 좋을지 가르침을 내려주옵소서.

세종 임금이 직접 찾아가서 살펴줄 수 없다면, 최소한 그들이 내게 찾아와 숨김없이 말할 수 있도록 하는 통로를 열어둬야 하지 않겠느냐? 만약 "어떤 백성이 임금의 행렬 앞에 무작정 뛰어들어 자신의 억울함을 하소연하고자 한다면, 비록 그것이 위법한 행위더라도 그 백성에게 처벌에 대한 두려움을 무릅썼을 정도로 절박한 사정이 있음을 헤아리고, 행차를 멈추어야 한다. 그리고 반드시 그의 말에 귀를 기울여주는 것이 군왕의 법도이다."[12] 하물며 신문고나 격쟁이야 더 말할 나위가 있겠느냐. 그런데 신하들 중에는 이 제도를 좋아하지 않는 사람들도 있다. 백성들이 제기한 민원을 처리해야 되기 때문에 번거로워서 그런 것도 있지만, 혹여 백성의 입을 통해 자신들의 잘못이 드러날까 두려워해서 그런 것도 있다. 그리하여 신문고를 함부로 치는 자를 처벌하라고 주장하곤 하는데, 이렇게 된다면 자신의 억울함을 아뢰고 싶은 사람이 있어도 법이 두려워서 말하지 못하는 사례가 생길 것이다. 허위사실이나 무고가 아닌 이상 죄를 주지 말라. 다만 너의 우려처럼 함부로 북과 징을 울려대는 사람들이 있으니 몇 가지 보완 대책이 필요할 것이다. "같은 사안을 가지고 함부로 두 번 이상 북을 치는 자는 약하게나마 벌을 부과하도록 하고,"[13] "신문고를 두드리거나 격쟁을 하기 전에는 반드시 먼저 자신이 사는 지역의 수령이나 감사에게 상황을 알려 판결을 받도록 하게 하라. 수령과 감사에게 알렸는데 그들이 이를 살펴서 처리해주지 않았고, 사헌부에 억울함을 고했는데도 이를 살펴보아주지 않았을 때, 그때는 지체 없이 북을 치고 임금 앞에 와서 자신의 사정을 고하게 하라. 그리고 백성이 호소한 업무를 처리해주지 않은 수령이나, 감사, 사헌부 담당 관원은 법에 의하여 엄중히 처벌하면 될 것이다."[14]

정조 "불쌍한 저 백성들이 가슴 깊이 원통함이 맺혀 있는데, 어디에도 하소연할 곳이 없어 제 앞에 와서 호소하는 것이니, 이는 자식이 부모에게 하소연하는 것과도 같습니다. 하온데 어찌 번거롭고 외람되다고 하여 이들을 탓하겠습니까. 모두가 저의 책임이고, 저들을 저렇게 만든 자들의 죄일 것입니다."[15] 삼가, 하교를 받들어 대처하겠나이다.

원전 속으로

1 『정조실록』17권, 8년 3월 20일

"苟益於民 何財之足惜 何事之不措 軍需之哀痛 不須說也 邦用之窘迫 不暇顧也 凡予之坐而待朝 食息靡寧者 只爲都民之未 [...] 而錢荒則何 以救之 物價則何以平之 假貸之政 何者爲便 斂敷之術 何道爲得 罔或 自阻 悉陳毋隱"

2 판중추원사(判中樞院事) 안순(安純, 1371~1440)이 자신이 함길도 관찰사 시절에 겪은 경험을 토대로 백성들을 효과적으로 구휼하는 방법에 대한 건의 상소를 올렸고, 세종은 이를 받아들여 시행하게 하였다. (『세종실록』76권, 19년 1월 2일) 안순은 같은 해 충청도에 기근이 들자 도순문진휼사(都巡問賑恤使)로 파견되어 성공적으로 기근을 수습하였고, 그 공으로 숭록대부(崇祿大夫)에 봉해졌다. (『세종실록』91권, 22년 11월 28일)

3 『세종실록』41권, 10년 7월 13일

"평안도·함길도는 농사가 심히 성기어서(서툴러서) 땅의 생산력을 제대로 다 이끌어내지 못하고 있으니, 이곳에서도 시행이 가능한 농사기술을 채택해 전달하여 그곳 농부들로 하여금 익히게 하고자 한다. 각 고을 관리들은 나이 많고 경험 많은 농부들을 모두

방문하여, 토양의 성질에 적합한 오곡(五穀)을 가리는 방법, 밭을
갈고 파종하고, 김을 매고 거두는 방법, 잡곡을 번갈아 심는 방법
등에 대해 물어서 그 요점을 모아 책으로 만들어 올리도록 하라."
平安咸吉道農事甚疎 未盡地力 今欲採可行之術 令傳習 凡五穀土性
所宜及耕種耘穫之法 雜穀交種之方 悉訪各官老農等 撮要成書以進

4 『세종실록』49권, 12년 8월 10일: 정치章 '실록 속으로'(28쪽) 참조
   바람

5 『홍재전서』166권, 「일득록」6
   "돌아보건대, 내가 이 깊은 구중궁궐 속에 있어서 백성들이 겪는
   재난의 실상을 제대로 살필 수가 없으니, 한 번 비 오고 한 번 개는
   것은(사소한 일들까지 모두) 오로지 고을 수령들이 올린 장계를 보
   고서야 알게 된다. 그런데 조금 전 그 장계를 보니 안일하게도 책
   임을 회피하려 들고 있어, 백성을 수령에게 위임하여 맡긴 뜻에 자
   못 어긋난다 할 것이다. 너무도 개탄스럽다. 요사이 재해를 숨기는
   것이 풍조를 이루었고, 일체의 듣기 싫은 일은 처음부터 입을 열어
   논하려 들지 않으니 이는 또한 내가 반성할 부분이다."
   顧此深居九重 災實莫察 一雨一暘 惟視方伯之狀辭 而俄見其狀 殆涉
   忧惕 殊乖委任之意 極可慨然 大抵諱災成風 一切厭聞之事初不欲開
   口論說 此亦予反躬處也

6 『세종실록』 2권, 즉위년 12월 20일

임금께서 말씀하기를, "내가 궁중에서 나고 자랐으므로, 백성들 삶의 힘들고 괴로운 점을 다 알지 못한다."라고 하니, 정초가 아뢰기를, "백성을 찾아가 직접 물으시면 아실 수 있을 것이옵니다."라 하니, 임금이 말씀하시길, "그렇다."고 하였다.

上曰 予生長宮中 民生艱苦 不能盡知 招曰 訪問小民則可以知之矣 上曰 然

7 『세종실록』 29권, 7년 7월 1일

임금께서 "가뭄이 너무 심하다. 소나기가 잠시 내렸으나, 안개가 끼고 흙비가 왔을 뿐이다. 기후가 순조롭지 못하여 이렇게 되었으니, 내 직접 벼농사 형편을 살펴보리라."하고, 서문 밖에 나가 두루 살피고 돌아오셔서 대언(代言)들에게 말씀하시길, "금년 벼농사는 모두가 잘 되었다고들 하더니, 오늘 살펴보니 눈물이 날 지경이더구나. 오늘 가 본 영서역(迎曙驛)과 홍제원(弘濟院) 땅은 본래 비옥한 편인가 메마른 편인가?"라 하시니, 지신사(知申事) 곽존중(郭存中)이 대답하기를, "이들 땅은 원래 메마른데다가 더구나 가물어서, 벼농사가 그처럼 잘못된 것 같사옵니다."고 하였다. 영서역 (경기도 양주, 오늘날의 양주와는 구역이 다소 다르다.) 지역 땅은 본래 비옥한 땅인데, 곽존중이 메마르다고 대답한 것은 잘못된 것이다. (왕께서는) 이날 행차에 산(繖, 임금이 행차할 때 쓰는 양산)과 선 (扇, 임금이 행차할 때 쓰는 부채)은 쓰지 않고, 입직하는 내금위 군관만 거느리고 나서셨으며, 벼가 잘되지 못한 곳을 보면 반드시 말을 멈추고 농부에게 까닭을 물으셨다. 점심을 드시지 않고 돌아오셨다.

天旱太甚 驟雨暫下 霧暗土雨而已 氣候不調 乃至如此 予將觀稼 遂至西郊 巡省而還 謂代言等曰 今年禾稼 皆曰稍茂 今日視之 可爲流涕也 今日所見迎曙驛 弘濟院之地 肥瘠何如 知申事郭存中對曰 此地本皆瘠薄 加以旱災 故禾稼之未盛 乃如此 迎曙之地本肥 而存中以不饒對 聞者非之 是日之行 只率入番內禁衛司禁 勿用繖扇 見禾稼不盛之處 必駐馬問於農夫 不晝膳而還

8 세종이 병을 치료하고자 충북 청원에 있는 초정 약수터에 다녀오던 길에 길가에 백성들이 하나도 없자 승정원에 그 이유를 조사하도록 명령했다. 조사 결과 감사 이선(李宣)이 "식량이 부족한 백성들이 임금의 행차 앞에 나아가 하소연할까 염려되니 각 고을에서는 가지고 있는 잡곡을 고루 나누어주어, 떠들썩하게 하소연하는 자를 없게 만들라."(慮或有人民以種糧不足 申訴駕前者 其以見在雜穀周給 禁其紛擾申訴者)고 지시한 것으로 밝혀졌다. 이에 세종은 크게 진노하며 다음과 같이 말했다.

"임금의 행차 앞에 무작정 뛰어들어 하소연하는 것이 비록 법으로 금지되어 있다고는 하지만, 법을 위반하면서까지 임금 앞으로 나와 자신의 이야기를 하고자 하는 자가 있다면 (그 백성에게 처벌에 대한 두려움을 무릅썼을 정도로) 불쌍한 사정이 있음을 헤아려 행차를 멈추고 그의 말에 귀를 기울여주어야 하는 것이다. 임금의 행차를 백성으로 하여금 보지 못하게 한 것은 지금껏 들어본 적이 없다. 이번에 선이 백성들에게 임금의 행차를 구경하는 것을 금지시킨 것은 필시 자신의 허물을 덮어 가리려고 한 것이리라. 내 일찍이 나라에서 사람을 보내어 백성들에게 이로운 것과 해되는 것을 살피게 하면, 수령들이 미리 백성들을 달래서 그 실정을 은폐하려든다는 이야기를 들은 바 있는데 이제야 그 실상을 확인하게 되었구나."

申訴駕前 雖有法禁 然或有冒法投狀者 受之 所以察民隱也 車駕所至 不使百姓見之 古所未聞也 今宣禁民觀望 是必欲掩己過也 予嘗聞國家遣人 察民利病 守令預先曉諭 使之隱諱 予今而後 始知其實 (『세종실록』104권, 26년 5월 5일)

9 『세종실록』21권, 5년 7월 3일
"백성은 나라의 근본이니, 근본이 견고해야 나라가 평안하게 되는 것이다. 나는 덕이 부족한 사람으로 외람되게도 백성들을 다스리는 임금의 자리에 올랐으니, 오직 이 백성을 기르고 어루만지는 방법만이 가슴속에 간절하다. 하여 백성의 가장 가까운 곳에 있게 되는 수령들을 신중하게 선택하고, 등용하고 축출하는 절차를 엄중히 하였지만 내가 듣고 보는 바가 미치지 못한 것이 있을까 염려된다. [...] 한·당나라 때의 제도를 고찰해보면, 감사(監司)를 두어 군현과 제후국들을 감찰하게 하였고, 때때로 황제의 명을 받은 신하를 각 지역에 보내어 천하를 돌아다니며 관리들의 치적과 백성들에게 폐해가 되는 것을 두루 살피게 하였다. 이제 옛날의 제도를 모방하여, 조정의 관헌에게 명하여 주·군을 조사하러 다니고, 백성들이 사는 마을을 직접 찾게 하여 수령들이 욕심 때문에 더러운 짓을 행하지는 않았는지, 가혹한 형벌을 백성들에게 가하지는 않았는지 등을 모두 적발하게 할 것이다. 백성들이 굶주리고 헐벗고 고통 받고 있는 일 모두를 살피고, 원통하고 억울한 일을 당한 백성들의 사정을 직접 청취하게 할 것이다. 내가 보낸 신하가 떠도는 소문을 듣고 내게 아뢰더라도, 나는 반드시 상세히 따져 물을 것이다. 만일 그 실체가 밝혀진다면 관계된 수령은 법으로 엄히 다스리고 죽을 때까지 다시는 등용하지 않을 것이니, 관리들은 자각하고 반성하는 마음으로, 관청의 일을 처리함에 있어서 문란하지 않도록 하고, 백성들이 고자질하는 풍습을 없애고, 원통하고 억울한 일을 당하는 사람이 없게 하며, 고을 안에 근심하고 탄식하는 소리가 영원히 끊어지도록 하여, 백성들로 하여금 각자의 생생지락을 완수하도록 할 것이다."

民惟邦本 本固邦寧 予以諒德 叨主生民 惟是惠養撫綏之方 切切于懷 愼選近民之官 申嚴黜陟之典 尙慮聞見有所不逮 [...] 夷考漢唐之制 旣置監司 督察郡國 又且時遣朝使 分巡天下 吏治民瘼 徧加訪問 今欲倣古時 命朝官按行州郡 出入里閭 大小守令貪汚 酷刑等事 悉令發摘 一切民間飢寒 困苦與夫含冤負屈者 許以自陳 仍俾使臣風聞啓達 予將詳加究問 如得其實 痛懲以法 終身不敍 庶幾吏有警省之心 而不至於敗官

民無告訐之風 而亦免於冤抑 使田里永絕愁嘆之聲 各遂生生之樂

10 『홍재전서』170권, 「일득록」10
"御史不可不遣 亦不宜頻遣 蓋廉探失宜 則良吏或被罷遞 咨訪無所 則
民情多有壅遏 惟在擇人而試之以時也"

11 『정조실록』15권, 7년 1월 18일
"엄하게 막으면 아랫사람들이 자신들의 사정을 알릴 수가 없고,
그렇다고 너무 풀어놓으면 간사한 폐단이 더욱 더 늘어날 것이
다."
嚴防則下情莫達 過弛則奸弊滋生

12 『세종실록』104권, 26년 5월 5일: 8번 참조 바람.

13 『세종실록』54권, 13년 10월 28일
"自今再度濫訴擊鼓者 減一等治罪"

14 이 부분은 세종이 직접 언급한 것은 아니고, 형조에서 신문고의 운
영절차와 처벌규정에 대해 보고한 것을 세종이 허가하여 그대로
실행했다는 기록에서 가져온 것이다.
형조에서 보고하기를, "『경제속육전(經濟續六典)』에 따르면 원통
한 일을 당한 사람이 자신의 억울함을 하소연하고자 할 땐, 서울에

서는 담당 업무를 맡은 각 관사(官司)에, 지방에서는 수령(守令)과 감사(監司)에 먼저 알렸는데도 이를 살펴서 처리해주지 않고, 다시 사헌부에 상세히 알렸는데도 또한 이를 확인하여 처리해주지 않았을 때, 그제야 신문고를 두드릴 수 있도록 되어 있습니다. 그리고 백성들의 억울함을 확인하여 처리해주지 않은 관청과 관리들에게는 법에 의하여 벌을 주며, 무고한 자나, 절차를 거치지 않고 호소하는 자 또한 법에 의해 처벌하게 됩니다. 그런데 최근 들어 무고한 자와 절차를 지키지 않고 호소한 자는 모두 죄를 물으면서도, 백성들의 억울함을 살펴 처리해주지 않은 관리들은 처벌받지 않고 있으니, 이로 인해 마땅히 다스려주어야 할 일도 살피지 않고, 백성들의 고소장을 물리치는 자들이 많사옵니다. 하여 신문고를 치는 백성들 역시 난잡하게 늘어만 가니, 옳지 못합니다. 지금부터 북을 치는 사람은 해당 관청에 내려보내어 사안을 확인하게 하고, 마땅히 처리해주어야 했는데도 고소장을 물리쳐 임무를 방기한 관리는 『경제육전(經濟六典)』에 의거하여 처벌해야 할 것입니다."라 하니 왕께서 그대로 따랐다.

刑曹啓『續典』節該 凡欲告冤者 京中主掌各司 外方守令監司 不爲究治 具告憲司 亦不究治 乃來擊鼓 上項官司不爲究治者 照律坐罪 誣告者反坐 越訴者亦依律論罪 近來誣告及越訴者 並皆治罪 其不爲究治京外官吏 則不幷治罪 因此 所當受理之事 亦不致察 便退訴狀 以致亂雜擊鼓 未便 今後擊鼓者 下攸司分揀 如有當受理而退狀者 依『六典』罪其官吏 從之(『세종실록』15권, 4년 1월 21일)

15 경연에서 어떤 신하가, 백성들이 임금에게 억울함을 하소연하겠다며 북을 두드리는 일이 근래 들어 너무 외람되고 번잡하게 변질되었다고 지적하자 정조는 다음과 같이 말한다.

"어디 고할 데도 없는 불쌍한 백성들이 가슴속에 깊은 한을 품고서도 고을 관리에게 그것을 하소연할 길이 없어 분주히 와서 내게 호소하는 것이니, 이는 마치 어린아이가 자기 부모에게 하소연하는 것과 같다고 할 것이다. 저들은 실로 죄가 없다. 저렇게 만든 자들이 죄인이다."

唉彼無告 懷抱幽寃 不能自達于縣官 奔走來愬 若赤子之控于父母 彼固無罪 使之然者罪也 (『홍재전서』 168권, 「일득록」)

포용
包容

올바른 여론을 즐겨 들으시고
전하의 뜻을 어긴다 하여 싫어하지 않음으로써
선한 것을 받아들이는 도량을 넓히십시오.
의리가 귀결되는 곳을 깊이 살피고,
자신을 굽히는 것을 부끄러워하지 않아서
남을 이기려는 사사로운 마음을 버리셔야 합니다.

— 이이(李珥)

"누구나 자유롭게
말하게 하라."

1800년(정조 24년) 6월 16일. 등에 난 종기와 연일 계속되는 고열로 인해 힘겨워하던 정조는 안부를 물으러 들어온 좌의정 심환지*에게 다음과 같이 말했다.

"내가 비록 덕이 부족하지만 의리義理**에 관한 문제에서는 그 기준을 확립한 후 조금도 흔들린 적이 없었다. 헌데 지금 신하라는 자들이 감히 이에 반대하여 나를 이기려 들고 있다. 내가 고

---

* 심환지(沈煥之, 1730~1802): 정조 재위 기간 중 김종수(金鍾秀, 1728~1799)와 더불어 노론 벽파의 영수였다. 이조판서, 우의정 등을 역임하였고, 순조 즉위 후에는 영의정을 지내면서, 천주교도와 남인 등 반 벽파세력을 탄압한 사건인 신유박해(辛酉迫害)에서 주도적 역할을 했다.
** 인간으로서 지켜야 할 행위 규범. 정치이념과 행위의 기준.

수하는 의리에 혹 미진한 점이 있다면, 내 어찌 나를 반대하는 자들에게 무조건 따르라고 강요하겠는가. [...] (하지만) 지금 저 하늘에 태양이 환히 떠 있는 것처럼 모든 의리는 조금의 부족한 부분도 없이 명확히 밝혀져 있다. 그런데도 거짓된 핑계와 이유를 대며 간사한 짓을 꾸미려 드는 자들은 대체 무슨 마음을 먹었기 때문인가. 내가 매몰차게 몰아붙이고 싶지 않아서 하루 이틀 그냥 내버려두고는 있으나, 그 자들이 진정 살고 싶다면 어찌 감히 그처럼 헛된 고집을 강경하게도 피운단 말인가. [...] 내가 마음만 먹으면 당장 결판이 날 터인데, 대체 무서운 줄을 모르는구나."

이로부터 16일 전인 5월 30일. 정조는 '오월 그믐날 연석筵席*에서 내린 교시', 즉 「오회연교(五晦筵敎)」를 발표했다(133쪽 참조). 여기서 그는 자신의 정책을 가로막고 있는 신하들의 행태를 강력히 비판하고 신하들에게 임금이 제시하는 정치 기준과 방향에 적극 순응하고 지지할 것을 요구하였다. 하지만 신하들이 별다른 반응을 보이지 않자, 심환지를 불러놓고 이렇게 격정을 토로하고 있는 것이다.

---

* 임금과 신하가 문답을 나누던 자리라는 뜻으로, 보통은 '경연(經筵)' 석상을 말한다. .

"내가 지금 아픈 것은 가슴속 화병 때문에 생긴 것이다. [...] (내가 그렇게 이야기했음에도) 조정에서는 두려워할 줄을 모르니, 나의 가슴속 화기가 어찌 더 심해지지 않을 수 있겠는가. 우선 경들 자신부터 임금의 뜻에 부응할 방도를 생각하라."

정조 소손 전하께 여쭙습니다. 제가 보위에 오른 지 스물네 해가 지났으나, 아직도 나라가 어려운 상황이라 대대적인 개혁이 불가피한데도 소손 혼자서만 절박한 것 같사옵니다. 제가 요즘 몸이 쇠약해져 병석에 누워 있어도 이 문제만 생각하면 잠이 오지 않고 피를 토하고픈 심정인데, 신하들은 아무런 반응을 보이고 있지 않나이다. 대체 어찌해야 좋을지 모르겠사옵니다.

세종 너의 절박한 마음이 내게도 전해지는 것 같아 참으로 안타깝구나. 그러나 어찌하여 신하들을 그렇게 다그치는 것이냐. 신하들에게 "대체 무서운 줄을 모르는구나." "감히 반대하여 나를 이기려고 드느냐." "만일 살고 싶다면 어찌 감히 이처럼 헛된 고집을 피운단 말인가."라는 말들을 하다니, 이는 협박이 아니냐. 물론 그렇게까지 말할 만한 사정이 있었겠지. 신하들이 사사건건 너를 반대하고 정책을 추진하는 데 발목을 잡는 등, 원인을 제공했으리라 생각한다. 하지만 임금이 그렇게 험한 말들을 쏟아내면 과연 아랫사람들이 자유롭게 말할 수 있겠느냐. 말하고 싶은 생각이 있어도, 그것이 임금의 뜻과 다르면 혹시라도 벌을 받을까 두려워 아예 입을 다물어버리게 되는 것이다. 그래 놓고 말을 하지 않는 다고 채근하다니. 이는 옳지 못한 행동이다. 아무리 반대파라 해도 그들과 조금 더 의논하고, 조금 더 포용하는 자세로 차이를 줄이 기 위한 노력을 할 수는 없었겠느냐?

정조 부끄럽사옵니다. 허나 비단 이번뿐만이 아니옵니다. 이제 껏 "저의 조정朝廷은 침묵을 지키는 것이 유행처럼 되었고, 정책의 옳고 그름이나 임금의 잘잘못에 대해 진심으로 간언하는 말들은 더더욱 없어졌사옵니다. 대소 신료들은 각기 자신의 사사로움만 추구하면서 구차하게 자기 몸만 편안히 하는 것을 목적으로 삼아, 백성들의 평안과 국가의 안위는 안중에도 없어 보이옵니다."[1]

세종 나의 시대 또한 별반 다르지 않았느니라. 무릇 임금이 적 극적으로 나서서 격려하고 자극을 주지 않으면, 신하들은 현실에 안주하여 무사안일을 도모하기가 쉽다. 그래서 나는 늘 "내게 하 고 싶은 말이 있으면 숨김없이 다 말하라. 강직하고 과감한 말로 나에게 간언하고, 다수의 의견이라 해서 무조건 따르지 말며, 필 요하다면 반대의 입장에 서서 적극적으로 논쟁하라."고 권장하였 다.[2] 또한 신하들에게 거듭 이렇게 강조하였다. "윗사람이 옳다고 말할지라도 명백히 그것이 잘못되었음을 알면, 마음에만 담아두지 말고 반드시 그 잘못을 지적해야 한다. 그것이 마땅한 도리이다."[3] 하물며 "나는 어질지 못하고 일처리에 어두우니, 내 행위 중 분명 하늘의 뜻에 맞지 않는 것이 있을 것이다. 그대들은 힘써 나의 허물을 찾아내어 나로 하여금 하늘의 꾸짖음에 반성하고, 올바로 대처할 수 있도록 도우라."[4]

정조　소손도 그러한 지시를 여러 차례 내렸사오나, 신하들이 잘 따르지를 않나이다.

세종　네가 말하지 않았더냐. "임금이 신하들의 진언進言*을 기다릴 때는, 진언이 없을까를 걱정할 것이 아니라, 자기 스스로 그 진언을 기꺼이 받아들일 도량이 있는지를 걱정해야 한다고."[5] 무엇보다도 누구나 자유롭게 말할 수 있는 여건을 만들어주는 것이 가장 중요한데, 너는 신하들을 자주 다그치고 면박을 주어 그 통로를 막아버린 감이 있느니라. 그리고 내가 너에게 또 우려하는 점이 있다. 바로 임금은 자신의 총명함을 자만해서는 안 된다는 것이다. 자신은 무조건 옳고 신하들은 틀렸다고 생각하지 마라. 너의 의견에 반대하는 자들을 만났을 때 그들이 뭘 잘 몰라서 그러

---

* 윗사람에게 자신의 생각을 숨김없이 다 이야기하는 것.

는 것이라고 무시해서도 안 된다. 네가 잘못 생각한 것일 수도 있지 않겠느냐? 너는 평소에 스스로 군사君師를 자처하면서 뭇 신하들의 의견을 깔보는 면이 없잖아 있었다.[6] 그래선 안 된다. 맹자께서 무어라 하셨느냐. "장차 크게 될 임금은 자신에게 가르침을 줄 수 있는 자를 신하로 삼기 좋아하고, 자신이 가르침을 줄 수 있는 자를 신하로 삼는 것은 좋아하지 않는다."[7]고 하셨다. 반대를 뚫고 홀로 결단하기에 앞서, 자기 자신의 총명을 자만하여 잘못 판단하고 있는 것은 아닌지를 늘 스스로에게 되물어야 할 것이다.

정조 명심, 또 명심하겠사옵니다. 임금은 자신의 총명을 과신해서는 안 될 것입니다. 그러면 자만하게 되고, 공평한 눈이 아니라 주관적인 잣대로 진실과 거짓을 살피느라 억측을 하게 되겠지요. 요즘 신하들이 오직 임금의 눈치만 보고, 임금의 비위만 맞추고, 임금의 뜻을 무비판적으로 받들어 따르는 데만 힘쓰는 것을 두고 아첨하는 것이 습관이 되어 충직을 바치는 사람이 없다고 걱정하였는데, 결국 그 원인은 소손에게 있었나이다.[8] 전하의 가르침을 가슴깊이 새기며 잘못을 고치겠나이다.

세종 네가 지금껏 잘하고 있었으나, 더 잘하길 바라서 하는 말이니 너무 위축되지는 말았으면 좋겠구나.

정조 아니옵니다. 깊이 감사드리옵니다. 하옵고 전하, 여쭙고 싶은 것들이 더 있사옵니다.

세종 말하라.

정조 "얼마 전에 면전에서 뼈아픈 말로 저의 잘못을 지적해도 기쁜 마음으로 받아들일 수 있겠느냐는 질문을 받았습니다. 저의 수양이 아직 부족해서이겠지만, 솔직히 말씀드려서 그런 말을 듣게 되면 그 말이 아무리 옳다 해도 듣는 순간만큼은 받아들이기 힘든 것이 사실입니다. 하지만 이내 제 자신을 반성하며 비판의 말을 적극 수용하고자 노력했고, 그 말을 한 사람을 미워하거나 불이익을 준 적도 결코 없었습니다."[9] 그런데 올바른 명분이나 합리적인 논리를 가지고 정당한 비판을 하는 것이 아니라, 단순히 반대만을 위한 반대, 혹은 정치적 이해관계나 사사로운 욕심 때문에 저열한 말들로 공격해 오는 자들에 대해서는 화를 참기가 힘듭니다. 전하께서는 전하를 비판하는 말들에 대해서 어떻게 대처하시는지요? 특히 허무맹랑한 공격을 해대는 자들을 어떻게 대하시는지 궁금하옵니다.

세종 예전에 조원이라는 백성이 나를 '못된 임금'이라고 비난하여 난언죄亂言罪(허위사실 유포, 임금 모독죄)로 감옥에 갇힌 적이 있었다. 신하들은 그가 임금의 존엄을 해쳤으므로 엄벌로 다스려야 한다고 하였으나, 나는 풀어주라고 지시했다.[10] 또 한 번은 이천에 사는 전남기라는 자가 "지금의 임금은 오래가지 못한다. 새 임금이 나올 것이다."라는 말을 했다고 해서 그를 사형에 처하고 재산을 몰수해야 한다는 상소가 올라온 적이 있었는데, 이 역시 죽이지 말도록 했다.[11] 조원의 경우에는 자신의 민원을 방치하고 제대로 처리해주지 않은 고을 수령 때문에 순간 억울한 마음이 들어 내뱉은 말인데다가 그런 고을 수령을 뽑아 보낸 내 탓도 크니 죄를 물을 수가 없었다.[12] 전남기의 경우도 바른 정치가 제대로 펼쳐지지 않으면 원망하는 말들이 생겨나는 법이니 이 역시 정치를 제대로 하지 못한 나의 잘못이라 죄를 물을 수가 없는 것이다.[13] 무릇 지나친 표현을 사용하고, 사사로운 욕심이나 정치적 이해관계가 개입되었다고 하더라도 그 비판의 내용이 옳거나, 비판하게 된 근거에서 내가 책임져야 할 바가 있다면 그것은 나의 잘못이니 벌을 주어서는 안 된다. 또한 "설령 처음부터 끝까지 허무맹랑하기 그지없는 말로 나를 공격하거나 비판했다고 하더라도 그건 그 말을 꺼낸 사람이 어리석기 때문이지 않겠느냐. 임금으로서 이런 자도 불쌍히 여겨 포용해야지, 어찌 이것을 이유로 벌을 줄 수 있단 말이냐."[14]

정조 참으로 그렇습니다. 누군가가 저에게 "극도로 맹랑하고 전혀 이치에도 맞지 않는 말을 했을지라도 화낼 만한 잘못은 그 사람이 저질렀으니 제가 굳이 화를 낼 필요는 없는 것이로군요."[15] 더욱이 임금은 "지나치거나 혹은 수준에 미치지 못한 말이라도 그것을 따지지 말아야 합니다. 똑같이 마음을 비우고 가슴을 열어 받아들임으로써, 모든 사람이 하고 싶어 쌓아둔 말들을 남김없이 털어놓을 수 있도록 만들어야 할 것입니다."[16] 전하의 가르침을 깊이 새기겠나이다.

세종 그래, 그 점을 반드시 유념해주기를 바란다.

정조 임금은 누구나 자유롭게 말할 수 있도록 여건을 만들어주고, 어떤 말이든 열린 마음으로 받아들일 수 있어야 한다는, 오늘 전하의 이 가르침들을 소손 절대 잊지 않겠사옵니다. 소손이 삼가 생각하건대, "역사를 살펴보면, 좋은 정치가 펼쳐졌던 시대에는 누구나 무슨 말이든 할 수 있었습니다. 직언이나 간언이 전혀 필요하지 않을 것 같던 요순 같은 위대한 성군聖君들도 사람들이 혹시라도 자유롭게 발언하지 못할까 염려하여, 누구든 기탄없이 하고 싶은 말을 하라고 정성껏 권유하지 않으셨습니까. 그렇게 하지 않으면 나라가 제대로 되어갈 수 없다는 것을 알고 계셨기 때문일 것입니다."[17] 하온데 소손, 이 점을 머리로는 잘 이해하고 있사오나 실천이 힘든 것 같사옵니다. 특히 어떤 점을 조심해야 할지 가르침을 주시옵소서.

　　세종　무엇보다도 절대 "국정國政을 비방한 것에 대해 죄를 묻지 말아야 한다."[18] 임금은 국정에 대해 무한한 책임을 져야 하기 때문이다. 간혹 신하들이 먼저 나서서 임금을 비난하거나 국정을 비판한 사람들을 처벌하라고 청하는 경우가 있다. 비난이 귀에 거슬렸더라도, 처벌하라는 말에 솔깃해하지 마라. "이는 임금으로 하여금 아래의 사정을 듣지 못하게 만들어 무지몽매함에 빠지게 하는 길이니 단호히 배격해야 한다."[19]

　　전에 하위지라는 응시자가 과거시험에서 나의 과오를 강하게 비판한 답안지를 작성해 제출했는데, 당시 시험 책임관이었던 영의정 황희가 그를 높은 순위로 뽑은 적이 있었다. 이를 두고 사간원에서는 하위지뿐 아니라 황희 또한 처벌해야 한다는 상소를 올렸다.[20] 너도 알겠지만 "과거를 시행하여 대책對策(국가 정책, 국정 방향에 의견을 묻는 논술 시험)을 요구하는 것은 장차 바른말을 숨기지 않는 선비를 구하려는 데 그 목적이 있는 것이다. 설령 내가 노여워하여 하위지에게 죄를 주려고 해도 신하들이 적극 나서서 그를 보호해야 하거늘, 도리어 하위지를 탄핵하여 앞으로 내게 직언할 자들의 길을 막고, 나아가 과거를 관장한 대신까지 공격하여 국가에서 선비를 선발하는 공정한 의의까지 모욕했다. 참 통탄할 일이 아니더냐?"[21]

이는 결국 나의 부족함 때문일 것이다. 어떤 비판이든 기꺼이 받아들이는 모습을 보이고자 최선을 다했으나, 모자란 점이 있었기에 신하들이 나의 눈치를 살펴 이런 행태를 보였는지도 모를 일이니 말이다. 명심하라. 임금이 자신에게 간언하는 말에 조금이라도 불편한 심기를 보이면, 신하들의 대다수는 군왕에게 거스르는 말을 절대 하려 들지 않는다. 그러다 보면 충언을 들을 기회는 영영 없을 것이다.

정조 전하 앞에서 감히 있을 수 없는 무례한 말과 행동을 한 고약해*를 용서하신 까닭도 그래서입니까?

세종 완전히 용서한 것은 아니지. 일시 해임했다가 다시 관직을 주었으니 말이다. 여하튼 당시 형조참판이었던 고약해는 수령육기제**에 관한 논의를 하는 과정에서 과인이 그의 주장을 받아들이지 않자, "정말 유감입니다. 전하께서 명철하지 못하시니 어찌 신이 조정에서 벼슬을 하겠습니까."라 하였고, 심지어 "지금 제 말을 윤허치 않으실 뿐 아니라 도리어 신이 그르다 하시니 신은 참

---

* 고약해(高若海, 1377~1443): 조선 전기의 문신으로 형조참판 · 대사헌 · 개성유수 등을 역임하였다.
** 수령육기제(守令六期制): 당시 지방수령의 임기는 30개월이었는데, 이를 60개월로 바꾸려고 한 제도.

으로 실망이옵니다."라며 자리를 박차고 일어나는 등 심히 무례한 언동을 보인 바 있다. 이것은 아무리 좋게 보아도 올바른 태도가 아니다. 나의 말을 중간에 끊고 불만을 터뜨렸을 뿐 아니라, 자신의 주장이 받아들여지지 않는다고 급기야 토론장의 자리를 박차고 일어나기까지 한 것은 도저히 묵과할 수 없는 것이다. 더욱이 고약해의 주장은 전혀 논리에 맞지 않았고, 사사로운 목적이 개입된 것이라고 충분히 의심할 만했다. 물론 임금에게 무례한 것은 분명 큰 죄이다. 그러나 과인의 기분대로 처벌할 수는 없었다. 앞으로 내 앞에서 간언하는 사람들을 위축시킬 우려가 있기 때문이었다.[22]

산珊아, 당부한다. "임금은 아량으로 포용함을 최우선으로 삼아야 하는 것이어서 그 어떤 비판이라도, 그것이 설령 무지렁이 농부의 말일지라도 반드시 들어보아서 말한 바가 옳으면 채택하여 받아들이고, 비록 맞지 아니하더라도 죄를 주지 않아야 하는 것이다. 이는 임금이 범할 수 있는 오류를 막고 자칫 놓치기 쉬운 백성들의 사정을 확인하며, 나아가 임금 자신의 지혜를 넓히기 위함이니 절대 잊지 마라."[23]

정조 명심하겠나이다. "저 자신의 주관과 편견을 버리고, 언로를 활짝 열어 백성들의 말이라면 어떤 것이든 기쁜 마음으로 받아들이겠나이다. 다른 이들의 결점이나 오점도 산이나 바다처럼 덮어주고 수용하여, 누구나 마음속에 쌓아둔 생각들을 남김없이 털어놓을 수 있도록 만들 것이옵니다."[24] 또한 "칭송하는 말을 경계하고 비판하는 말을 기쁘게 받아들여야 하듯, 저를 지지하는 자만 좋아하고 반대하는 자는 미워하는 일이 없도록 어떤 상황에서건 조심하겠사옵니다."[25]

세종 훌륭한 말이다. 너를 반대하는 자를 미워하지 않는 것, 나아가 그 반대자를 적극 등용하여 제 능력을 발휘토록 이끄는 것이 중요하다. 너는 너에게 싫은 소리를 하는 사람을 승진시키고 우대하는 모습을 보여주어라. 사사건건 반대하고 고집이 세서 때론 참을 수 없을 정도의 사람들을 기꺼이 용납하고, 그들의 말에 귀 기울이는 자세를 보인다면 신하들 또한 자연스레 달라질 것이다.

정조 신하 허조*처럼 말씀이십니까?

세종 그래, 허조는 내게 참 무던히도 반대를 했었다. 법전을 이

---

* 허조(許稠, 1369~1439): 현대인들에게는 잘 알려져 있지 않은 인물이지만 정조가 세종조를 이끌어간 양대 신하로 황희와 허조를 꼽았을 정도로 세종 시대를 대표하는 명재상이다. 1390년 문과에 급제한 후, 태조부터 세종에 이르기까지 네 임금을 섬겼다. 조선 건국 초기 예악(禮樂)・제도와 사회질서를 확립하는 데 지대한 공헌을 했고, 이조판서를 오래 역임하면서 인사(人事) 전문가로서도 명망을 떨쳤다. 1438년 우의정, 1439년 좌의정을 지냈고, 시호는 문경(文敬), 죽은 후 세종의 묘정에 배향되었다.

두로 번역하라고 지시한 일을 두고 백성들이 악용할 우려가 있다며 반대했고, 부민고소법 폐지 문제 역시 윗사람과 아랫사람 간의 기강을 해친다며 반대했지. 그 외 여러 정책들을 추진하는 과정에서도 그는 사사건건 나의 발목을 잡았다. 그가 지지했던 정책조차도 그냥 허투르게 넘어가는 법이 없었다. 이런 그에게 지쳐서 하루는 나도 모르게 평정심을 잃고 "허조는 고집불통이다."라고 말한 적도 있었지만 나는 안다. 설령 발생가능성이 미약할지라도, 예측할 수 있는 최악의 상황과 야기될 수 있는 문제점들을 집요하게 파고들어 정책이 보다 완벽성을 기할 수 있었다는 것을. 내가 부족하여 허조 같은 인물을 한 사람밖에 곁에 두지 못했지만, 만약 너나 나에게 그런 사람들이 충분히 많고 우리에게 이들을 참아낼 인내가 있다면 조선의 사직은 무궁할 것이다.[26]

정조 삼가 마음 깊이 새기겠나이다.

오회연교

「오회연교(五晦筵敎)」는 정조가 서거하기 한 달여 전인 정조 24년 (1800년) 5월 30일, 신하들과의 연석(筵席) 상에서 정조가 내린 교 시를 말한다. 정조 당시에 '오회연교'라는 용어가 사용되지는 않 았지만, 순조 때 이 교시를 '오회연교'라 부르게 되면서(『순조실록』 30권, 16년 8월 28일 기사 外), 이 명칭으로 통용되게 된다. '오회연 교'는 정조가 이만수李晩秀, 1752~1820를 이조판서로 임명한 것을 두고 수찬 벼슬에 있던 김이재金履載, 1767~1847가 이를 비판하자 정조는 그를 징계하였고, 이에 대한 신하들의 재심 요청에 대해 김이재를 징계한 이유를 설명하는 과정에서 나온 것이다. 여기서 정조는 그때까지의 국정에 대해 정리하고, 앞으로의 국정 방향에 대한 계획을 밝혔다. 특히 '교속矯俗'*에 대한 강력한 의지를 표명 하고, 자신이 제시하는 정치 기준과 방향에 적극 순응할 것을 신 하들에게 요구하였다.

"나의 고심은 오래전부터 배어들어 있는 나쁜 풍속을 전부 새롭게

* 잘못된 풍속이나 습관 등을 바르게 고쳐 잡음

일신하고, 나아가 사악한 무리들까지 모두 착한 백성으로 교화시키는 데 있었다. 하여 처음 보위에 올랐을 때부터 정정당당한 규범 하나를 명확하게 제시하여, 의리를 천명하고 이를 대도大道로 향하는 근본으로 삼았다. 이 규범이 확고히 정해진 뒤로 여기에 동참한 자들은 나라의 편으로 충신이고 군자이며, 여기에서 벗어난 자는 역적의 무리로 불충한 자이며 소인이었다. 의리에 관계되는 일들은 실로 못을 부러뜨리고 쇠를 자르듯 과감하게 처리해야 하는 것이며, 규범이 한번 세워졌으면 엄격하게 적용되어야 하는 것이다. 지금 신하된 자가 누구라서 이러한 규범은 절대로 바꾸어 옮길 수 없다는 것을 모르느냐? [...] 이번에 김이재가 올린 상소는 겉으로는 이조판서 한 사람에 대해 논박한 것 같아 보이지만, 종이 위에 장황하게 떠벌린 말들은 실상 요즘 내가 천명한 '교속矯俗' 두 글자를 버젓이 반대하려고 한 것들이다. [...] 나의 본뜻을 그가 모를 리 없을 터, 알면서도 이런 짓을 행한 자를 어떠한 죄로 다스려야 하겠는가? 무릇 의리에 관한 문제는 아주 작은 착오도 용납할 수 없는 것이다. 의리에 반대되는 것이 '속습俗習(속된 습관)'이니 속습을 바로잡는 일과 관련된 일이라면 정성껏 따르고 최선을 다해 조심스레 지켜서 마치 속담에서 말하는 것처럼 나막신을 신고 압록강 살얼음판을 건너듯 해야 한다. 그럼에도 감히 이처럼 상반되는 행동을 한 것은 도대체 무슨 속셈이란 말인가?"

惟予一片苦心 亶在於舊染汚俗 咸與維新 而畢竟使龍蛇盡化爲赤子 故粤自

臨御之初 明示一副當規模 以爲闡明義理 偕之大道之本 而規模大定之後 入
於此者 國邊也 忠也 君子也 出於此者 賊邊也 不忠也 小人也 事關義理 固當
斬釘截鐵 而規模一立 嚴於象魏之懸法 爲今日臣子者 孰不知此簡規模之移
易不得乎 [...] 今此金履載之疏 其名則論一吏判 而其實則滿紙張皇 專欲甘心
背馳於近日絲綸矯俗二字 [...] 予之本意 渠必無不知之理 則知而爲此者 其罪
合置於何辟 義理所在 不容一毫之有差 而義理之反對 卽是俗習 則事關俗習
之矯正 其所恪遵謹守 只當如俗諺所謂着木屐渡鴨江者 而乃敢爲此相反之
擧者 獨何意思

『정조실록』54권, 24년 5월 30일

하지만 이러한 정조의 교시에 대해 예조참판 이서구李書九,
1754~1825가 지지를 표명한 것을 제외하고 다른 신하들은 별다른
반응을 보이지 않았고, 이에 정조는 6월 16일 심환지를 위시한 신
하들을 접견한 자리에서 다음과 같이 말한다.

"이 증세는 가슴속의 해묵은 화병 때문에 생긴 것인데, 요즘 들
어 더 심해졌지만 그것을 풀어버리질 못해서 그런 것이다. [...] (내
가 그렇게 이야기했음에도) 조정에서는 두려워할 줄을 모르니, 나
의 가슴속 화기가 어찌 더 심해지지 않을 수 있겠는가. 우선 경들
자신부터 임금의 뜻에 부응할 방도를 생각하라. [...] 내가 비록 덕
이 부족하지만 의리에 관한 문제에서는 그 기준을 확립한 후 조금
도 흔들린 적이 없었다. 헌데 지금 신하라는 자들이 감히 이에 반

대하여 나를 이기려 들고 있다. 내가 고수하고 있는 의리에 혹 미진한 부분이 있다면, 내 어찌 나를 반대하는 자들에게 무조건 내 말을 따르라고 강요하겠는가. 하지만 하늘과 땅의 도리에 부합되는 의리에 대해서는 또한 어찌 그들이 이를 어지럽히는 것을 그대로 방치할 수 있겠는가. 『서경書經』에서 이르기를 '오직 임금만이 극을 만든다.惟皇作極'고 하지 않았더냐. 위에서 극(원칙, 규범)을 세웠으면 밑에서는 그 극에 협력해야 하는 것이다. [...] 지금 저 하늘에 태양이 환히 떠 있는 것처럼 모든 의리가 남김없이 명확히 밝혀져 있다. 그런데도 거짓된 핑계와 이유를 대며 간사한 짓을 꾸미려 드는 자들은 대체 무슨 마음을 먹었기 때문인가. 내가 매몰차게 몰아붙이고 싶지 않아서 하루 이틀 그냥 내버려두고 있으나, 그들이 진정 살고자 한다면 어찌 감히 그처럼 헛된 고집을 강경하게도 피운단 말인가. [...] 곳곳에서 부정한 경로를 통해 비밀리에 내통하고 있으니 이것이 사대부들이 할 짓인가. 내가 그들을 사대부로 간주하지 않기 때문에 우선 방치하고 있으나 지금 이 세상에 살면서 감히 이와 같은 행동을 자행한단 말인가. 아무개가 어디에서 어떠어떠한 작태를 벌였는지 내가 익히 듣고 있으니, 조사하여 엄하게 조처하는 것은 내가 한번 마음먹고 행동으로 옮기기만 하면 그만이다. 그러면 당장 결판이 날 터인데 저들은 대체 무서운 줄을 모르는구나."

大抵專由於膈間熱火之宿証 而近來尤盛 不能疏以達之而然也 [...] 而朝廷

之上 專不知有畏之一字 予之膈火 安得不添加乎 自卿等須思對揚之方 [...]
予雖否德 凡屬義理邊 一番秉勢之後 不容一毫移易 今日臣子 孰敢生意於背
馳角勝之計哉 假使予所勢 有未盡處 則寧或使之唯其言莫予違 而至於建天
地不悖之精義 又豈可一任其蟷蜋乎 書不云乎 惟皇作極 建極在上 協極在下
[...] 況今大明中天 凡於此箇義理 可謂闡明之無餘蘊 則乃欲爲外托陰售之計
者 果何意思 予亦有不欲索言者 故一日二日不無示弱之慮 渠輩若欲圖生 則
豈敢如是梗化而恃頑乎 [...] 四面八方 奧援陰徑 無不暗地交通 此亦士大夫之
所爲乎 予不以士大夫待之 故亦姑置之 而居今之世 敢爲如是之習乎 某人某
處 如彼如此之狀 予亦有稔聞者 則其所明覈而嚴處 特一擧措之間耳 渠輩尙
不知畏乎

『정조실록』, 54권, 24년 6월 16일

1 『홍재전서』174권, 「일득록」 14

"지금 보면 침묵하는 것이 풍속이 되었고, 언로는 막혀서 대각(臺閣, 사간원, 사헌부, 홍문관 등 임금에 대한 간언을 담당하는 기관)에 몸가짐이나 말, 의논이 볼 만한 자를 보지 못한 지 오래되었다. 임금의 잘못에 대해서 간언하는 말들은 더더욱 사라졌다. 이는 대소 신료들이 각기 자신의 사사로움만 추구하고 구차하게도 일신의 편안함만 바라는 것을 세상 살아가는 좋은 방편으로 여겨, 국가의 안위는 상관하지 않고 세상의 도리가 문란한지 융성한지 여부도 염려하지 않기 때문이다."

目今暗啞成風 言路閉塞 臺閣之上 久未聞風采言議之可觀者 而至於 君德闕失 尤甚寂寥 此蓋大小臣工 各私其私 苟然以康濟一身 爲涉世 之良方 而不復置慮於國家之安危 世道之汙隆故也

2 『세종실록』30권, 7년 12월 8일

"과감한 말로 과인의 면전에서 간언하고 논쟁하는 자를 보지 못하였으며, 말하는 것 또한 그리 절실하지도 강직하지도 못하다. 어째서 지금 사람들은 옛사람 같지 못한가? 각자가 힘써 생각하여 나의 다스림을 도우라. [...] 논의할 적에 한 사람이 옳다고 하면, 다 옳다고 말하고, 한 사람이 그르다고 말하면, 다 그르다고 말한다.

지난번에 최맹온(崔孟溫)의 죄를 결정할 때에도 한 사건을 두고 전
에는 그르다고 하더니, 뒷날에는 다시 옳다고 하는데, 한 사람도
중론을 반대하여 논란한 자가 없었다. [...] 대간(臺諫)은 언로를 여
는 책임을 직무로 삼는 것이니, 해야 할 말이 있으면 반드시 숨김
없이 다 말하라."

未見有敢言面爭者 又其所言 不甚切直 何今人之不如古也 其各勉思
以補予治 [...] 其論議之際一人是之則皆曰是一人非之則皆曰非 頃者
崔孟溫決罪時 將一般事 前日非之 後日是之 無有一人排衆論而難之
者 [...] 況臺諫則以言責爲任 事有可言 必盡言之

3 『세종실록』123권, 31년 3월 29일
"凡事 在上之人 雖以爲是 在下之人心知其非 則進言無隱 宜矣."

4 『세종실록』30권, 7년 12월 8일
"予旣無良 昧於施措 必有不合天意者矣 勉思厥愆 以答天譴."

5 『홍재전서』134권, 「고식」6
"임금이 신하들의 진언을 기다릴 때는, 진언이 없을까를 걱정하지
말고, 진언을 받아들일 수 있는 도량이 없지는 않은지를 걱정해야

하며, 신하가 진언할 때는 진언할 만한 말이 없을까를 걱정하지 말
고 용감하게 진언하는 기백이 없지는 않은지를 걱정해야 한다.”

人君之來言 不患其不言 而患無容言之量 人臣之進言 不患無可言 而
患無敢言之風 使爲諫官者 有汲鄭之直節 則經綸謀猷 皆可言也

6 정조는 자신에게 반론을 제시하는 신하들을 강하게 억누르는 면
   모를 자주 보였다.
   “나이도 어리고 학문도 얕은 자가 군사(君師, 임금이자 스승)의 존
   엄함을 무시하고 임금의 가르침을 따르지 않으면서, 망령되게도
   중요한 의식절차에 대해 다른 의견을 내세워 마치 과인과 승부를
   벌이려는 것처럼 하고 있으니, 이것이 과연 도리나 분수 상 감히
   할 수 있는 바이냐?”
   如渠年淺學蔑者 不識君師之尊 甘歸不率教之科 妄立別見於從享之重
   典 有若角勝者然 是豈道理分義之所敢出也 (『정조실록』45권, 20년 8
   월 10일)

   정조가 군사(君師)를 자처한 것을 맹자의 말로 비판한 대목은 “臣
   嘗有得乎鄒聖之一言 以爲今日丹宸之獻 其曰 好臣其所教 政爲殿下
   自聖之病” (『영조실록』64권 22년 12월 18일)에서 활용.

7 『맹자(孟子)』, 「공손추(公孫丑)」下편
   “好臣其所教 而不好臣其所受教.”

140

8　이 부분은 원래 정조가 한 말이 아니고 사헌부 장령 오익환(嗚翼
煥, 1754~1797)이 정조에게 올린 상소에 나오는 대목이다. 정조가
이 상소의 내용에 대해 마땅히 유념하겠다고 밝혔으므로, 이 대목
에서 활용하였다.

"신이 엎드려 생각건대, 전하께서는 총명한 자질을 타고나셨고,
학문 역시 고명하십니다. 그럼에도 아직 도가 교태(交泰, 천지가 조
화롭고 만물이 평온함을 얻음)하지 못하고 풍속이 아름답게 변화되
지 못함은, 전하의 지혜가 다른 이들보다 뛰어나시다보니 여러 신
하들을 가벼이 대하는 마음이 있고, 생각이 모든 일들에 두루 펴져
있어 (임금 자신이) 모든 걸 다 알고 모든 걸 다 대비할 수 있다는
마음이 있으시기 때문입니다. 무릇 총명을 믿으면 도리어 자만하
게 되고, 무엇이 진정이고 거짓인지에 대해 지나치게 살피게 되면
억측을 하게 되는 것입니다. 가르칠 수 있는 상대를 신하로 삼으려
하시고, (신하를) 위엄으로 억눌러서 제어하려 하심이 간언을 담당
하는 신하들에게까지 행해지며, 염박(厭薄, 믿고 싫어하여 쌀쌀하게
대함)하고 멸시하는 뜻이 귀근(고위 · 측근 관료)에게까지 보이십니
다. [...] 그리하여 대신들은 오로지 임금의 뜻을 받들어 따르는 일
에만 힘을 쓰고, 다른 모든 일반 관료들도 임금의 명령 앞에 순종
하기를, 관직에 나아가고 물러나는 일도 오로지 명령하는 대로만
하여 스스로의 염우(廉隅, 바른 행실과 지조 있는 품성)는 돌아보지
않고, 아첨하는 것이 풍습을 이루어 충성과 직언을 바치는 이가 없
습니다."

伏惟殿下 天姿聰睿 聖學高明 然猶道未交泰 俗未於變 誠以智出庶物 有輕待群臣之心 思周萬幾 有兼知庶慎之意 騁聰明 則反涉於自用 察 情僞 則有近於臆逆 好臣所敎 而摧折之威 或加於違咈 厭薄具僚 而狎 侮之旨 或示於貴近 [...] 由是匡弼 惟務於將順 庶僚但事於趨走 進退惟 命 不暇自顧於廉隅 容悅成習 罔敢或輸其忠直 (『정조실록』 25권, 12 년 1월 23일)

9 　정조가 세손이던 시절 서연(書筵, 임금이 참여하는 '경연'과 유사한
　　것으로, 세자/세손을 대상으로 유교경서 등을 공부하고 토론하는 자리)
　　에서 춘방관(春坊官, 세자/세손의 교육을 담당하는 관리)으로부터 받
　　은 질문에 대한 정조의 답변이다. 원문은 다음과 같다: 서연에서
　　『맹자(孟子)』의 "자로(子路, 공자의 제자)는 남이 잘못을 말해주면
　　기뻐했다."는 대목을 진강하였다. 춘방관이 여쭙기를, "만일 저하
　　께서 큰 과실을 범해 남이 이 일을 알지 않았으면 하고 바라고 계
　　셨는데, 누군가가 면전에서 인정사정없이 매섭게 바른대로 지적
　　하더라도 노여워하지 않고 기쁜 마음으로 받아들이실 수 있겠습
　　니까?"라고 하자, 하교하기를 "어찌 화를 내기까지야 하겠는가."
　　라 하고, 이내 또 하교하기를, "설사 순간적으로는 다소 수용하기
　　어려운 생각이 들지라도, 최소한 그로 인해 그 사람을 미워하는 생
　　각은 갖지 않는다."라 하였다.
　　書筵進講孟子子路人告之以有過則喜章 春坊官仰問 大段過失 人不欲
　　知之事 若以迫切之辭 硬直面斥 則邸下雖當如此事 可能不怒而喜否

142

教曰 何至怒乎 旋又教曰 猝乍之頃 設有些難受之意 亦無因此憎其人
之意矣 (『홍재전서』 161권, 「일득록」 1)

10 황해도 강음현의 백성 조원(曹元)이 토지 소송을 제기하였는데 해
    당 고을 수령이 오랫동안 미루면서 처리를 하지 않자, "지금 임금
    이 착하지 못해서 이런 수령을 임명했다."고 말한 데서 비롯한 사
    건이다. (『세종실록』 24권, 6년 4월 4일) 조원은 '난언(難言)'죄를 범
    한 것으로 판단되었는데, 세종은 "다시 물어보지 말라. 무지한 백
    성이 나를 착하지 못하다 한 것은 어린아이가 우물에 들어가려는
    것과 같은 것이니 (잘 몰라서 저지른 일이니), 차마 어찌 죄를 주겠
    느냐. 속히 놓아 보내라." (勿更問之 無知小民以我爲不善 正如孺子
    將入於井 何忍加罪 (『세종실록』 24권, 6년 4월 17일)고 명령한다. 여
    기서 '난언'이란 사회를 혼란시키고 기강을 흔들며, 임금의 존엄을
    해치는 말을 한 것을 말한다. 일종의 허위사실 유포, 국가원수 모
    독죄라고 보면 된다. 특히 임금의 존엄을 해치는 말을 하는 것은
    유교윤리의 근간을 위협하는 중대범죄로 여겨져 무거운 처벌을
    받았다. 『경국대전(經國大典)』에 따르면 난언을 한 사람은 그 정상
    (情狀)이 가벼워도 장(丈) 100대에 3천 리 유배형을 부과하며, 임
    금의 존엄을 해치는 등 정상이 나쁜 자일 경우에는 참형에 처하고
    가족에게도 죄를 물으며 재산은 몰수한다고 규정되어 있다. (『경국
    대전(經國大典)』 권5, 「형전(刑典)」, '推斷(추단)': 이 조항과 관련된 논
    의는 세종 5년 1월 4일의 기사를 참조)

11 『세종실록』59권. 15년 3월 13일

의금부에서 아뢰기를 "이천(伊川) 사람 전남기(全南己)가, '지금의 임금이 얼마나 오래 가겠느냐. 서해도(西海道)에도 임금이 나올 수 있다.'고 하였으니, 난언으로써 윗사람을 범하여 해를 끼친 정도가 자못 무겁사옵니다. 청하옵건대 엄한 형벌에 처하시고 재산을 몰수하시옵소서."라 하니, 임금이 말하기를, "이 자가 난언(亂言)을 한 죄를 논한다면 극형에 처함이 마땅할 것이나, 내가 생각해보니, 예부터 자신이 원하는 바대로 일이 되지 않으면 원망하는 말을 하기 마련이 아니냐. [...] 전남기 또한 관에서 빌려준 곡식의 상환을 독촉하자 생활이 힘들어져 그런 원망하는 말을 하게 된 것일 뿐이니, 나를 상하게 하고 해를 끼침이 뭐가 있겠는가. 예전에 이와 같은 난언을 한 사람이 있을 때도, 허성을 시켜 사건을 조사한 후 정황을 낱낱이 밝혀 징계하였으나 극형에 처하지는 않았으니, 이번 전남기 또한 죽이지는 말았으면 하는데, 어떠한가?"라 하였다.

義禁府啓 伊川人全南己言 此時之君 其久幾何 西海道亦有立君人 其亂言干犯於上 情理切害 請置重刑 籍沒家産 上曰 此人論其亂言之罪 則宜置極刑 然予以爲自古不得其志 則有怨言 [...] 今南己因官吏督納還上 生業艱苦 而有是怨言 何加損於予哉 昔有如是亂言人 令許誠推覈 但得情實 不置極刑 今此南己 特從寬典不殺何如

12 『세종실록』24권, 6년 4월 4일: 10번 참조 바람.

13 『세종실록』59권. 15년 3월 13일: 11번 참조 바람.

14 『세종실록』61권, 15년 7월 18일
"말의 잘잘못은 그 사람이 현명한가, 못나고 어리석은가에서 비롯
되는 것이다. 어찌 허황하고 망령된 말을 했다고 허물을 잡아 죄를
줄 수 있겠는가!"
言之得失, 在人之賢不肖, 豈可以誕妄爲咎, 而罪之乎!

15 『정조실록』34권, 16년 4월 29일
"設或間有極孟浪太不近理之說, 可怒在彼, 於我何有?"

16 『홍재전서』45권,「비답(批答)」5
"卽毋論其言之過與不及一例虛襟開懷 使人人得以竭其所蘊"

17 『홍재전서』9권,「장차휘편서(章箚彙編序)」
"훌륭한 정치가 펼쳐졌던 시대에는 사람이면 누구나 하고 싶은 말
을 마음껏 할 수가 있었다. 그래서 『서경』에 '좋은 말이 숨겨져 있
지 않았다.'고 한 것이다. 무릇 요·순·우 임금은 성인(聖人)이었
는데도 비방지목(誹謗之木, 백성들이 정치의 잘못된 점이나 임금을 비
판하고 싶은 점을 마음껏 써서 붙여놓는 나무. 그러면 임금은 그 글을
보면서 자신의 잘못을 반성하고 경계했다.)을 설치하였고, 여러 사람
들의 좋은 점을 기꺼이 배웠으며, 소고와 탁(타악기)을 걸어 두고

사방에서 (바른 말을 하기 위해) 찾아오는 선비들을 기다리기도 했다. 그 시대라면 땅과 하늘이 조화를 이루고, 비와 바람이 때를 맞추고, 백성들은 편안히 삶을 영위하고, 주변 오랑캐들도 모두 복속하여 굳이 누가 직언하기를 바랄 필요도 없었을 듯한데, 그래도 혹시라도 말을 하지 않을까 싶어 그렇게도 말하는 자가 있기를 바랐던 것은 왜일까? 그것은 나라를 위해 직언하고, 자신의 생각을 주저함 없이 말하는 자들이 없으면 나라가 제대로 되어갈 수 없기 때문이었다."

至治之世 人無不言也 故書曰 嘉言罔攸伏 堯舜禹大抵聖人也 設誹謗之木 取諸人以爲善 懸鞀鐸待四方之士 當是時 地平天成 風調雨順 百姓乂安 四夷賓服 宜若不待乎人之有言 而遑遑然猶恐其不言 若是之勤者 何也 誠以天下無言 則不可以爲國也

18 판관 유중창(柳仲昌)이 조원우(趙元祐)를 고발하면서, 조원우가 "지금은 밝은 시대가 아니다."며 세종의 국정운영을 비판했다고 하자, 조원우는 그런 사실이 없다고 부인하면서 당사자들 간에 논쟁이 일었다. 이 말은 세종이 이 사안에 대해 판결하면서 한 것으로, 다른 범죄에 대해서는 따져 물어야 하겠지만, 국정을 비방한 것에 대해서는 죄를 물어서는 안 된다는 것이 세종의 결정이었다. "豈可以誹謗罪之乎"(『세종실록』40권, 10년 4월 21일)

19 『세종실록』61권 15년 7월 27일

"나에게 솔직히 말을 한 것을 가지고 죄를 주라 하니, 나로 하여금 아래의 사정을 듣지 못하게 하여 무지몽매함에 빠지게 하려는 것이냐?"

今欲罪上言之人 是使我不聞下情 而就於矇昧歟?

20 『세종실록』 81권, 20년 4월 14일

21 上同

"또한 선비들에게 과거를 시행하여 대책을 묻는 것은 장차 바른 말을 숨겨두지 않고 직언하는 선비를 구하려는 데 그 목적이 있는 것이니, 비록 과인의 과실을 강력하게 논했다 하더라도, 그 말이 옳은 것이라면 마땅히 높은 순위에 놓아야 할 것이다. 어찌 과인을 비판했다는 이유로 죄를 주고 그 말을 취하지 않겠는가. 하물며 이번에도 그렇다. 책문에 대해 하위지가 강경하고 지나치게 대답했다고 내가 죄를 주려고 해도, 언로의 책무를 맡은 자로서 마땅히 신진 인사가 성글지 못해 한 말이라며 적극 변호하여 그를 구하고자 힘쓰는 것이 마땅하거늘, 도리어 이를 잘못이라 규정하여 앞으로 (다른 신하들이) 직언하는 길을 막아버리고, 심지어 과거시험을 관장한 대신까지 죄를 물어야 한다고 나서, 국가에서 선비를 선발하는 공정한 의의까지 모독하였다. 이는 간언을 맡은 신하로서의 책무에 어긋나는 바이니, 이 문제를 조사하여 책임소재를 명백히 밝혀 보고하도록 하라."

且設科策士 將以求直言不諱之士也 雖極論寡人過失 其言若當 則當
置上列矣 豈以此爲罪而不取哉 況今緯地因問而直述之 予雖欲加罪
任言責者當以爲新進之士狂狷之言 當極言而力救之 諫院反以爲非 以
塞後日直言之路 至請罪掌試大臣 以誣國家取士之公義 有違諫臣之體
推覈以啓

22 당시 지방 수령의 임기는 30개월이었다. 때문에 수령이 임지에 부
임하여 현황을 파악하느라 시간을 보내다가 조금 익숙해져서 일
을 할 만하면 어느새 임기가 끝나게 된다. 이에 따라 세종은 이조
에서 올린 상소문을 받아들이는 형식을 취하여 수령의 임기를 60
개월로 하는 '육기제(六期制)'를 시행하도록 했다. (『세종실록』 20
권, 5년 6월 5일) 이조의 상소문에 따르면 수령의 임기가 짧기 때문
에 시행에 장기적인 시간이 필요한 좋은 법의 경우, 이를 제대로
추진할 수 없다는 문제가 지적되고 있었다. 그런데 신하들이 강력
히 반대를 하니, 그 주된 이유는 조종(祖宗, 선왕들)의 법을 바꿀 수
없다는 것이고, 수령들이 가족과 떨어져 있는 시간이 너무 오래여
서 부모의 봉양을 제대로 하지 못하고 자식들이 혼인할 때를 놓치
는 등 폐단이 많다는 것이다. (『세종실록』 28권, 7년 6월 27일) 그러
다 세종 22년 3월 18일, 어전회의에서 이 문제를 두고 큰 충돌이
발생했다. 호조참판 고약해가 "육기제를 실시하면서 나라의 재물
을 훔치는 수령이 많습니다. 또한 신하된 자로 6년이나 밖에 나가
있어 조회에 참여할 수 없으니 억울할 것입니다(自立六期之法 守令

犯贓者多矣 且人臣六年于外 不與朝啓常參 臣子之心 豈無鬱抑乎)."라

하고, 또 "신이 애초에 육기제를 폐지할 것을 주청드렸으나 전하

께서는 윤허치 않으셨고, 다시 청하여도 받아들이지 않으셨으니

심히 유감입니다. 전하께서 밝고 명철하지 않으시니 어찌 신이 조

정에서 벼슬을 하겠습니까. [...] 지금 제 말을 윤허치 않으실 뿐 아

니라 반대로 신이 틀렸다 하시니 실로 전하가 원망스럽사옵니다

(臣初請罷六期 殿下不允 再請 殿下又不允 臣實憾焉 殿下若非聖明 臣何

敢仕于朝乎 [...] 今不惟不允 反以臣爲非 臣實缺望)."라며 자리를 박차

고 일어났다. 평소 회의에서 어떠한 말이 나와도 용납하는 세종이

었지만, 고약해가 이 정도의 무례함을 보이자 세종도 참을 수가 없

었던 것 같다. 하지만 이내 "내가 고약해의 무례함을 벌주려고 하

는데, 사람들이 내 뜻을 오해하여 과인이 신하가 간언하는 것을 싫

어한다고 할까 염려되는구나(予欲劾之 恐人不知予意 乃以予爲厭諫

也)."라는 입장을 표명하였다. (『세종실록』 88권, 22년 3월 18일)

23 『세종실록』 61권 15년 7월 27일

"무릇 임금은 포용함을 도량으로 삼아야 하는 것이어서, 설령 무

지렁이 농부의 말일지라도 반드시 경청하여 말한 바가 옳으면 채

택하여 받아들이고, 비록 적절치 못한 말일지라도 죄를 주어서는

안 되는 것이다. 이는 백성들의 사정을 확인하고 나아가 임금의 총

명을 넓히기 위함이다."

況人君以包容爲量 雖芻蕘之言 亦必聽之 所言善則採擇而嘉納 雖不

中 亦不加罪 所以達下情 而廣聰明也

24 『정조실록』 34권, 16년 4월 29일

"(임금은) '나'라는 한 글자를 버리고, 누구나 꺼리지 않고 말하게 하는 문을 넓게 열어 숨김이 없는 말을 기꺼이 수용해야 한다. 남의 결점은 산의 숲처럼 숨겨주고, 더러움은 강과 바다처럼 받아들여야 한다. 그리하여 모든 사람이 마치 강가에서 누구나 양껏 물을 마시듯, 가슴속에 쌓아둔 바를 남김없이 털어놓을 수 있도록 만들어주어야 한다."

捨却他一己字, 廣開不諱之門, 翕受無隱之言, 藏疾如山藪, 納汚如江海, 使人得以盡其所蘊者, 譬若群飮于河, 各盡其量

25 『홍재전서』 178권, 「일득록」 18

"어전에서 (임금의 뜻에) 구차하게 동조하는 법이 없고, 어전에서 물러나서도 실망하거나 분노하는 일이 없다면, 이러한 행동이야말로 옛날 군자들이 사사로움을 잊고 공(公)만을 생각했던 의리에 부합된다. 만일 갑이 괜찮다고 한 것을 을이 감히 부인하지 못하고, 을이 옳다고 한 것을 갑이 잘못되었다고 하지 못한다면, 이러한 처신은 바로 안자(晏子, 안영, 중국 춘추시대 제나라의 정치가)가 말한 "물에 물을 보탠들 국이 될 수 없으니, 그것을 누가 먹을 수 있단 말인가."에 해당된다. 무릇 자신에게 동조하는 자를 좋아하고 반대하는 자를 미워하는 것은 비단 학문 공부를 할 때에도 가

장 꺼려야 하는 것일 뿐만 아니라, 조정에서 토론하고 의논할 때도
더욱 깊이 경계해야만 하는 것이다."
上殿未嘗苟同 下殿未嘗失色 此古君子公耳忘私之義也 甲之所可 乙
不敢否 乙之所是 甲不欲非 則此晏子所謂以水濟水 誰能食之者也 喜
同而惡異 不但於學問工夫最忌 朝廷言議之間 尤宜深戒

26 『세종실록』62권, 15년 10월 23일
  "稠固執不通"

이러한 허조의 역할에 대해서는 이이(李珥), 허균(許筠), 정조
(正祖) 등이 높게 평가한 바 있다. 한 선행 연구는 특히 '반대자'
로서의 허조의 역할에 주목했으며(박현모, 『세종처럼』), 필자는
'Scenario Planning' 등 현대 기업 이론과 'Loyal Opposition'
개념을 응용하여 허조를 분석하였다.

복지
福祉

모든 국민은 인간다운 생활을 할 권리를 가진다.
[...]
국가는 여자의 복지와 권익의 향상을 위하여 노력하여야 한다.

국가는 노인과 청소년의 복지향상을 위한 정책을 실시할 의무를 진다.

신체장애자 및 질병·노령 기타의 사유로 생활능력이 없는 국민은
법률이 정하는 바에 의하여 국가의 보호를 받는다.

— 대한민국 헌법 제34조

> "곡식은 풍년을 기다려 보충하면 되지만,
> 한 번 백성을 잃고 나면 장차 어떻게 보충하겠는가."

1788년(정조 12년), 전국적으로 목화 농사가 흉년이 들어 한양의 목면 값이 폭등하자, 백성들이 옷을 만들어 입는 데 큰 곤란을 겪었다. 이에 정조는 호조·선혜청宣惠廳*과 각 군영 등에서 저장하고 있던 목면을 시중에 내다 팔되, 가난한 백성들에게 도움을 줄 수 있도록 시세보다 가격을 저렴하게 받으라고 명을 내렸다.[1] 그런데 목면을 어떤 방식으로 방출할 것이냐를 두고 논쟁이 벌어졌다. 어떤 신하는 시전市廛**에 대량으로 공급하여 목면의 전반적인 가격을 낮추는 것이 좋다고 하였고, 또 어떤 신하

---

* 대동법(大同法) 실시와 함께 설치된 기관으로 대동미(大同米)·대동포(大同布)·대동전(大同錢) 등의 출납을 담당했다.
** 대형 상설시장.

는 따로 가난한 집들을 선정하여 나누어주는 것이 편리하다고
주장했다.

여기에 대해 정조가 "백성들 누구나 구제되도록 한다는 취지에
서 굳이 특정한 가구들을 선정해서 혜택이 가게 할 필요는 없다
고 본다."라고 하자, 다시 어떤 신하가 "따로 선발하여 나누어주
지 않는다면 백성들이 고마워할 줄 모를 것입니다."라고 하니
정조는 다음과 같이 말했다.

"이번 조치는 도성의 목면 가격을 자연스럽게 안정시켜서 백성
들 모두가 골고루 옷을 해 입을 수 있도록 하려는 것이지, 백성
들이 조정을 고맙게 생각하게 만들려는 것이 아니다. 백성들이
고마워할지 고마워하지 않을지 같은 것은 애당초 말해서는 안
되는 것이다. 그들로 하여금 고마움을 알게 만들겠다는 마음이
조금이라도 들어가 있다면, 그것은 도리를 어기고 무리하게 백
성으로부터 칭송을 받으려는 짓이 아니겠는가."[2]

정조 답답한 마음에 전하께 여쭙니다. 백성들이 최소한의 인
간다운 삶을 살아갈 수 있는 여건을 만들어주는 것은 임금과 조정
이 해야 할 당연한 의무가 아니옵니까? 이런 취지에서 시행하는

조치를 두고 백성들이 고마워할지 고마워하지 않을지를 논하는 신하들이 있으니, 참으로 한심하옵니다.

세종 너의 말이 옳다. 백성들이 사람답게 살아갈 수 있도록 돕는 것, 어려운 처지에 처한 백성들을 보호하는 것, 그것은 임금과 조정의 마땅한 책무일 것이다. 그리고 지금 네가 말한 사안과 관련해서는, 시전에 대량으로 목면을 공급하여 가격을 전반적으로 낮춤과 동시에 가난한 백성들에게는 무상으로 나누어주는 일을 병행하는 것이 어떻겠느냐? 일전에 내가 도성을 시찰하면서 보니, 기와를 덮지 못한 집들이 많이 있었다. 이를 방치해두면 수해 水害가 왔을 때 목재가 부식되고 집이 침수되는 것은 불 보듯 뻔한 일이었다. 그간 내가 기와로 지붕을 올리라고 수없이 지시했음에도 이행되지 않은 것은 기와 값이 비쌌기 때문인데, 기와 값을 낮추어준다고 해도 가난한 백성들 입장에서 지붕을 기와로 덮기란 어려운 일이었다. 하여 도성 안의 "가난한 집 116호에는 무상으로 기와 1천 장과 재목을 나누어주고, 재력이 부족한 집 3,676호에는 기와 1천 장을 반값에 공급하고, 재력이 풍족한 집 1965호에는 원가를 받고 1천 장을 주어 속히 기와를 덮도록 하였느니라."[3] 네 경우에도 시전을 통해 목면 값을 인하하는 것만으로는 충분치 않을 것이다. 그래보았자 가난한 백성들은 여전히 목면을 구하기 힘들 것이다. 더 고민해보길 바란다.

157

정조 분부 받들겠사옵니다. 현재 곡식의 발매發賣(가난한 백성들에게 싼 가격으로 곡식을 공급하는 일)는 형편에 따라 차등 적용을 하며, 매우 궁핍한 백성들에 대해서는 백급白給(무상배급)을 실시하고, 쌀의 품질도 소손이 직접 챙기고 있사옵니다.[4] 아무튼 전하의 하교대로 심사숙고하여 결단하겠나이다. 하옵고 전하, 요즘 길에 버려지는 아이들이 많아 걱정입니다. "가난하고 병들어 고통을 겪는 백성들이라면 어느 누구라도 나라에서 구제해주어야 할 사람이 아니겠습니까만, 가장 안타까운 것은 어린아이들입니다. 성인들은 남에게 고용이 되어 물을 길러주고 나무라도 해주며 어떻게든 살아갈 수가 있지만, 어린아이들은 이와 달라서 입에 풀칠하고 제 몸 앞가림하는 것조차 스스로의 힘으로 할 수가 없지 않사옵니까. 그저 훌쩍거리며 살려주기만을 바랄 뿐이니 의지할 데라곤 없는"[5] 저 아이들이 너무나 불쌍하옵니다.

세종 과인도 얼마 전에 민생 시찰을 다녀오다가 어린아이 하나가 길가에 버려져 울고 있는 것을 보았다. 내 그 아이를 거두어 제생원濟生院*에 보내 기르게 하였는데, 야윈 모습이 측은하여 생각할수록 마음이 아팠다.[6] 무릇 어린아이들은 이 조선의 내일이

---

* 조선 초기 의학교육 및 의학서적 편찬, 서민의료를 담당한 기관. 세조 때 혜민서(惠民署)에 합병되었다. 한양의 고아들을 보호하는 역할도 수행하였다.

아니더냐. 조정은 최선을 다해 이들을 보호해야 할 것이다. 해서 특히 3세 이하 아이들의 경우엔 어떠한 경우에도 굶주리는 일이 없도록 한성부와 각 고을에서 항상 확인하고 지원하도록 하였으며[7], "서울에서는 제생원이, 각 지방에서는 고을 관아에서 버려진 아이들을 보살피도록 하고 여기에 소요되는 물자는 넉넉히 지급하도록 조치한 바 있다."[8]

정조 저도 본받아 시행하겠나이다. 그 외에도 "버려진 아이의 친척을 찾아내어 살 만한 형편이라면 아이를 책임지고 돌보게 하고, 형편이 어렵다면 관청에서 지원을 해주어 돌보도록 하는 법을 만드는 것은 어떨지요. 자녀가 없는 사람이 입양하도록 하는 방안도 세밀한 조항을 마련하여 뒷받침해주면 활성화될 수 있을 거라 생각되옵니다."[9]

세종 좋은 방안이구나. 다만 입양을 시키는 문제는, 혹시라도 간악한 자가 있어서 자식으로 삼겠다고 데려간 아이를 노비로 삼아 학대하는 등 악용할 우려가 있으니 면밀하게 관리해야 할 것이다. 또한 요즘 보면 "어린아이를 강간하는 범죄들이 생기는 바, 이는 도저히 용납할 수 없는 짓이다. 나는 법에 의거하여 교형絞刑*

---

* 사형 중 목을 매달아 죽여서 시신은 온전히 보존할 수 있게 하는 형벌. 이 보다 죄질이 나쁜 경우에는 목을 베는 참수(斬首)형에 처했다.

으로 엄히 다스리도록 하였다."¹⁰ 너도 이러한 범죄들은 엄단해야
할 것이다.

정조 명심하겠나이다. 하옵고 소손, 여쭐 것이 또 있사옵니다.

세종 그래. 말하라.

정조 "백성들의 고통에 관한 것이라면 백 가지건 천 가지건 모
두 바로잡아 구제할 길이 있는 법인데, 노비가 겪는 고통에 대해
서는 고을 수령들이 애초부터 손 쓸 수 없는 것이라 판단하고, 심
지어 조정에다 의견을 제기해서도 안 되는 것으로 간주하고들 있
으니, 세상에 이런 도리가 어디 있단 말이옵니까?"¹¹ 이는 필시 자
신들의 이해관계가 걸려 있기 때문일 것이옵니다. 하여 결국 저
혼자 나서서 해낸 일이란 "노비 추쇄관推刷官*을 폐지하고"¹² 노비
추쇄의 절차를 엄하게 규제한 것 정도였습니다.¹³ 전하께서도 노
비들의 삶과 처우 문제에 각별한 관심을 가지셨던 것으로 아옵니
다. 전하께서는 어찌 대처하셨사옵니까?

세종 너도 알다시피 "임금의 직책은 하늘을 대신하여 만물을

---

* 도망간 노비를 붙잡아 주인에게 돌려주는 업무를 맡은 관리. 1778년(정조 2년) 정조에 의해
폐지되었다.

다스리는 것이다. 만물이 각기 제 자리를 찾지 못해도 크게 상심하게 되는 것인데, 하물며 사람인 경우에야 어떠하겠느냐. 임금의 다스림에는 오직 하나의 공평한 시각만이 있을 뿐이니, 어찌 양민良民과 천인賤人의 차별을 두고 볼 수 있겠느냐."[14] 그런데 세상에는 "자신의 노비가 죄를 지었다고 해서 주인이 사사로이 혹독한 형벌을 가하는 일이 비일비재했다. 형벌을 이기지 못한 노비가 소중한 생명을 잃어도, 사람들은 주인을 탓하기는커녕 신분질서의 기강을 확립했다며 오히려 추어올린다. 대체 이게 말이 되는 일이냐. 노비가 비록 신분이 천하다 하나 그 역시 하늘이 내린 백성이다. 하늘이 낳은 백성을 부리는 것만으로도 감사히 여겨야 할 것인데, 어찌 제멋대로 형벌을 행하여 무고한 사람을 함부로 죽일 수 있단 말이냐."[15] 내 이를 매우 못마땅하게 여겨, 엄히 처벌하도록 했느니라.

과인은 또 출산을 앞둔 여노비들이 매우 안타까웠다. 제대로 몸을 추스를 수 있는 여건을 보장받지 못하니, 어미뿐 아니라 아이의 생명마저 위협받는 일들이 벌어졌다. 하여 "기존에 관가의 노비들이 아이를 낳으면 출산 후 7일만 쉬고 나와 일하게 했으나 어미가 아이를 내버려두고 나오게 되면 어린아이를 누가 돌보겠느냐. 아이의 건강에 해를 끼칠까 염려하여 내가 일찍이 1백 일간의 휴가를 더 주게 한 바 있느니라. 그런데 출산일에 임박해서까지 일을 하다 보니 몸이 지쳐 집에 가는 도중에 아이를 낳는 경우도 있었다. 그래서 출산 전에도 1개월 동안 쉬도록 조치한 것이고"[16] "남편에게도 휴가를 주지 않으면, 산모를 돌봐줄 사람이 없지 않겠느냐. 그래서 그 남편도 출산 후 30일까지는 쉬면서 아내를 돌보도록 하였다."[17]

정조 노비들의 고단한 삶까지 헤아리신 전하의 마음 앞에 소손, 경탄을 금치 못하겠사옵니다. 헌데 그처럼 아름다운 제도가 전하의 치세 이후로는 제대로 계승되지 못하였으니 참으로 안타까울 따름입니다. 소손도 전하의 가르침에 부응할 수 있는 방안을 하루빨리 마련하겠나이다. 하옵고 전하, 병자들에 대한 대책은 어찌 해야 하옵니까? "여유가 있는 사람들은 병이 들면 의원을 불러다 제때에 치료를 받을 수 있고, 가난하지만 가족이 있는 백성들은 혜민서 등으로 병자를 데리고 와 간호를 받게 하겠지만, 자신의 처지를 어디에 하소연할 데도 없는 외로운 사람들은 어찌 해야 하올는지요. 집집마다 찾아다니며 진찰해주고 약을 지급하면 가장 좋겠지만, 현실적으로 불가능하지 않사옵니까.'[18]

세종 너의 말대로 그건 어려운 일이겠지. 관원들이 정기적으로 마을을 둘러보아서 병자를 파악하도록 하는 것이 차선일 것 같구나. 아, 그리고 온정溫井(온천)도 신경을 써야 할 것이다. "각 지방에 온정들을 보면, 목욕으로 병을 치료하고자 하는 사람들이 전국 각지에서 모여든다. 돈이 있다면 의원을 부르고 약을 쓰지, 어찌 먼 길을 걸어 찾아왔겠느냐. 대부분 가난한 사람들이고, 양식도 충분하지 않을 것이다. 밥도 제대로 챙겨 먹지 못하면서 어찌 병을 고치겠느냐. 온정 곁에 곡식을 쌓아두고 이들을 구휼하도록 해라."[19]

정조 예, 그리하겠나이다.

세종 그리고 산祘아. 내가 최근에 이런 보고를 받았다. "어떤 남자가 먹을 게 없어서 양식을 구하고자 집을 나섰는데 광주廣州에 있는 진제장賑濟場*에 갔더니 자기네 고을 사람이 아니라며 받아 주질 않았고, 용인의 진제장에 갔더니 그곳은 아예 담당자도 없어서 운영이 이루어지지 않고 있었다고 한다. 결국 그 남자는 허기져서 걷지도 못하는 지경에 이르렀는데, 이것이 수많은 사례 중 하나일 뿐이라니 내 마음이 너무도 참담했다. 나는 거론된 진제장을 조사하여 책임을 엄히 묻게 하고, 다른 진제장들의 운영 실태도 모두 점검하라고 명을 내렸다."[20] 그리고 "각 고을별로 굶주린 백성들의 실태와 창고에 저장하고 있는 곡식의 양을 조사하게 하고 어떻게 구휼을 시행할지에 대한 계획을 올리도록 하였

---

* 흉년이 들었을 때, 굶주린 백성들에게 곡식을 주거나 죽을 쑤어 나눠주던 곳.

다."²¹ 아, 슬프구나. 백성의 가난을 모두 구제해주기란 어려운 일이겠지만, 정성을 다한다면 최소한 굶는 백성들이 없도록 만들 수는 있을 것인데, 이 모두가 과인이 부덕한 탓이다.²² 산祘아. 굶주리는 백성들이 없도록 하는 것은 하늘을 대신하여 하늘이 낳은 백성들을 다스리는 임금으로서 마땅히 지켜야 할 의무이다. 한시라도 관심을 소홀히 하면 이와 같은 일이 벌어지기 때문에 더더욱 그러하다.

정조 소손 "백성을 살릴 방도는 오직 진제賑濟(구휼 활동)에 달려 있다."²³, "백성이 굶주리지 않는 것이 곧 내가 배부른 것이 된다."²⁴는 가르침을 늘 가슴 깊이 새기고 있습니다. 하여 저도 항상 이 문제에 관심을 갖고 대비하고 있사오나, 나태하고 부패한 관리들로 인해 일선 현장에서는 많은 문제점들이 노출되고 있는 것이 사실입니다. 때문에 끊임없이 어사와 감찰을 내려보내 구휼 담당 관리들의 긴장감을 불러일으키도록 하고 있으며, "굶주리는 백성들의 실상을 숨기고, 백성에게 나누어주는 곡식과 장·소금을 질 낮은 것으로 바꾸거나 그 수량을 속여 이윤을 착복하는 일이 없도록 각별히 단속하고 있습니다. 백성들에게 죽을 쑤어 나누어줄 때는 각 고을의 수령이 반드시 직접 맛과 질을 확인하도록 하였나이다."²⁵

세종　잘 대처하고 있구나. 너도 알겠지만 백성 구휼은 신속함이 우선이다. 행정적인 절차로 인해 구휼의 때를 놓치는 일이 없도록 주의해야 한다. 내가 보고받은 바, "구휼미를 즉시 공급하지 않고 피해 상황이나 거주지를 입증하는 증명 문서를 받은 뒤에야 나누어주는 경우가 많았다. 당장 굶어 죽게 생겼는데 이쪽저쪽에서 서로 떠밀고 형식만 따지고 있으니, 이래가지고서야 과연 죽기 전에는 구제할 수 있겠느냐. 진제한다는 이름만 있을 뿐 그 실상은 없는 것이다."[26] 급박한 상황에서는 행정적 완결성을 기하려 들지 말고 구휼하는 것 그 자체에만 신경을 써야 한다.

또한 문제가 발생하여 "조정에 보고될 때까지 기다린다면, 필요한 때를 맞추지 못할까 염려된다."[27] 부랴부랴 대책을 마련한다고 해도 쓸모 있을 때를 놓치게 될 수 있으니 상황이 보고되기 전이라도 미리미리 자세히 살펴 선제적 대처를 할 수 있어야 할 것이다. 그리고 구휼의 업무와 관련하여, "그 실무를 고을 아전들에게 맡기면 쉽게 나태해지고 부패에 휩쓸리기 쉽다. 자비심이 있는 중이나 어진 성품으로 소문난 이를 선발하여 그들로 하여금 구휼 업무를 관장하게 하고, 수령이 이를 관리 감독하면 효과가 있으리라 본다."[28]

정조　유념하겠나이다. "불길 속에 있는 사람을 구해내고 물에 빠진 사람을 건져낼 때는, 이마가 그을리고 머리카락이 타는 것을 돌볼 겨를이 없고 몸이 흠뻑 젖고 발에 흙이 묻는 것도 생각할 겨를이 없어야 하지 않습니까? 백성을 구휼하는 것도 마찬가지라 생각하옵니다."[29] 소손, 이런 마음가짐으로 총력을 기울이겠나이다.

하옵고 전하, 흉년이나 수재水災 등 재난 상황이 왔을 때 백성들을 구휼하는 것은 더 말할 필요도 없는 최우선의 정사政事일 것이겠습니다만, 평상시에는 어떻게 해야 합니까?

세종 평상시라고 하여 끼니를 걱정하며 굶주리는 백성들이 없겠느냐. 풍년일수록 오히려 소홀히 하게 될 소지가 크므로 더욱 신경을 써야 할 것이다. 특히 "환과고독鰥寡孤獨*과 피륭잔질疲癃殘疾**은 국가가 책임지고 보살펴야 하는 사람들이니, 평상시에는 이들에 중점을 두고 구휼 사업을 펼쳐야 한다. 도성은 한성부가, 지방은 각 도의 감사들이 책임지고 상세히 조사하여 이들의 삶을 보조해주는 데 힘을 쓰도록 하라. 곡식을 지급하되 절대 한 사람이라도 빠뜨림이 없어야 할 것이다. 또한 가난하여 결혼할 때를 놓친 사람이나 장례를 치를 기간이 지났어도 매장하지 못하는 이들은 진실로 가여우니 관청에서 비용을 지원해주어 시기를 놓치는 일이 없도록 해야 할 것이다."[30]

---

* 나이든 홀아비, 나이든 과부, 부모가 없는 어린이, 자식이 없는 노인
** 노쇠하고 병약한 사람, 장애인, 병자

정조 명심하겠나이다. 그런데 전하, 어렵고 힘든 상황에 처해 있는 백성들을 효과적이고 지속적으로 구휼하기 위해서는 무엇보다 충분한 재원이 마련되어야 할 것입니다. 더욱이 흉년이 계속된다면 재원이 고갈되기가 쉽습니다. 재원을 충당하기 위한 방법으로는 무엇이 있을지요?

세종 『대학大學』에서 말하지 않았더냐. "생산하는 자가 많고 먹는 자가 적으며, 생산하기를 부지런히 하고 쓰는 것을 천천히 하면 재물은 항상 풍족할 것이다."[31]라고. 생산을 적극 격려함과 동시에 "각기 용도를 절약하고 낭비를 줄여야 할 것이다."[32] 다만 "낭비를 줄여야 함은 당연한 일이지만, 줄여야 할 것을 줄이지 않는 것이나 써야 할 것을 쓰지 않는 것 모두가 옳지 않은 일이다."[33] 나라와 백성을 위해 사용되는, 반드시 필요한 비용은 줄이지 말아야 할 것이다.

정조 지당한 말씀이시옵니다. "소손은 비용을 절약하는 것은 궁궐에서부터 시작해야 한다고 생각합니다. 궁궐과 각 관청의 불필요한 인원을 감축하고, 음식과 의복 등으로 쓸데없이 지출되는 비용을 없애서 백성 구휼을 위한 재원으로 사용하라 지시하겠나이다."[34] "아울러 현재 종실宗室에서 점유하고 있는 토지가 3만 8천 결이나 되니 재원이 부족한 것은 어찌 보면 당연한 일인지도 모르겠습니다. 하여 법이 정해 놓은 것 이상으로 가지고 있는 토지를 거두어들이라 하니 2만여 결結*이 모였습니다. 기로소耆老所** 가 소유하고 있는 면세전免稅田도 1천 결에 이르는데, 이는 꼭 면세해주어야 할 이유가 없는 것으로 여기에 대해서도 세금을 부과하여 재원을 확충하라 하였나이다."[35] "무릇 백성에게 이로운 일이라면 왕 자신의 살갗인들 아끼지 말아야 한다고 배웠습니다."[36] 백성이 있은 후에 나라가 있는 법이니 어찌 이러한 비용을 줄이지 않을 수 있겠습니까.

세종 훌륭한 말이다.

정조 하오면 전하, 구휼을 위해 대출해준 구제 곡식을 회수하는 일은 어떻게 해야 하옵니까? 제때에 갚는 백성들이 적은데, 그렇다고 백성들을 독촉하면 원망이 심해지지 않겠습니까?

세종 사정이 열악한 백성들이야 대출해준 곡식을 탕감해주는 것이 마땅하지만, 갚을 여력이 생겼는데도 갚지 않는 백성들이 문

---

* 농지 면적의 단위. 시기에 따라 조금씩 달라졌으며, 1결에 해당하는 토지 면적은 토지 등급이 낮을수록 일정한 비율로 커지게 된다. 평균적으로 1결은 대략 3,000평이다.
** 조선시대에 70세 이상의 전·현직 고위급 문신(文臣)들을 예우하기 위해 설치한 기구. 일종의 원로원(元老院) 격이다. 태조, 숙종, 영조, 고종의 경우에는 왕도 기로소에 들었다. 왕이 참여하는 기구이기 때문에 관부(官府) 서열에서 가장 높은 위치를 차지하였다.

제겠지. 하지만 이들도 사정이 있지 않겠느냐. 최대한 자발적인 반납을 유도할 수 있도록 제도적 장치를 마련해야 할 것이다. 우선 "재산 정도와 작황 상태에 차등을 두어 무분별한 대출을 막아라. 형편이 어려울수록 전포錢布로 대납하는 비율을 높게 해주고,* 시세보다 유리한 값에 쌀을 살 수 있도록 해주면 문제를 해결하는 데 도움이 될 것이다."[37]

정조 받들어 대처하겠나이다. 빌려준 곡식을 회수하거나, 아예 탕감해주는 문제와 관련해서는 최대한 관대하게 조처하도록 하겠사옵니다. "수만 석 곡식의 반납 기한을 연장해주어 설령 그 곡식들을 영구히 잃게 되더라도, 수만 명의 백성을 잃는 것보다는 나을 것입니다. 곡식은 풍년이 들기를 기다려 보충하면 되겠지만, 한 번 백성을 잃고 나면 장차 어떻게 보충하겠사옵니까."[38]

세종 그래, 너의 말이 참으로 옳다.

---

* 쌀 대신 전포(錢布)로 대납하게 하면, 전포가 쌀보다 시세가 낮아서 유리하다.

1   『정조실록』26권, 12년 10월 28일

2   『홍재전서』167권, 「일득록」 7
"以諸道綿歉 凡諸納布 皆令代錢 於是京師木貴 民無以授衣 命有司發
藏散賣 收以廉直 以業貧民 或言給廛便 或言抄戶便 敎曰 其在人得之
義 不必抄戶而後爲惠也 或曰若不抄戶則民不知感 敎曰 今玆之擧 非
欲民之德朝廷 蓋將使都下木價自平而民得以均被也 感與不感 初不當
言耳 一有使之知感之心 則不幾於違道干譽乎"

3   『세종실록』60권, 15년 5월 21일
"財力不足 未蓋瓦三千六百七十六戶 收半價 各給瓦一千張 貧窮戶
一百十六戶 勿收直 各給一千張 竝給材木 有財力一千九百五十六戶
依他收價 各給瓦一千張 促令蓋之"

4   『정조실록』17권, 8년 1월 19일 기사 참조.

5   『정조실록』16권, 7년 11월 5일
"荒年飢歲 吾民之顚頷顚連者 孰非王政之在所拯濟 而其中最無告 最
可矜者 童稚也 彼壯者 爲人傭保 汲水負薪 尙可以資生 童稚異於是 掩

身糊口 莫之自力 啼呼乞活 無處可依"

6 『세종실록』 69권, 17년 8월 28일/같은 책 70권, 17년 11월 26일/같
   은 책 106권, 26년 12월 23일 기사 참조.

7 『세종실록』 18권, 4년 10월 15일 기사 참조.

8 『세종실록』 68권, 17년 6월 22일
   예조에서 제생원(濟生院)의 정문(呈文, 하급 관청에서 상급 관청으로
   보내는 공문서)을 가지고 아뢰기를, "서울 안에서 버려진 어린아이
   들은 모두 본원(제생원)으로 보내어 보호하여 기르도록 하고 있는
   데, 다만 본원에 방이 부족하여 한데 모아 양육하지 못하고 있습니
   다. 여종들에게 나누어 맡겨 기르게 하고 이를 감찰하고 있사오나,
   이 여종들 모두가 항심(恒心, 불변하는 착한 마음)이 없고 군색한 사
   람들입니다. 비록 친자식일지라도 제대로 보호할 수가 없거늘 하
   물며 버려진 아이들을 이들이 어찌 정성을 다해 구호하려 들겠사
   옵니까? 이 때문에 아이들이 날마다 야위고 파리하여지니 실로 가
   여운 일이옵니다. 따라서 제생원 옆에 세 칸짜리 집을 지어 한 칸
   은 온돌, 한 칸은 서늘한 방, 한 칸은 밥을 짓는 곳으로 하고, 제생

원의 남자 노비와 여자 노비 각 한 사람을 그곳에 두며, 백성들 중에서 착한 마음을 가지고 자원하는 사람으로 하여금 아이들을 돌보게 하소서. 아이들이 입을 옷과 침구는 매골승(埋骨僧, 유골을 묻고 명복을 빌어주는 역할을 하는 승려)에게 지급하는 수준에 준하여 주도록 하며, 겨울철의 '은개'(銀蓋. 현대어로는 '은으로 된 덮개'라는 의미인데, 여기서는 무엇을 뜻하는 것인지 정확히 알 수가 없음), 소금, 장, 진어(陳魚, 어망으로 잡은 물고기)·젓갈·미역 등의 물건도 모두 넉넉히 공급하고, 제생원 관리들과 제조(提調, 책임자)로 하여금 항상 살피고, 감독하게 하시옵소서."라 하니 그대로 시행하도록 하였다.

禮曹據濟生院呈 京中五部遺失孩兒 皆送本院護養 但因本院無房屋 不能聚會養育 分付婢子以養而檢察之 其婢子等 率皆無恒心 艱窘之 人 雖其親子 不能保護 況遺失兒童 豈肯留心救護哉 以故日就羸瘦 實 爲可惜 可於院傍造家三間 一間溫堗 一間涼房 一間炊飯 令院奴婢各 一名及良賤中有恒心自願人救護 其衣料 依埋骨僧例給之 孩兒等冬節 銀蓋鹽醬陳魚醢藿等物 亦皆優給 又令院官及提調常加檢察 從之

같은 책 76권, 19년 1월 13일
이 해에 전라도가 조금이나마 풍년이 들었으므로 여러 도의 굶주린 백성들이 모두 그곳으로 가서 식량을 얻어먹는데, 어린아이에 대해서는 제대로 먹이지를 못하여 혹은 길가에 버리고, 혹은 나무에다 매달아 놓고 그냥 가버리고, 혹은 남의 집에서 하룻밤 자고

가겠다고 청해놓고 그냥 버려두고 가니, 이런 아이들이 모두 서른 두 명이나 되었다. 임금께서는 호조를 통해 전라도에 공문을 보내 그 아이들을 속히 구휼하라고 명하시었다.

是歲全羅道稍稔 諸道飢民皆就食 不能哺其幼兒 或棄置路邊 或繫於 樹而去 或請宿人家 因棄而去 幼兒男女共三十二名 上命戶曹 移文其 道 亟加救恤

9 『정조실록』16권, 7년 11월 5일

"살 집을 가지고 있는 친척이 있으면 이를 찾아내어 맡겨 기르게 하는 방법과 자녀가 없는 자에게 입양시키거나 어린 노복을 필요 로 하는 자에게 데려가 기르는 것을 허락하게 하는 방법 등에 대 해 가능한 세세하고 미미한 부분까지 빈틈이 없도록 살펴서 일관 되게 시행하여야 한다."

而有親戚 有主家者 搜訪寄托之道 無子女 無僮僕者 收養許給之法 亦 須務從纖悉 俾有終始之惠

10 『세종실록』70권, 17년 12월 22일

형조에서 아뢰기를, "강원도 철원(鐵原)에 사는 사노비 문수생(文 守生)이 열한 살 먹은 여자아이를 강간했으니, 형률에 따르면 교형 에 해당됩니다."라 하니, 그대로 시행하도록 하였다.

刑曹啓 江原道鐵原住私奴文守生 强奸十一歲女 律該絞 從之

11 『정조실록』32권, 15년 3월 29일

"事屬民瘼 百事千事 皆有矯捄之一條路 而奴婢疾苦 官長視以不敢着
手 朝廷視以不宜提說 世豈有如許事理乎"

12 『정조실록』5권 2년 2월 6일

"革推刷官"

13 『정조실록』22권, 10년 11월 3일 기사 참조.

14 『세종실록』37권, 9년 8월 29일

"人君之職 代天理物 物不得其所 尙且痛心 況人乎 以人君治之 固當一
視 豈以良賤 而有異也"

15 『세종실록』105권, 26년 윤7월 24일

"노비가 죄를 지어 주인이 그를 죽이면, 사람들은 당연하다는 듯
그 주인을 칭송하고 노비를 억누르면서, (강상에서 말하는 신분간의
기강을 확립했다며) 진실로 좋은 일이고 아름다운 뜻이라 말한다.
그러나 상을 내리고 형벌을 주는 것은 임금만이 갖는 큰 권한으로,
그런 임금조차 단 한 사람이라도 죄 없는 자를 죽여서, 선한 것에
복을 주고 잘못된 것에 화를 내리는 하늘의 뜻을 함부로 거슬러서
는 안 되는 것이다. 하물며 노비가 비록 천한 신분이라고 하나 그
역시 하늘이 내리신 백성이 아닌가? 신하된 자로서 하늘이 내린

백성을 부리는 것만으로도 감사히 여겨야 할 것인데, 어찌 제멋대로 형벌을 가하여 무고한 사람을 죽일 수 있단 말인가. 임금의 덕은 (생명을) 살리기를 좋아하는 데 있어야 할 따름인데, 무고한 백성이 많이 죽어나가는 것을 보고 가만히 앉아서 아무렇지도 않은 듯, 그걸 금지하지도 않고, (사람을 죽인) 주인을 치켜 올리는 것을 옳다고 말할 수 있겠는가. 나는 심히 잘못되었다고 여긴다."

故奴婢有罪而其主殺之 議者例皆揚其主而抑其奴 此誠良法美意也 然賞罰 人君之大柄 以人君而殺一無辜 天之福善禍淫 尚且不僭 況奴婢雖賤 莫非天民也 以人臣而役天民 亦云足矣 其可擅行刑罰而濫殺無辜乎 人君之德 好生而已 坐見無辜之多死 恬然不禁 而乃曰揚其主可乎 予甚以爲不可也

16 『세종실록』 50권, 12년 10월 19일

"古者公處奴婢 必令産兒七日後立役者 矜其棄兒立役 以傷小兒也 曾命加給百日 然臨産而立役身勞 則未及其家而産者 或有之 若臨産月除役一朔 何如"

17 『세종실록』 64권, 16년 4월 26일

"서울을 비롯한 각 고을의 여종들 중에서 아이를 가져 산달에 임박한 자와 산후 백일 안에 있는 자는 일을 시키지 말라 함은 내 일찍이 법으로 정하였으나, 그 남편에게는 전혀 휴가를 주지 않고 전처럼 일을 하게 하였더니, 산모를 돌볼 수 없게 되었다. 이는 부부

가 서로 돌보고 돕는다는 뜻에도 어긋날 뿐 아니라, 이로 인해 목숨을 잃는 일까지 있으니 실로 가엾다 할 것이다. 이제 (관청 등에서) 사역하는 사람의 아내가 아이를 낳으면, 그 남편도 만 30일 뒤부터 일을 하게 하라."

京外婢子孕兒臨産朔與産後百日內 勿令役使 已曾立法 其夫全不給暇
仍令役使 不得救護 非徒有乖於夫婦相救之意 因此或致隕命 誠爲可
恤 自今有役人之妻産兒 則其夫滿三十日後役使

18 홍역이 유행하자, 이에 대한 대책을 마련할 것을 지시하면서 정조가 한 말에서 인용하였다.

"진실로 사랑하는 마음이 있다면, 비록 (의식적으로) 널리 베풀거나 구제하지 않더라도 어찌 한 사람의 백성이라도 그 혜택을 입지 않는 사람이 없겠는가? 우리 선대왕들께서는 백성을 어루만지고 보살피는 정사에 대해서는 여러모로 온 힘을 다하셨다. 전의감(典醫監)을 설치하고, 혜민서(惠民署)와 활인서(活人署)를 설치하여 병이 난 백성들을 진찰하여 구제해주고, 약을 주어 병이 낫도록 도와주셨다. 백성을 사랑하는 그 은혜로운 마음은 가난하고 궁핍한 사람들에게 가장 먼저 닿았고, 백성들이 장수를 누릴 수 있도록 한 교화는 온 나라 구석구석에 물들었으니, 아 성대하도다! 그런데 요즘 듣자하니, 홍진(홍역)이 유행하는데도, 그에 대한 치료방법에 어두워 제 때에 치료를 하지 못하다 보니 간혹 죽는 이들이 생겨나 근심이라고 한다. 집안 형편에 여유가 있는 사람은 자연 제 때에 병을 간호할 수 있겠지만, 가난한 선비와 궁핍한 백성들 중 (자신의 사정을) 고할 데가 없는 사람들은 대체 누가 있어 그들을 구제해 준다는 말인가. 저들의 힘든 처지가 눈앞에 선하다. 하여 사람마다 병을 진찰해주고 집집마다 약을 지급하는 것은 물론 현실적으로 어려워 논할 바가 아니겠지만, 가난한 사람들에 대해서는 (계속 주시하고 있다가) 들리는 대로 바로 구제해 준다면 조금이나마 효과를 볼 수 있을 것이다."

苟存心於愛物 雖未博施而普濟 亦豈無一夫一婦之被其澤哉 昔在我祖宗朝 凡係懷保字恤之政 靡有不用其極 設典醫監 又設惠民 活人等署 疾病診救之 藥餌助給之 惠鮮之恩 先斯貧窮 壽耈之化 覃及寰區 猗歟盛矣 近聞疹疫熾行 又因調治眛方 醫藥失時 間不無札瘥之患云 彼衣食稍裕者 自可及時看護 而至於貧士 窮民之顚頷無告者 其誰與拯活之 念彼光景 如在目中 人人診病 家家給藥 固難遽議 若就最貧窮之類 隨聞救濟 此或有一分實效 (『정조실록』21권, 10년 4월 20일)

19 『세종실록』37권, 9년 8월 29일
"지방의 온정(溫井)이 있는 곳에는 목욕을 통해 병을 치료하고자 하는 환자들이 많이 모여든다. 이들이 양식이 떨어져 고생을 하고 있으니 의창(義倉)에서 진제(賑濟)하는 절차에 기준하여 병든 사람이 많이 모여드는 온정 곁에 곡식 2,3백 석을 쌓아두고 구휼하도록 하라."

外方溫井在處 欲沐浴離病殘疾之人多聚之 而苦其糧餉之匱 依義倉賑

濟例 於病人多聚溫井之傍 積穀二三百石賑恤何如

20 『세종실록』76권, 19년 1월 7일

"근래에 들으니, 어떤 남자가 집을 떠나서 양식을 구걸하다가 중
도에 병이 걸려 광주(廣州)의 진제장에 가니, 감고(監考, 곡식의 출
납 실무를 맡은 하급관리)와 색리(色吏, 향리, 지방 관아의 아전) 들이
받아들여 주지 않았고, 또 용인에 있는 진제장에 가니 그곳에는 감
고와 색리는 아예 있지도 않고, 진제장 주인의 아내만 있었는데 그
녀 역시 그 남자를 받아들여주지 않아서, 피곤이 극심해지고 굶주
림에 지쳐 끝내는 걷지도 못하는 지경에 이르렀다고 한다. 이뿐이
아니다. 도내의 각 고을에, 굶주린 탓에 혈색이 사라져 누르스름
하게 얼굴이 뜬 사람들이 많다는 소식이 잇달아 들리는데, 수령과
이정(里正, 최 말단 지방행정 구역인 '리'의 책임자) · 감고 등이 숨기
고 고하지 않아서 들을 수 없는 것은 아닌가. 어찌하여 한 번도 보
고가 들어오지 않는가. 내가 매우 (백성들에게) 미안하게 생각한다.
다시금 진심을 다해 구휼에 임해주길 바란다. 그리고 앞서 말한 진
제장의 감고와 색리는 엄중히 조사하여 그 실태를 파악하여 죄를
묻고, 그 외의 진제장들도 또한 감찰하여 기민(飢民, 기아에 시달리
는 백성)들의 굶주리는 상황을 자세히 보고하도록 하라."

近聞有一男子離家乞糧 中路得病 到廣州賑濟場 監考色吏等不納 又
到龍仁賑濟場 則無監考色吏 而院主之妻 亦不納 使飢困不得行步 不
但此也 連聞道內各官多有饑饉菜色之人 無乃守令里正監考等隱匿不

178

告 故無由得聞歟 何一不啓達乎 予甚懼焉 其更盡心救恤 上項賑濟場
監考色吏 推劾科罪 其他賑濟場 亦加檢察 飢民餓饉之形 備細啓達

21 『세종실록』101권, 25년 9월 22일
"其餓死之狀及死亡之數 流亡戶數 禾穀結實之狀 各官留庫米豆之數
救荒方略 磨勘速啓"

22 『세종실록』18권, 4년 10월 3일 기사 참조.

23 『홍재전서』31권,「교(敎)」2
"惟在於賑濟"

24 『홍재전서』28권,「윤음(綸音)」3
"民之不飢 是予之飽"

25 『홍재전서』27권,「윤음」2
"백성들을 구휼하는 정사를 시행할 때는 네 가지 어려운 점이 있
다. 굶주리는 백성의 허실이 쉽게 덮여버리는 것(수령들에 의해서
은폐되거나 조작되는 것), 곡식 품질의 정밀하고 거침이 쉽게 뒤섞
여버리는 것(질 좋은 곡식과 질 나쁜 곡식을 섞어서 품질을 제대로 파
악할 수 없게 하는 것), 되와 말의 대소(大小)가 쉽게 바뀌는 것(표준
크기가 아닌 되와 말을 사용하여 수량을 속이는 것), 소금과 장의 짜

고 싱거움이 쉽게 뒤섞이는 것(질 나쁜 소금과 장을 나누어주는 것)
이다. 이 네 가지 사항에 문제가 있다면 그것은 진휼하지 않은 것
이나 마찬가지이다. 그러므로 곡식을 나누어줄 때면 몸소 그 양을
감독하고, 죽을 쒀서 백성을 먹일 때는 몸소 먼저 그 맛을 보아야
하는 것이다."

賑之難有四 飢口之虛實易蒙也 穀品之精粗易雜也 斗升之小大易換也
鹽醬之醎酸易混也 失此四者 與不賑等耳 故分粟則躬自監量 饋粥則
躬自嘗味者

26 백성 구휼에 많은 공을 세웠던 판중추원사 안순의 상소에 나오는
대목이다.

"이는 진제(賑濟)한다는 명목만 있을 뿐 그 실상은 없는 것입니다.
심한 자는 (진제장의 담당 구역) 경내에서 사람을 죽게 하였다는 죄
를 면하려고 (굶주린 백성들을) 물리쳐서 받아들이지 않는 자도 있
고, 즉각 공급하지 않고 해당 관아에서 발급한 (거주지) 증명 문서
를 받은 뒤에야 급식하는 자도 있사옵니다. 당장 굶어 죽게 생겼
는데도 이쪽저쪽에서 서로에게 책임을 떠넘기기만 하니, 과연 죽
기 전에는 구제할 수 있겠습니까. 바라옵건대 진제장을 설치하는
법을 더욱 엄하게 적용하시어, 경상과 충청도에 각각 3개소를, 경
기 · 전라 · 강원도에 각각 2개소를 설치하시고, 큰 고을에는 중앙
사찰(寺院)에 따로 진제장을 설치하시옵소서. 그리고 그곳에 차사
원(差使員, 중요한 임무를 위해 임시로 파견한 관원)을 두시어 물자를

직접 공급하게 하소서. 심하게 야위고 부종이 난 자는 타 도에 사는 백성이라 할지라도 모두 다 나을 때까지 머물러 있게 하시고, 남자, 여자, 전염병에 걸린 사람은 따로따로 격리하여 거처하게 하시옵소서. 자비심이 있는 승려를 뽑아 이 일에 참여하여 실무를 관장하게 하고, 감사와 수령이 불시에 점검하여 감찰토록 하시옵소서. 굶주린 백성을 많이 살려낸 자는 보고하게 하여 포상하시고, 그 임무를 충실히 하지 못한 자는 그때마다 곧바로 죄를 주어 상벌로써 다스린다면, 임무를 받은 자는 마음을 다하여 자신의 직무에 최선을 다할 것이요, 굶주린 백성은 진제장에 나와 끼니를 해결함으로써 죽는 일이 없게 될 것입니다.”

徒有賑濟之名而無其實 甚者欲免境內致死之罪 却而不納者有之 不卽供給 待其受本官文契 而後給食者亦有之 飢餓之極 彼此相推 恐不及救矣 伏望申嚴其法 慶尙 忠淸道各三所 京畿全羅江原道各二所大官中央寺院 別設賑濟場 定差使員 其有甚瘦及浮腫者 勿論他道人 限其蘇復 竝令留置 男女及疾疫者異處 親臨供給 仍擇有慈心緇徒 參掌其事 監司守令無時糾察 多活飢民者 啓聞褒賞 不謹其任者 隨卽科罪 以示賞罰 則受任者盡心供職 飢民到場得食 可免死亡 臣於前日視事 敬承顧問 恐其辭煩 不卽啓達 今錄賑濟已驗之効 兼記所聞 仰瀆聖聰 伏惟裁擇 (『세종실록』76권, 19년 1월 2일)

27 『세종실록』28권, 7년 4월 13일
“若待告 則恐緩不及事”

28 『세종실록』76권, 19년 1월 2일: 26번 참조 바람.

29 『홍재전서』27권, 「윤음」2
"災歲恤民 當若救焚而拯溺 爛額焦頭之不遑顧也 沾體塗足之不暇恤也"

30 『세종실록』2권, 즉위년 11월 3일
"환과고독(鰥寡孤獨, 나이든 홀아비, 나이든 과부, 부모가 없는 어린이, 자식이 없는 노인)과 피륭잔질(疲癃殘疾, 노쇠하고 병약한 사람, 장애인, 병자)은 임금이 정치를 펼쳐가는 데 있어서 마땅히 불쌍히 여겨 대해야 할 백성들이니, 안으로는 한성부(漢城府)의 5부(部)와 밖으로는 각 지역의 감사(監司)와 수령들이 상세히 심사하고 조사하여, 이들에게 환상(還上, 춘궁기에 국가에서 빌려주는 곡식)과 진제(賑濟, 구휼 활동, 쌀 등 구휼물품)를 우선적으로 나누어주어 그들이 삶의 터전을 잃어버리지 않도록 해야 할 것이다. [...] 집이 가난하여 시집 갈 나이가 이미 지났는데도 시집을 가지 못한 사람과 장사를 지낼 날짜가 지났는데도 아직 매장하지 못한 사람은 진실로 가여우니, 감사와 수령은 관에서 비용과 식량을 보조토록 하여, 시기를 놓치는 일이 없도록 해야 할 것이다."
鰥寡孤獨 疲癃殘疾 王政所當哀矜 內而漢城府五部 外而監司守令 詳加審問 還上賑濟 爲先分給 毋致失所 [...] 貧乏之家 有嫁年已過 而不能婚嫁者 有葬期已盡 而不能埋葬者 誠可哀悶 監司守令官給資糧 以助支費 毋致失時

31 『대학(大學)』

"生之者衆 食之者寡 爲之者疾 用之者舒"

32 『세종실록』 12권, 3년 6월 26일

"各自節用 毋得妄費"

33 『세종실록』 30권, 7년 10월 21일

"裁省冗煩 固其宜也 然當省而不省 當費而不費 俱非也"

34 『정조실록』 6권 2년 10월 5일

"나는 비용을 절약하는 것은 먼저 궁궐에서부터 시작되어야 한다고 생각하며, 그 방법은 쓸데없이 지출되는 비용을 절약하는 일에서 벗어나지 않는다고 본다. [...] 흉년이 닥쳐 백성들이 곤궁한 삶을 살아가는 이때에, 의당 별도로 절약하고 절감하는 방도가 필요하다 판단되어 내 어제 밤에 탁지(度支, 호조)에 하문하였더니, (궁궐에서) 음식과 옷을 장만하는 데 드는 비용이 평범한 사람 1천 가구의 재산과 맞먹는다고 한다. 그렇다면 이 부분을 절약하고 감축하는 실천적인 정사를 시행하는 것이 어찌 유익하지 않겠는가?"

予以爲節用 先自宮闈始 節用之道 無出於節其無用之費 [...] 當此歲歉民窮之時 宜有別般節省之道 以今所欲減省名色之費 昨夜問于度支 則料饌衣紬之需 可代中人千餘家之産 然則 此是節省之實政 豈不益哉

35 『정조실록』 48권, 22년 3월 28일

"기로소의 면세전이 1천 결이나 된다고 하니 이 어찌 지나치지 않은가. 궁방(宮房, 궁궐에서 나와 살고 있는 왕자, 공주들의 집)의 절수(折受, 녹봉 대신 토지세에서 자신의 몫을 떼어가는 것)를 혁파한 것이 바로 병신년(정조가 즉위한 해)에 내가 행한 첫 정사였는데, 당시에 얻은 것이 거의 2만여 결이나 되었었다."

耆社免稅 亦爲千結云 亦豈不過多乎 罷宮房折受 乃是丙申初政 當時所得 殆爲二萬餘結

36 『홍재전서』 27권, 「윤음」 2

"'진정 백성에게 이로운 것이면 살갗인들 어찌 아까워하겠는가.' 라는 가르침은, 우리 선왕께서 나에게 내려주신 분부로, 내 가슴속에 깊이 새겨져 있으니, 감히 잠시라도 소홀히 여길 수 없다."

苟利於民 肌膚何惜之敎 卽吾先王之詔敎予小子 而銘在心曲者 不敢斯須或忽

37 『세종실록』 109권, 27년 8월 24일

연분9등법(그해 농사의 풍년·흉년의 정도를 '상상·상중·상하·중상·중중·중하·하상·하중·하하'의 9등급으로 구분하는 것)을 정하여, 상3등급(상상·상중·상하)을 받은 해에는 하등호(下等戶, 재산정도를 3등급으로 구분하였을 때 가장 열악한 가구)만 3월에 구제곡식으로 제공되는 쌀을 받을 수 있도록 하고, 중3등급(중상·중중

· 중하)을 받은 해에는 중등호(中等戶, 재산이 중간 정도인 가구)는 3월에, 하등호는 2월에 구제곡식을 빌릴 수 있게 하고, 하3등급(하상·하중·하하)을 받은 해에는 상등호(上等戶, 재산 상태가 가장 좋은 가구)는 3월에, 중등호는 2월에, 하등호는 정월부터 빌릴 수 있게 한다. [...] 상3등급을 받은 해에는 상등호, 중등호, 하등호 모두 미곡으로 빌린 곡식을 갚도록 하고, 중3등급의 해에는 중등호는 3분의 2를 미곡으로, 3분의 1은 전포(錢布)로 납부하도록 하며, 하등호는 절반을 미곡으로, 나머지 절반을 전포로 내도록 한다. 하3등급의 해에는 상등호는 3분의 1은 전포로, 3분의 2는 미곡으로 납부하며, 중등호는 절반을 미곡으로, 나머지 반은 전포로 내고, 하등호는 모두 전포로 납부하되, 5년 안에 완납하도록 한다.

定年分九等 上三等年則唯下等戶 三月始受糶米 中三等年 中等戶則三月始受糶米 下等戶則二月始受糶米 下三等年 上等戶則三月始受糶米 中等戶則二月始受糶米 下等戶則正月始受糶米 [...] 今上等三年則三等戶 皆徵以米穀 中三等年 中等戶則三分之二徵米穀 一分徵錢布 下等戶則一半徵米穀 一半徵錢布 下三等年 上等戶則三分之一徵錢布 二分徵米穀 中等戶則一半徵米穀 一半徵錢布 下等戶則皆徵錢布 限五年畢納

38 『홍재전서』 166권, 「일득록」 6

"予則以爲數萬石停退 雖有永失之慮 與其失數萬名民生 毋寧失數萬石穀物 輕重固無難知 況且穀物 有待豐充補之道 民生則一失之後 將何以充補耶"

농사
農事

이른 새벽에 나가 김을 매고 밭을 일구다
괭이를 메고 집으로 돌아오는 길엔
어느새 달빛이 드리워져있다.
길은 좁은데 초목은 무성하여
저녁 이슬이 내 잠방이를 적시는구나.
옷이야 젖더라도 아까운 것 없으니
절실한 바람은 그저
농사가 잘 되기만을 바랄뿐.

—도연명(陶淵明)

"나라는 백성을 근본으로 삼고
백성은 먹는 것을 하늘로 삼는다."

농경사회에서 한 해 농사가 잘 되느냐, 못 되느냐는 백성들의
생존과 직접 연결되는 문제였기 때문에 왕들 역시 여기에 각별
한 관심을 기울였다. 그래서 나온 것이 '권농勸農'이다. '권농'은
농사가 잘 이루어질 수 있도록 국가 차원에서 권장하는 것을 말
하는데, 농기구를 개량하고 농사 서적을 편찬하는 등의 기술적
측면뿐 아니라, '친경親耕' '관예觀刈'* '권농윤음勸農綸音'** 등 선언
적 차원에서도 이루어졌다. 다음은 정조가 관예 행사에 참여한

---

* 왕이 곡식을 베는 광경을 관람하는 의식을 '관예(觀刈)'라고 부르는데, 이는 임금이 직접 논
밭을 가는 '친경(親耕)'과 더불어 농경국가의 왕이 행하는 중요한 의식이다. 백성들의 수고를
직접 체험한다는 의미뿐만 아니라, 농사를 권장하고 풍년을 기원하는 뜻을 가지고 있다.
** 농사의 중요성을 천명하고, 나라에서 농사를 왜 권장하는지의 이유와 농업 진흥을 위해 나라
에서 실시하는 각종 정책에 대한 취지 등을 밝혀 백성에게 내리는 임금의 훈유(訓諭) 문서.

후 발표한 윤음이다.

"제왕이 직접 적전籍田*을 경작하는 것은 위로는 자성粢盛**을 충당하고 아래로는 만백성들의 모범이 되기 위한 것으로, 농업을 중시하고 근본을 두텁게 생각하는 취지가 또한 여기에 담겨 있다. 다만 그동안 임금이 경작은 하면서 수확에는 참여하지 않았는데, 이는 예법상 옳지 못하므로 우리 선왕先王(영조)께서 관예觀세를 시행하신 것이다. 그리하여 여름과 가을 전후로 세 번씩 적전에 나가 보시었는데, 지난 기축년(1769년, 영조 45년)에는 칠순을 넘기셨는데도 이 일을 전혀 소홀히 하지 않으셨으니, 참으로 성대한 일이었다. 이 어찌 내가 마땅히 이어받아 계승해야 할 일이 아니겠는가. 계절이 한 여름이 되어 적전의 보리가 누렇게 익었다는 보고가 들어왔으므로, 이달 초 8일에 대신을 보내어 선농단先農壇***에 제사를 지내게 한 다음, 새벽에 일찍 그리로 가서 관예의 의식을 거행하였다. 1백 묘畝****의 적전에서 출렁이는

---

* 국왕이 친경 행사를 하기 위해 지정해 놓은 토지
** 종묘(宗廟)나 사직(社稷)에 지내는 제사처럼 국가 차원의 큰 제사에서 사용되는 정결한 곡식을 말한다. 적전에서 수확된 것을 사용하였다.
*** 농사와 오곡(五穀)을 관장하는 신(神)인 신농씨(神農氏)와 후직씨(后稷氏)에게 제사를 지내기 위해 쌓은 제단. 나라에서는 이곳에서 풍년을 기원하는 '선농제(先農祭)'를 지냈으며, 보통 '적전'도 이 선농단 바로 아래에 마련하곤 하였다.
**** 토지의 단위. 시대에 따라 변화되었기 때문에 일률적으로 규정할 수는 없다. 세종 때에는 가로 5주척(周尺, 길이를 재는 단위. 유교에서는 모든 문물제도의 근원이 고대 '주(周)'나라에 있다고 생각했기 때문에 '척(尺)'이란 단위 앞에 표준이라는 의미로 다시 '주'자를 붙인 것이다.

누런 이삭을 보니 풍년이 왔음을 확인할 수 있었다. [...] 아! 곡
식을 베는 일이 이제 마무리 되니, 마음도 배도 절로 크게 부르
구나. 그대들 수령방백과 유수留守*직을 수행하는 신하들은 내
가 직접 솔선수범하여 농사를 권장한 그 뜻을 본받아 백성을 다
스리는 관원들에게 포고하라. 나태함을 경계하고 농사를 권장
하며 격려하는 정사를 최선을 다해 수행함으로써 계속해서 이
와 같은 풍년의 경사가 이어질 수 있도록 노력해야 할 것이다."1

정조 소손, 문후를 여쭈옵니다. 전하.

세종 피곤해 보이는구나. 어디 다녀오던 길이냐?

정조 예. 벼 베는 모습을 관람하고 들어오는 길이옵니다. "벼
베기 관람은 그 자체로 운치가 있는 일이었지만 오래 앉아 있었더
니 피곤해지더군요. 보기만 한 제가 이 정도인데, 직접 벼를 베는
사람은 얼마나 힘들었겠습니까."2 평소 땡볕에서 밭일을 하는 농

다만 주척 단위가 사용된 것들마다 실제 길이가 조금씩 달라서 대략 20cm~20.8cm 정도 되
는 것으로 추정된다.), 세로 5주척이 만들어내는 정사각형인 25평방주척을 1보(步)라고 했고,
240보를 1묘(畝)로 규정했다. (『세종실록』102권, 25년 11월 14일)
* 수도 이외의 중요한 지역을 맡아 다스리는 직책. 종2품 관직으로 광주(廣州) · 개성(開成) ·
수원(水原) · 강화(江華) 등에 설치된 유수부(留守府)의 책임자이다.

부들의 수고가 얼마나 큰지, 다시금 되새겼나이다.

세종 그래. 임금에게 '관예觀刈'는 중요한 의식이지. 무릇 "나라는 백성을 근본으로 삼고 백성은 먹는 것을 하늘로 삼는다. 농사는 의식衣食의 근본으로서 임금이 정치를 펼쳐 나감에 있어서 가장 먼저 힘써야 할 일이니라."[3] 그래서 그 무거운 책임을 잊지 말라고 옛 성군聖君들께서 '친경親耕'과 '관예'의 제도를 만든 것이 아니겠느냐.

정조 그러하옵니다. "나라는 백성을 통해 생명을 유지하고, 백성은 농사로써 생명을 유지합니다. 농작물을 심어 수확하지 못하면 백성이 살 수가 없으니, 백성이 살 수 없는데 어찌 나라가 보존될 수 있겠습니까. 전조前朝(고려)부터 아조我朝(조선)에 이르기까지 농사를 권장하고 돕는 것을 정치의 최우선 업무로 규정하고 있는 것도 같은 이유이겠지요."[4] 소손 관예를 하는 것 외에도 "매년 가을걷이가 끝나고 각 지역의 벼들이 들어오면 햇볕에 말리며 제가 직접 그 상태를 확인해보고 있사옵니다. 이를 통해 그해 농사가 풍년인지, 흉년인지, 작황이 어떠한지를 어느 정도나마 확인해볼 수가 있겠더군요. 그런데 일전에 내관들이 벼를 옮기면서 낟알들이 땅에 떨어졌는데도 그냥 지나치는 것을 보았습니다. 하찮아 보이는 낟알 하나일지라도 모두 농민이 부지런히 애쓴 가운데서 나온 것이니, 지극히 아껴야 하는 것 아니겠사옵니까? 소손 엄히 질책했나이다."[5]

세종 잘하였구나. 쌀 한 톨일지라도 농부의 피와 땀 속에서 피어난 것이니, 소중히 여겨야 할 것이다. 산祘아. 너도 알다시피 농사는 정치의 최우선 과제라 할 수 있는 '민산民産'과 직결된다. 무릇 백성은 밥으로써 하늘을 삼는다고 하였는데 그 의미가 무엇이더냐. '백성들은 먹는 것을 배불리 하는 일에만 신경 쓴다.' '먹는 문제만 해결해주면 다른 건 필요 없다.' 이런 뜻이 아님은 너도 알 것이다. 일찍이 맹자孟子께서 "항산恒産*이 있어야 항심恒心**이 있다."[6]고 하셨다. 백성들이 먹고 입는 일에 아무런 걱정이 없어야 비로소 그들은 바른 마음을 갖추게 되고, 예의와 염치를 배우며, 인간으로서 지켜야 할 도리를 굳건히 간직하게 된다. 그리하여 나아가 각자의 '생생지락生生之樂'***을 완수할 수 있게 되는 것이다. 이처럼 "농사는 백성을 살리는 천명에 관계되는 까닭에 이 세상 그 무엇보다도 지극한 노력과 정성, 관심이 요구된다 하겠다."[7]

정조 깊이 새기겠나이다. 하오면 전하, 농사일에 있어서 가장

---

* 일정한 재산과 생업
** 늘 지니고 있는 떳떳한 마음
*** 자신에게 부여된 사명을 깨닫고, 삶을 살아가는 즐거움을 누림

중요한 것은 무엇이옵니까?

세종 잘 알고 있으면서 묻는구나. 우선 농부의 입장에서는 '때'를 놓치지 않는 것이 중요하느니라. "온갖 곡식을 심고, 뿌리고, 기르며 거둬들이는 것이 각기 때가 있는 법이니 만일 때를 한 번이라도 놓치면 일 년 내내 되찾을 수가 없다."[8] 흔히들 민간에서는 "망종芒種*이 아직 멀었으므로 그때까지는 괜찮으리라 생각해서 파종을 게을리하곤 한다. 허나 사정이 있어서 아직 밭을 갈고 씨앗을 심지 못했더라도 최소한 이때까지만 하면 그래도 추수할 가망이 있다는 의미에서 이름 붙인 것이 '망종'이지, 망종이 올 때까지 기다린 다음에 종자를 뿌리라는 것이 아니다."[9] 날씨와 기후를 살펴서 때가 되었다 싶으면 씨를 뿌리는 것이 진정 때를 놓치지 않는 일이다. 변화되는 상황은 고려하지 않고 고정된 날짜를 무조건 지켜서는 안 될 것이다. 그리고 나라의 입장에서는 "백성들이 농사에 쏟을 힘을 방해하지 말아야 한다. 관官에서 쓸데없는 공사들을 벌여 그 힘을 빼앗으면서 어찌 백성들에게 농사에 힘쓰라고 요구할 수 있겠느냐. 백성이 부지런히 힘쓰고자 하더라도, 관이 올바로 이끌어주지 못하면 그 힘을 제대로 발휘하지 못할 것이다."[10] 농지農地에 관계되는 소송은 즉시 처결해주고, 곡식 종자를 빌려주

---

* 24절기 중 하나

는 일같이 농사와 관련된 사무 또한 빨리 처리해주어야 한다.

정조 유념하겠나이다. '때'를 놓치지 않는다는 것은 바로 '하늘이 정한 때天時'를 따르는 일이라 생각하옵니다. 여기에 더하여 '땅의 이점地利'을 잘 활용하고, '사람의 노력人力'을 다해야 할 것입니다. "봄이 되면 논밭을 갈고 가을이 되면 수확하는 것, 심고 가꾸고 김매는 것에 있어서 조금도 때를 놓치지 않는 것이 바로 '하늘이 정한 때'를 따르는 것이라면 들과 습지를 구분하고 도랑을 잘 만들어 물길을 통하게 하고 불을 사르기도 하고 비료를 주기도 하여 토양을 비옥하게 하는 것이 '땅의 이점'을 잘 활용하는 것이 아니겠사옵니까? 또한 쟁기와 종자, 가래와 호미 등 농기구를 준비하고 서로 품앗이를 하며 최선을 다해 농사에 임하는 것은 바로 '사람의 노력'을 다하는 일일 것입니다."[11] 아울러 "농사일에 수고로운 자는 백성이고, 위로할 자는 관리입니다. 백성이 수고로운데, 관리가 편해서야 되겠습니까?"[12] 수령된 자는 부지런히 농사를 점검하고, 농사에 도움이 될 만한 일들을 찾아 시행하기를 잠시도 나태해서는 아니 될 것이옵니다.

세종 옳은 말이다.

정조 하온데 전하, "하늘이 계속 풍년을 내려줄지란 알 수 없는 일인데도, 사람의 본성은 조금만 편안해지면 나태해지기가 쉬운 탓에, 풍년이 든 해의 백성들이 게을러지는 일이 허다합니다."[13] 풍년일수록 더 열심히 해야 흉년에 대비할 곡식도 넉넉히 저축할 수 있는 것 아니겠습니까? 어찌 해야 백성들이 흔들림 없이, 부지런히 농사에 힘쓰도록 권장할 수 있겠습니까?

세종 그 문제는 원론적인 대답밖에 할 수가 없구나. 거듭 말하지만 중요한 것은 윗사람, 즉 임금과 조정, 각 고을의 수령들이 모범을 보이는 일이라 생각한다. "만일 위에 있는 사람이 진심을 다해 이끌지 않는다면 어찌 백성들이 힘써 농사를 짓겠느냐."[14] 농민들을 깨우치고 격려하여, 즐거운 마음으로 농사에 힘쓰는 것이 하나의 풍속으로 정착될 수 있도록 해야 한다. "다만 힘이 부족한 자나 제 스스로 하기를 원하지 않는 자는 강제로 시키지 마라. 대신에 설득하고 가르치기 또한 게을리하지 말거라. 그들의 마음을 움직여 자기 스스로가 즐겁고 절실한 마음을 가지고 농사에 나서도록 만들어야 할 것이다."[15] 그래야 어떤 상황에서건 농사에 힘쓰도록 할 수 있다.

정조 명심하겠사옵니다. 전하. 하옵고 소손, 궁금한 점을 더 여쭈어도 되옵니까?

세종 말하라.

정조 "백성들이 먹고 사는 길이 오직 부지런히 농사짓는 데 달려 있음은 분명하지만 각기 자신의 농토를 갖지 못한다면 비록 힘을 쏟고자 한들 제대로 쏟을 수가 있겠습니까?"[16] 그렇다고 백성들 모두에게 농토를 나눠줄 수도 없는 노릇이고 말입니다. 이 문제는 어찌 해야 할지요? 그리고 농업 생산성을 향상시키기 위한 방법으로는 무엇이 있을지, 이에 대해서도 가르침을 청하옵니다.

세종 네 말처럼 백성들 모두에게 농토를 나눠주기란 힘든 것이 사실이다. 대신 차선으로, 새로운 농경지를 만드는 데 힘쓸 필요가 있다. "주인이 개간하지 않고 버려둔 땅은 남이 개간하는 것을 허락하며"[17], "개간을 촉진시키기 위해 세금을 면제하거나 감면해주는 등의 조치를 취하라."[18] "제방을 쌓아 논을 만들 수 있는 곳을 조사하고, 백성을 동원하여 논을 만들도록 하되 동원된 백성들에게 그곳에서 농사를 지을 수 있는 권리를 주는 것도 좋은 방안이 될 것이다."[19] 그리고 농서를 발간하고 농기구를 개량하는 데도 관심을 갖도록 해라. "내가 경험 많은 농부들을 일일이 찾아서 묻고, 농사와 관련하여 시험한 결과를 모두 모아 정리한 『농사직설農事直說』을 편찬하여 많은 효과를 거둔 바 있다."[20] 그리고 일전에 "경기도 관찰사가 이삭이 네 갈래가 난 보리를 올리며 하늘이 상서로운 보리를 내려 보내 전하의 덕을 치하하는 것이니 뭐니 하고 아부하기에 질책하고 물리쳤으나, 생각해보니 그 종자를 취해 심는다면 내년에도 이삭이 네 갈래 난 보리가 나올 가능성이 높겠다 싶었다. 하여 이후 각 고을에서 그러한 돌연변이 작물이 발견될 경우에는 그 종자를 채취하고, 다음 해에 그것을 다시 심어 결과를 보고하도록 조치하였느니라."[21] 수차水車 보급은 처음엔 많은 반대와 실패가 있었다. 하지만 "중국, 일본이 다 수차의 혜택을 보고 있는데 왜 우리라고 해서 안 되겠느냐."[22] 이는 새로운 것을 도입하기 귀찮아하는 것이며 "시행하는 사람이 정성을 다하지 않고, 요령이 부족하기 때문이라고 생각했다."[23] 조바심을 내는 과인의 모습을 보며 신하들은 급하게 욕심을 부리면 안 된다고 지적하였으나, "내가 수차에 깊이 마음을 둔 것은 백성들에게 설익은 이익을 가져다주게 하려는 것이 아니었다."[24] 그래서 이후에도 계속 연구하여 계량하고 보완하도록 하였고, 마침내 좋은 성과를 거두었다. 산祘아. 당부하노니, 농사와 관련된 일이라면 임금은 항상 지극한 관심과 혼신을 다한 노력을 쏟아야 한다. 잊지 말거라.

정조 소손, 삼가 전하의 하교를 잘 받들어 대처하겠나이다.

1 『정조실록』11권, 5년 윤5월 8일

"帝王之躬耕耤田 所以上供粢盛 而爲萬民先也 重農厚本之意 槪亦寓
於其間 第其耕而不穫 于禮有缺 肆我先王 義起而創爲觀刈焉 于夏于
秋 前後凡三臨 而粤在己丑 寶齡已至七耋 猶未之倦 猗歟盛哉 豈非予
小子繼述之一事也歟 時維仲夏之殷 耤田麥告熟 廼以本月初八日 遣
大臣 先祀于先農 星言夙駕 仍擧觀刈之儀 百畝黃穎 可驗豐稔 [...] 噫
銍刈才畢 心腹誕敷 咨爾方伯 居留之臣 體予躬率之至意 布告字牧之
官 懋修警勸之政 俾有繼此屢豐之慶也"

2 『홍재전서』167권, 「일득록」7

"觀刈趣事也 久坐覺疲 況於穡者乎 況於夏畦乎"

3 『세종실록』105권, 26년 윤7월 25일

"國以民爲本 民以食爲天 農者衣食之源 而王政之所先也"

4 『홍재전서』26권, 「윤음(綸音)」1

"백성은 나라의 근본이요, 농사는 또한 백성의 근본이 된다. 백성
을 사랑하고 농사의 일을 밝게 하는 것은 백성들을 도탑게 대하셨
던 선왕들의 위대한 덕과 지극한 선이며, 수령칠사(守令七事, 수령

이 지방을 다스릴 때 유념하고 힘써 노력해야 할 일곱 가지 과제를 말한다. 고려시대에는 '수령오사'였는데 둘 다 '농업과 잠업을 활성화시켜야 한다.'는 항목이 첫 번째에 있었다.)에도 농사가 가장 우선으로 꼽혔으니, 백성들이 (농사를) 하늘로 삼고, 국가가 (농사를) 근본으로 삼았다는 것을 이것으로도 알 수가 있다."

民者國之本 而農者又民之本也 愛民明農 卽我列祖務實惇元之盛德至善 而守令七事 農最居先 則民之所以爲天 國之所以爲本 從可知已

5 『홍재전서』166권,「일득록」6

내시에게 명하여 올벼(早稻, 제 철보다 일찍 여문 벼)를 대궐 뜰에서 햇볕에 말리게 하고 신하들에게 하교하기를, "이는 선대왕(영조)께서 잠저(潛邸, 세자나 임금이 되기 전 왕자 시절, 사가에서 거처할 때 살던 곳)에 계실 때 소령원(昭寧園, 영조의 생모 숙빈 최씨의 무덤) 초당(草堂) 앞에서 친히 감독하여 수확하시던 곳에서 가져온 벼이다. 내가 매년 가을걷이가 끝날 때마다 여러 포(包)를 들여오게 하고 이를 직접 햇볕에 쪼여 말려보는 까닭은 선대왕께서 농사를 중시 여기셨던 뜻을 따라 배우고, 다른 한 편으로는 전국의 들녘에 풍년이 들었는지 흉년이 들었는지를 확인하는 단서로 삼으려는 것이다."라 하시고, 이어 내시에게 명하여 벼 몇 주먹을 집어서 올리도록 하고 직접 만져서 살펴보며 말씀하시기를, "이 벼를 심은 땅은 토질도 좋고, 인력도 많이 투입되었는데, 알곡 중에 쭉정이가 반을 차지하고 있구나. 이런 땅에서 거둔 벼도 이와 같으니, 이보다 못

한 곳은 상황이 어떨지 알 만하다. 대개 농부들이 일 년 내내 부지
런히 애를 써도 수확은 그 노력만큼 거두어지지가 않는다. 올해의
경우, 초반에는 가물다가 후반에는 수재가 나서 알곡을 이룬 것이
이처럼 매우 적다. 더군다나 (수재 때문에) 늦게 옮겨 심어서 이제
야 이삭이 팬 것들은 추수 자체를 기대할 수가 있을까? 앞으로 백
성들에게 닥칠 일이 실로 아득하구나."라 하셨다. (벼를) 햇볕을 쪼
여 말릴 때 약간의 낟알들이 펴 놓은 자리 밖에 떨어져 있으니, 임
금께서 내시를 꾸짖고 하나하나 주워서 자리 위에 올려놓도록 지
시하셨다. 그리고 하교하시기를, "옛 사람이 말하기를 곡식 낟알
하나하나가 모두 농부가 애써 고생한 결실이라 하였다. 하찮은 낟
알 하나일지라도 모두 농부가 부지런히 노력하여 얻어낸 것이니,
그것을 아끼는 마음에 있어 작은 틈이라도 있으면 안 된다. 더욱이
(곡식은) 하늘이 내려주신 기쁨이며, 백성들이 하늘로 섬기는 것인
데 더 말할 나위가 있는가. 나는 수라를 먹을 때 배가 부르더라도
물에 말아 남긴 것을 다 먹는다. 내가 남긴 것을 내시들이 먹기 싫
어하여 땅에다 버릴까 두려워서이다. 이 무리들(내시)이 낟알의 소
중함을 알지 못하고 이러한 행태를 보이니, 그래서 내 일찍이 엄하
게 깨우치고 거듭하여 경계시킨 것이다."

命內侍曬早稻於庭 教臣等曰 此是先大王潛邸時 昭寧園草堂前 親爲
監穫之稻也 予每年秋熟後 命輸入數包 躬令曬乾者 一以體昔年重稼
穡之意 一以爲四野驗豐歉之端矣 仍命內侍取數握以進 上手自按摩
教曰 此稻所種之地 土品旣好 人力又多 而畢竟成實 虛殼居半 此而如

此 下於此者可知 大抵農民終歲勤苦 而所收不能當其勤苦 至於今年
始早終澇 成實若是最少 況晚移之始發穗者 又安可望其有秋乎 來頭
民事 誠茫然矣 曬乾之際 有若干粒落於鋪席之外 上責內侍 使之一一
拾置於席上 教曰古人云粒粒皆辛苦 雖一粒之微 皆從農民勤苦中出
固當愛惜之不暇 又況皇天之所降嘉 而下民之所以爲天者乎 予當飯時
水澆之餘 或恐內侍輩厭食委地 雖有過量之時 輒爲之盡食矣 此輩不
知粒米之重 或有似此之習 故予嘗痛飭而申戒矣

6   『맹자』, 「등문공(滕文公)」上
    "有恒産者有恒心"

7   『세종실록』105권, 26년 윤7월 25일
    "惟其關生民之大命 是以服天下之至勞"

8   上同
    "그러므로 농정(農政)에서 중요한 것은 오로지 (농사를 짓는) 적절
    한 때를 어기지 않도록 하고, 농사에 쏟을 힘을 (백성들로부터) 빼
    앗지 않는 데 있을 따름이다. 온갖 곡식이 각기 씨를 심고 뿌리는
    적절한 때가 있으니, 때를 한 번 놓쳐버리면 한 해 내내 다시는 따
    라 잡을 수가 없느니라."
    故農政所重 惟在不違其時 不奪其力而已 百穀種蒔 各有其時 時苟一
    違 終歲莫追

9 『세종실록』116권, 29년 4월 15일

"意必芒種猶遠 可以及期 以致如此之緩也 然芒種者 有故之人與其惰
農 雖未能早時耕種 若及芒種 猶有秋成之望 非謂必待此以爲播種之
限也"

10 『세종실록』105권, 26년 윤7월 25일

"백성의 몸은 하나이니, 힘을 둘로 나눌 수는 없는 것이다. 관에서
그 힘을 빼앗는 일을 자행하면서 어찌 농사에 힘쓰라고 다그칠 수
있단 말이냐. [...] 설령 백성이 열심히 (농사에) 노력하고자 하여도
관에서 성실하게 이끌어주지 않으면 백성들은 제 힘을 발휘하지
못할 것이다. [...] 더욱이 (부역을 일으켜 백성들로 하여금) 다른 데에
힘을 쓰도록 하여 농사를 지을 시기를 놓치게 해서는 안 된다."

民旣一身 力不可分 奪之在官 豈可責之力田 [...] 第民欲勤力 勸課不實
則無所施其力矣 [...] 尤不可興務以奪其時

11 『홍재전서』33권, 「교(敎)」4

"鳳鳴而耕 龍見而穫 樹藝耘籽 不失尺寸 順天時也 相原隰 治溝洫 且燔
且糞 以疏以漑 盡地利也 犁種而借之 錢鎛而助之 通有無均事功 用人力
也"

12 『홍재전서』29권, 「윤음」4

"勞者民也 勞之者吏也 民之勞矣 吏豈敢逸"

13 『정조실록』19권, 9년 1월 1일

"대개 조금만 편안해지면 소홀하기가 쉬운 것이 인지상정이다. 옛 말에 이르기를 '척박한 땅의 백성은 근면하고, 비옥한 땅의 백성 은 안일하다.'고 하였는데, 나는 '풍년이 든 해의 백성 또한 안일하 다.'고 말하고 싶다."

蓋常人之情 易忽於少逸 古語曰 瘠土之民勞 沃土之民逸 予則曰 豊年 之民亦逸也

14 『세종실록』105권, 26년 윤7월 25일

"不有上之人誠心迪率 安能使民勤力趨本"

15 『세종실록』78권, 19년 7월 23일

"若愚民資力不足者 不願自爲者 不必强使爲之 隨宜勸課 終始不怠 漸 致興行"

16 『홍재전서』26권, 「윤음」1

"人不能各有其田 雖欲致力 烏可得乎"

17 이 부분은 연안 도호부사(延安都護府使) 정복주(鄭復周)가 건의한 내용인데, 세종이 그대로 시행하라고 지시하였으므로 인용하여 활용하였다.

"지금부터는 비록 입안(立案, 토지나 임야에 대해 자기 소유임을 관청으로부터 확인 받음)을 받았다 하더라도 스스로 개간하지 않으면, 다른 백성이 개간할 수 있도록 허락하고 이를 어긴 자는 엄히 다스리도록 하라."

自今雖受立案 不自開墾者 許民開墾 違者痛治 (『세종실록』 10권, 2년 11월 5일)

18 『세종실록』 21권 5년 8월 2일
"(거제현에 새롭게 이주한 백성들에 대해) 명하여 숙전(熟田, 채소와 곡식을 경작할 수 있는 땅)을 차지한 사람에게는 첫해에는 조세를 전부 면제해주고, 다음 해는 절반을 줄여준 후, 그 후부터는 전부 거두도록 하고, 새로 개간한 밭을 가지고 있는 사람에 대해서는 첫해와 두 번째 해 모두 조세를 면제해주고, 그 다음 해에는 절반을 줄여주며, 4년째 되는 해부터 전부를 거두도록 하라."

命占熟田者 初年全免 次年減半 其後全收 占新墾者 初年次年全免 又次年減半 其後始全收

19 『세종실록』 92권 23년 1월 27일
의정부에서 호조의 정계에 의거하여 아뢰기를, "지금 인구는 나날이 늘어가지만 토지는 한정되어 있어, 백성들이 농사를 짓지 못하고 생산하는 업을 잃게 되었습니다. 바다에 인접해 있는 고을의 해변을 살펴보면 제방을 쌓아서 논을 만들 만한 곳이 자못 많이 있사오나, 백성들의 힘이 모자라 그 효과를 얻지 못함은 실로 백성에게 내려주는 혜택이 부족하기 때문이오니, 바라옵건대 각 도의 감사로 하여금 사람을 파견하여 자세히 살피게 하시고, (개간에 참여한) 백성들에게 씨를 뿌리고 밭을 갈아 논밭을 가꿔가게 하여, 백성들의 산업을 이롭게 하옵소서."라 하니 그대로 따랐다.

議政府據戶曹呈啓 今生齒日繁 而土田有限 民不得耕 遂失産業 濱海州郡海澤築隄 可作水田之地頗多 民力不給 未得其利 實爲闕典 乞令各道監司差人審定 使之耕種 以利民産 從之

20 『세종실록』 105권, 26년 윤7월 25일
"또한 각 고을을 방문한 후에 그 땅에서 (농사와 관련해) 시험한 결과를 모두 모아 『농사직설(農事直說)』을 만들어, 농민들이 (농사일에 대해) 훤히 쉽게 알 수 있도록 노력하였다. 농사에 도움이 될 만한 것들은 마음을 다해 연구하여 거론하지 않은 것이 없었다."

且令逮訪州縣因地已試之驗 輯爲農事直說 務使田野之民曉然易知 儻可以利於農者 靡不悉心究擧

21 『세종실록』 77권, 19년 5월 8일
경기 관찰사 김맹성(金孟誠, 1374~1449)이 네 갈래 난 보리 이삭을 올리며 하례하기를, "성인의 돈독한 교화가 태평한 시대를 이루었으니, 하늘이 상서로운 보리를 내리시어 축하하는 뜻을 보이셨사옵니다. [...]"라 하니, 임금이 받지 아니하고 말씀하시기를, "이처럼 아름다움을 과장하는 일은 내가 심히 부끄럽게 여기니, 각도에

효유하여 서맥(瑞脈, 상서로운 곡식 줄기)이 있더라도 하례하지 말게 하라."고 하셨다. [...] 경상도 감사에게 전지하기를, "최근에 예천군에서 올린 보리는 한 줄기에 세 이삭, 혹은 너덧 이삭씩 나왔으니, 만약에 이 종자를 취해다가 심는다면 내년에도 혹 이와 같은 이삭이 나올 가능성이 있지 않을까. 그 보리가 익기를 기다려 종자를 취하고 수량을 갖추어 보고하도록 하라."

京畿觀察使金孟誠進賀麥穗四岐 箋曰 聖心敦化 克底隆平 天道産祥式昭嘉貺 [...] 上不受曰 如此誇美之事 予甚愧焉 諭各道 勿以瑞麥爲賀 [...] 傳旨慶尙道監司 近日所進醴泉郡牟麥 一莖或三穗或四五穗發穎 若取此穗裁植 則後年如此發穗 理或有之 待其成熟取種 具數以啓

22 『세종실록』 52권, 13년 5월 17일
"上自中國下至倭邦 皆受水車之利 豈於我國 獨不能行"

23 『세종실록』 60권, 15년 4월 8일
"但行之者不用力 或未得其要耳"

24 『세종실록』 52권, 13년 5월 17일
"予之拳拳於此 匪棘其欲 視民利耳"

인생
人生

군자는 현재의 위치에서 최선을 다할 뿐,

그 외의 것은 바라지 않는다.

— 『중용』

"타고난 재주보다 중요한 것은
하고자 하는 의지이다."

송나라 유순劉荀이 지은 『명본석明本釋』에는 다음과 같은 대목이
나온다. 정조는 이 부분을 신하들에게 직접 암송해주며 신하들
이 항상 이를 교훈으로 삼도록 하였다.

"이 세상 모든 일에는 근본이 되는 것이 있다. 사단四端*을 명확
하게 밝히고 오전五典**에 대해 성찰하는 것은 이치를 깊이 연구

---

* '인(仁)'과 '의(義)'와 '예(禮)'와 '지(智)'의 단서. 유교에서는 사람의 마음에 측은지심(惻隱
之心, 불쌍하고 가엾게 여기는 마음), 수오지심(羞惡之心, 잘못을 부끄럽게 여기고 악한 행동
을 수치스럽게 여기는 마음), 사양지심(辭讓之心, 마음에서 우러나 사양하는 마음), 시비지
심(是非之心, 착함과 악함, 옳고 그름을 판단하고 구별하는 마음)이 있는데, 이들이 각각 '인
(仁)', '의(義)', '예(禮)'와 '지(智)'의 단서라고 본다. 이 마음을 확충하고 발전시킴으로써 인의
예지를 실현할 수 있다.
** 인간으로서 지켜야 할 다섯 가지 인륜. 아버지는 '의로움(義)', 어머니는 '자애로움(慈)', 자식

하는 근본이 되고, 이치를 깊이 연구하는 것은 학문에 나아가는 근본이 되고, 스스로를 속이지 않는 것은 덕을 닦는 근본이 되고, 욕심을 적게 하는 것은 마음을 수양하는 근본이 되고, 공경은 예의 근본이 되고, 근면함은 학업을 연마하는 근본이 되고, 실용을 추구하는 것은 경전을 공부하는 근본이 되고, 자신으로부터 미루어 사물에 이르게 하는 것은 다스리는 도리의 근본이 되고, 자신을 닦는 것은 집을 가지런히 하는 근본이 되고, 마음을 수양하는 것은 부모를 섬기는 근본이 되고, 믿음은 친구를 사귀는 근본이 되고, 임금의 마음을 바르게 하는 것은 나라를 다스리는 근본이 되고, 형세를 살피는 것은 천하를 안정시키는 근본이 되고, 명분을 바르게 하는 것은 정치를 행하는 근본이 되고, 미미할 때 막는 것은 근심을 없애는 근본이 되고, 인정(仁政)을 펼치고 이로움을 쫓는 마음을 버리는 것은 일을 시행하는 근본이 되고, 완벽히 갖추어지길 요구하지 않는 것은 사람을 대하는 근본이 되고, 관대하면서도 억제시킴이 있는 것은 뭇 사람들을 거느리는 근본이 되고, 양심을 성찰하는 것은 형벌을 적용하는 근본이 되고, 근본으로 거슬러 올라가는 것은 폐단을 바로잡는 근본이 되고, 상과 벌은 군대를 통솔하는 근본이 되고, 절약은 재산을 관리하는 근본이 되고, 뜻을 세우는 것은 큰일을 하

은 '효성(孝)' 형은 '우애(友)' 아우는 '공(恭, 형을 공손하게 받듦)'을 가져야 한다는 것이다.

기 위한 근본이 되고, 뜻이 넓고 굳센 것은 중책을 맡아 나아가기 위한 근본이 되고, 용기는 의를 행하는 근본이 되고, 과단성은 일을 성공시키는 근본이 되고, 올바름을 지키는 것은 벼슬을 하는 근본이 되고, 얻고 잃는 것에 얽매이지 않는 것은 거취의 근본이 되고, 말이 순하고 이치가 곧은 것은 일을 논의하는 근본이 되고, '때'는 나아감과 물러남, 말하고 침묵함의 근본이 되고, 의로움은 사양하고 주고받는 일의 근본이 되고, 멈출 줄 아는 것은 몸을 보전하는 근본이 되고, 의로운 사명을 편안히 여기는 것은 곤궁함을 대처하는 근본이 된다."[1]

세종 참으로 합당하고, 또 아름다운 말들이다. 과인 또한 명심하여 경계로 삼겠노라.

정조 망극하옵니다. 하옵고 전하, 오늘은 전하의 탄신일이 아니옵니까? 소손, 하례賀禮* 드리옵니다.

세종 고맙기는 하나 하례를 거두라. "자신이 태어난 날은 갑절이나 비통해야 하는 것이다."[2]

---

* 축하하는 예의를 표함.

정조 어인 말씀이시옵니까?

세종 나를 낳아주신 부모님께서 지금 세상에 안 계시니 비통하며, 하늘이 나에게 부여해준 임무가 있을 터인데 그 임무를 제대로 해내지 못한 채로 또 한 살 헛되이 나이만 먹었으니 더욱 비통한 것이다. 생일은 반성하고 자책하며 스스로를 돌아보는 날이지 잔치를 열고 즐기는 날이 아니다.

정조 전하의 말씀을 들으니 소손, 너무도 부끄럽나이다. 가르침을 깊이 새기겠사옵니다.

세종 그나저나 무엇을 하다 오는 길이냐?

정조 성균관에 들렸다 오는 길이옵니다.

세종 그래? 요즘 젊은 유생들은 어떠하더냐? "나는 성균관에서 공부하는 유생들의 잠자리와 식사 상태를 직접 챙기곤 했나니."[3] 젊은 인재들을 보살피고 격려하는 것은 언제나 즐거운 일이었다.

정조 송구하오나 요즘 유생들을 보면 답답할 따름입니다. 소

214

손이 유생들에게 "모래나 자갈로 된 척박한 땅이라도 가난한 백성들은 농사를 짓기 위해 갖은 노력을 다 기울이는 법이다. 하물며 좋은 밭이야 말할 나위가 있겠는가. 그대들이 한가로이 나태하게 노는 것을 볼 때마다 매번 내가 애석한 마음을 가눌 길이 없다. 그대들은 나이도 젊고 재주도 둔하지 않다. 조금만 노력을 기울인다면 무슨 일인들 해내지 못하겠는가. 그대들이 배움에 힘쓰지 않는 것은 게으른 농사꾼이 좋은 밭을 내버려 두는 것과 다를 바 없으니, 그래놓고서 어찌 수확이 있기를 바라겠는가."[4]라고 깨우쳐 주었습니다. 하지만 그들은 "운이 없고 재주가 없어서 힘들다는 변명만 늘어놓고 있습니다."[5] 물론 타고난 재주가 뛰어나다면 조금 더 쉽게 성취할 수 있겠지요. 하지만 "재주보다는 의지가 중요하지 않겠습니까? 의지만 확고하다면 재주는 부차적인 문제입니다."[6] 만일 "사람이 어떤 일에 진정 절실한 마음을 두고 힘껏 노력한다면 결국 세상을 움직이고, 운명을 바꿀 수 있는 법입니다."[7] 또 어떤 유생들은 "저희가 '1등은 못하겠지만 그 다음은 해 보이겠습니다.'라고 말합니다. 그러나 처음부터 2등을 하겠다는 마음을 먹게 되면 자신이 끌어낼 수 있는 최고의 노력은 나오지 않으니, 2등은커녕 몇 단계나 더 떨어질지 알 수 없는 일입니다."[8]

세종 걱정이구나. 제자 염구가 "힘이 부족하다."고 하자, 공자께서는 "힘이 부족하면 길을 가다가 쓰러지면 되는 것이지, 왜 시작조차 하지 않고 스스로에게 한계를 긋고 있느냐."[9]고 책망하지 않으셨더냐. 해보지도 않고 미리부터 한계선을 긋는 것이야말로 참으로 어리석은 짓이다. 물론 열심히 노력한다고 반드시 성공한다는 보장은 없겠지. 그들의 말처럼 운도 따라주어야 할 것이다. 하지만 그것은 자신이 어찌할 수 있는 바가 아니지 않느냐. 스스로 할 수 있는 일이란 그저 노력하는 것뿐이다. "천년의 긴 세월은 일각一刻의 틀리지 않음에서 비롯하고, 모든 빛나는 공적은 순간을 헛되이 보내지 않는 데에서 말미암는 것이다."[10] 지금 이 순간을 소중히 여기지 않고, 힘써 노력하지도 않는 자에게 하늘은 그 어떤 성취도 허락하지 않음을 유념해야 한다. 네가 잘 깨우치고 격려하도록 해라.

정조 명심하겠사옵니다. 유생들을 두고 하교하셨지만 저를 비롯하여 누구나 다 가슴에 깊이 새겨야 할 말씀이라고 생각하옵니다. 하오면 전하, 하교를 내려주시는 김에 소손을 비롯한 저희들이 삶을 살아가는 데 있어 경계해야 할 것들에 관하여 하실 말씀은 없으신지요? 삼가 가르침을 청하옵니다.

세종 평상시에 '대비'를 잘해야 할 것이다. 전에도 얘기했다만, 성을 쌓아 외적을 방비하는 일에 비유해 보면 이해하기 쉬울 것이다. "사람들은 '어찌 평화로운 세상에 성을 쌓습니까?'라며 의아해하지만 편안한 때일수록 위태로울 때를 대비하여 경계하는 것이 나라를 위하는 도리이다. 어찌 도적이 침범하여 들어온 후에야 급급하게 움직이겠느냐."[11] 삶을 살아갈 때도 마찬가지이다. 평온한 시기일수록 위태로운 시기를 대비하여 학문에 힘쓰고, 마음을 단련하여야 하는 것이다.

정조 지당한 분부시옵니다. 사람들은 "일이 닥치면 허둥대다가 일이 사라지면 다시 나태해져 안주합니다. 비록 어떤 일이 닥칠지 미리 예측할 수는 없지만 일이 없을 때에도 일이 있을 때처럼 생각하고 힘을 기른다면, 무슨 일이든 그것을 능히 감당해낼 수 있으리라고 생각하옵니다."[12]

세종 참으로 그러하다. 그 다음으로 내면을 곧게 하고, 외면을 바르고 단정하게 하는 일에 힘써야 한다.

정조 예, 전하. "사람들이 하는 걱정의 대부분은 명예와 부를 자신의 소유로 여겨서 그것에 집착하고, 오랫동안 유지할 계책을 세우는 데서 생겨납니다."[13] 자신의 노력과 그릇이 그것을 얻고 유지하기에 훨씬 못 미치면서도 그러하니 이는 결국 내면 공부가 부족해서입니다. 또한 "누구나 선을 좋아하고 악을 미워하며, 죽음을 싫어하고 삶을 좋아하는 본성을 가지고 있습니다. 그럼에도 사람이 스스로 악에 물들고, 죽음에 이르는 길을 선택하는 것은 내면을 제대로 수양하지 못해 그릇된 지혜와 탐욕에 구속되었기 때문입니다."[14] 내면에서 분노, 두려움, 좋아함, 근심의 마음과 관련하여 감정의 치우침이 생겨나는 것도 조심해야 합니다. 그렇게 되면 사물이나 상황을 올바로 보지 못하고, 올바로 듣지 못하게 되옵니다.[15] 외면을 다스리는 일은 내면을 바로 하는 일과 직결된다고 생각하옵니다. "두 다리를 쭉 뻗고 앉아 멋대로 행동하면서 그 마음이 장엄하고 바른 사람은 없으며, 마찬가지로 몸가짐이 정돈되어 가지런하고 엄숙하면서 그 마음이 게으르고 오만한 사람은 없사옵니다."[16]

세종 네 말이 옳다. 그리고 이러한 내면과 외면 공부의 바탕 위에서 자기 자신에 대한 자긍심을 가져야 하느니라. 물론 그렇다고 자만하라는 뜻은 결코 아니다.

정조 "맹자께서 말씀하시길, '사람이 스스로를 업신여긴 뒤에야 남이 자기를 업신여긴다.'고 하지 않으셨습니까? 사람이 자부심을 가지고 자기 자신을 가다듬어서 말을 삼가고 외모를 단정히 하여 조금이라도 방탕한 모습을 보이지 않으면, 보는 사람들이 저절로 존중하는 마음을 품게 될 것입니다. 하지만 과장하기를 좋아하고, 농지거리나 하는 것이 버릇이 되어 행동이나 말이 모두 법도에 맞지 않는다면 남들은 당연히 그를 업신여기게 되지 않겠습니까?"[17] 다만 자긍심이 강하다 보면 자만으로 이어지기가 쉽지요. "자만함은 모든 잘못된 행실의 근원이니"[18] 결국 자기 자신을 망칩니다. 자랑하고 싶은 마음도 조심해야 합니다. 옛말에 "'자랑 쓩(과)'이라는 한 글자는 사람의 일생을 망가뜨린다.'고 하였습니다. 생각이나 말에 조금이라도 자랑하려는 마음이 생긴다면 곧바로 잘라버려야 할 것입니다."[19]

세종 훌륭한 말이다. 아울러 삶은 혼자 살아가는 것이 아니니, 다른 사람을 올바르게 대하는 일도 중요할 것이다. 이때는 어떤 자세를 갖추어야 하겠느냐.

정조 진심어린 마음이 요구되옵니다. "서로 아끼고 좋아하는 이유가 '마음'이 아니고 말솜씨나 재주, 권세나 이익 때문이라면 그 관계가 어찌 오래 지속되겠습니까."[20] "내가 사람을 대함에 있어서 정성을 다한다면 남도 나를 진심으로 대할 것입니다. 나는 정성을 다하지 않으면서 다른 사람이 나에게 정성스럽지 못함을 서운해하고 질책한다면 이는 옳은 일이 아닐 것입니다."[21] 그리고 '자기 입으로 남을 위한다고 떠드는 자들이 있는데, 이는 자신이 하는 일을 과시하여 남이 나를 칭찬해주기를 바라는 것이며 이 또한 진심으로 다른 사람을 대하는 방도가 아닙니다.'[22] 그리고 설령

"저를 훼방하는 사람이 있더라도 배척할 필요는 없습니다. 그가 있기에 타산지석을 삼아 저 자신의 단점을 극복하고 더욱 강해질 수 있지 않사옵니까."[23]

세종 겉모습만 가지고 다른 사람을 판단해서도 안 될 것이다.

정조 그러하옵니다. "말馬을 잘 감별하는 사람은 그 말이 영리하고 잘 달리느냐를 살피지 털 빛깔이 아름다우냐를 따지지 않습니다. 글을 잘 읽는 사람은 책이 가지고 있는 뜻을 본받지 문장의 표현에 구애되지 않는 법이고요. 사람을 대할 때도 마찬가지인 것 같습니다. 그 사람의 마음을 취하지 외모를 취하지 말아야 합니다."[24] 아울러 "사람을 살필 때는 단점보다는 장점에 주목해야 한다고 생각하옵니다."[25] 사람은 자신의 단점에는 관대하고 타인의 단점에는 엄격합니다. "그 사람을 내 몸처럼 여기면, 천하에 용서하지 못할 일이 없고, 받아들이지 못할 일이 없을 텐데도 말입니다."[26]

세종 끝으로 내가 당부하고 싶은 것은, 인생에 수없이 찾아오는 시련을 잘 견뎌야 한다는 것이다.

정조 "하늘이 어떤 이에게 위태롭고 험한 일로써 시련을 겪게 만드는 것은, 그 과정을 거쳐내면서 인격과 시야를 보다 넓히고, 지혜를 기르고, 인내력을 키우게 하기 위함일 것입니다."[27] "사람의 운이 잘 풀릴지 잘 풀리지 않을지, 언제 몸을 굽혀야 하고 언제 다시 필 수 있을지, 이러한 것들은 미리 예측할 수 있는 바가 아닙니다."[28] 큰 성취를 이루는 시간도, 고난의 길을 걸어야 하는 시간도 있겠지요. 다만 어떤 시간이든 영원하진 않으니, 늘 조심하고 반성하면서 학문을 게을리하지 않도록 하겠사옵니다.

1   『홍재전서』161권, 「일득록」1

"蓋其書以天下事務 謂莫不有本 以明四端察五典 爲窮理之本 窮理爲
進學之本 不欺爲修德之本 寡欲爲養心之本 敬爲禮之本 勤爲修業之
本 求實用爲窮經之本 推己及物爲治道之本 修身爲齊家之本 養心爲
事親之本 信爲交友之本 正君心爲治國之本 審勢爲安天下之本 正名
分爲政之本 防微爲銷患之本 達仁政祛利心 爲行事之本 不求備 爲
待人之本 寬而有制 爲御衆之本 察良心 爲用刑之本 溯源爲捄弊之本
刑賞爲制師之本 節用爲理財之本 立志爲有爲之本 弘毅爲任重致遠之
本 勇爲義之本 果斷爲立事之本 守正爲立朝之本 輕得失 爲去就之本
辭順理直 爲論事之本 時爲出處語默之本 義爲辭受取與之本 知止爲
保身之本 安義命爲處困之本"

2   『세종실록』28권, 7년 4월 10일

탄신일에 대한 하례를 중단하도록 하였다. 전에 예조에서 탄신일
을 맞아 군신이 함께하는 연회를 열기를 청하니, 임금께서 "사람
의 자식으로서 생일은 마땅히 갑절이나 비통해야 하는 날이다. 어
찌 연회를 열어 즐길 수 있단 말인가?"라 하셨다.

停誕日賀禮 先是禮曹請於誕辰 設君臣同宴 上曰人子於生日 當倍悲
痛何可宴樂 不聽

3   신하들이 올린 상소에 나오는 대목이다.
    "전하께서는 수많은 정사를 돌보느라 바쁘신 와중에도 태학생들
    의 숙소와 식사 상태를 염려하셨으니, 그들을 우대하고 격려하시
    는 뜻은 이제껏 찾아보기 힘들 정도이옵니다."
    竊見殿下 於萬機之暇 下慮太學諸生居處之宜 飮食之隆 優待勸勉之
    意 古所未有 (『세종실록』43권, 11년 1월 3일)

4   『홍재전서』162권,「일득록」2
    "沙石墝埆之地 貧民猶百計耕食 況良田乎 每見汝輩無事閒遊 不勝其
    可惜 汝輩年甚妙少 才又不至魯甚 少著力下工 何事不做 汝輩之不學
    無異惰農之棄良田 雖欲望收穫 其可得乎"

5   『홍재전서』183,「군서표기(羣書標記)」5
    "사람들은 모두 재주 탓을 하지만 나는 재주보다는 의지의 문제라
    고 본다. 뜻만 확고하다면 재주는 따라오게 마련이니, 부지런히 노
    력하여 실행해간다면 옛 사람을 왜 못 따라가겠는가. 놀고 즐긴답
    시고 학업을 팽개치고, 자기합리화를 하고 편하게만 지내려고 하면
    서도 매번 재주가 없어서 그렇다고 핑계를 대고 있으니, 이것이 어
    찌 재주가 없어서 그런 것이겠는가. 진실로 의지의 문제인 것이다."

人皆責才 予則責志 志立則才及之矣 苟能勉強而行之 奚古之不逮 荒
嬉而廢業 退託而圖便 輒諉之曰不才 豈眞才之罪哉 是固在志

6　上同

7　『홍재전서』175권, 「일득록」 15

옛사람이 말하기를, "정신을 모으면 쇠나 돌도 꿰뚫을 수 있다."고
하였다. 쇠나 돌만큼 단단한 것이 없는데도 이를 능히 꿰뚫을 수
있다고 말한 것은 서로 감응하는 원리의 차원에서 지적한 것이다.
사람이 절실하고 애절한 마음이 없다면 모르거니와 참으로 있다
면 천지를 움직이고 신명(神明)도 믿고 다가오게 할 수 있는 것이
다. 하물며 쇠나 돌 정도이겠는가.

古人云精神所到 金石可透 物莫堅於金石 而猶謂之可透者 蓋指相感之
理也 凡人無切懇惻怛之心則已矣 苟有之 天地鬼神 猶可以孚格 況金石
乎

8　『홍재전서』124권, 「노론하전(魯論夏箋)」 3

대저 사람들이 말하기를, "상등(上等)이야 어찌 바라겠느냐마는
그 다음은 해볼 만하다."고 말한다. 그리고 이어서 말하기를 "나는
2등의 의 리를 하려고 한다."라고 하니, (애초부터) 2등을 하겠다고
마음먹는다면 몇 계단이나 더 하락하게 될지 알 수가 없다. 그러한
생각을 한다면 이른바 의리라는 것도 반드시 진정한 의리는 아닐

것이다. 나는 '논의는 높게 세우지 않으면 안 되고 힘은 낮은 곳에
서부터 쏟지 않으면 안 된다.'고 생각한다.

大抵人之恒言 上等何可望 其次猶可爲 從而爲說曰 我欲爲第二等義
理 欲占第二等地位 則便不知落下幾層 隔他幾關 所謂義理云者 亦未
必是眞箇義理 吾則曰立論不可以不高

9 『논어』, 「옹야(雍也)」편

염구가 말하기를 "선생님의 도를 좋아하지 않는 것은 아니지만,
(그것을 따라가기에는) 저의 힘이 부족합니다."라 하니, 공자께서
"힘이 부족하면, 가다 중도에 쓰러지면 되는 것. 지금 너는 (시작도
하지 않고) 한계를 긋고 있구나."라 하셨다.

冉求曰 非不說子之道 力不足也 子曰 力不足者 中道而廢 今汝畫也

10 『세종실록』 65권, 16년 7월 1일

"千歲之致 始於一刻之不差 庶績之熙 由於寸陰之無曠"

11 『세종실록』 58권, 14년 10월 10일

"人皆言 昇平之世 何汲汲於築城乎 予則以爲不然 安不忘危 爲國之道
焉有寇至 然後築城之理乎"

12 『홍재전서』 175권, 「일득록」 15

"경들에게는 크나큰 병폐가 있다. 일이 있을 때는 언제나 어수선

하게 떠들썩거리다가 일이 없으면 다시 게을러지고 만다. 천하의
일들은 그 변화가 무궁하기 마련이다. 비록 어떤 일이 닥칠지 미리
미리 예측하여 강구할 수는 없다 하여도, 일이 없을 때에도 언제나
일이 있을 때처럼 대비하고 생각한다면, 실제로 일이 닥쳤을 때 저
절로 힘이 생겨 어수선한 지경에 빠져들지 않을 것이다."
卿輩有大病痛 有事輒擾攘 無事便恬嬉 天下之事變無窮 雖不可以某
事某事預先講究 而無事時 常常理會如有事時 則及到有事時 自爾得
力 便不走入擾攘境界

13 『홍재전서』 170권, 「일득록」 10
"凡人之患 每以外至之榮名利祿 認爲己有 把作久計"

14 『홍재전서』 175권, 「일득록」 15
"好善而惡惡 惡死而好生 人情之所同 其自歸於惡 自臻於死 非性然也
智不能擇其方 而物欲拘之故也"

15 『홍재전서』 3권, 「춘저록(春邸錄)」 3 참조.

16 『홍재전서』 176권, 「일득록」 16
"世未有箕踞放肆而其中莊敬者 亦未有整齊嚴肅而其中怠傲者"

17 『홍재전서』 174권, 「일득록」 14

"孟子云人必自侮而後人侮之 若使人矜持自勵 謹辭令飭儀範 無一些
分流蕩底意 見者必起敬 今之人不然 調諧誇能 詼謔成習 一動靜一言
語 未嘗中度 如是而欲冀人不侮得乎"

18 『홍재전서』110권, 「경사강의(經史講義)」47
"驕者百行之疵也"

19 『홍재전서』162권, 「일득록」2
"夸之一字 壞人終身 凡念慮言語 纔有夸心 卽截斷却"

20 『홍재전서』172권, 「일득록」12
"人之相好 或以言辭 或以才藝 或以勢利 種種不同 而絶罕者卽一心字
也 相好者不以心而以他 則其好也目前而已 豈能久哉"

21 『홍재전서』176권, 「일득록」16
"吾於待人 若能推誠置腹 人亦待予以誠 不盡在吾之誠 而-責人之誠於
我者 全欠恕字工夫"

22 『홍재선서』125권, 「노론하전(魯論夏箋)」4
"'자기를 위한다.'는 것은 일상생활 속에서 마땅히 실천해야 할 일
들을 하는 것이다. 효로써 부모를 섬기고, 충으로써 임금을 섬기기
를 스스로 이미 실천한다면, 다른 사람들 또한 자연스레 보고 느끼

는 바가 있을 것이다. 그러므로 자신을 위해 행동하면 남이 성취를 이루도록 도와주는 일도 자연스레 그 안에 있게 된다. 하는 일마다 '남을 위한다.'고 과시하는 것은 단지 남이 나를 칭찬해주기를 바라는 것일 따름이다."

爲己云者 做自己日用當行之事 事親孝事君忠 旣得之於己 人亦自然 觀感取則 故爲己則成物自在其中矣 爲人云者 事事皆欲誇耀 只要人 譽我 眞所謂於我何有

23 『홍재전서』 175권, 「일득록」 15

"毁我者 不害爲他山之石"

24 『홍재전서』 176권, 「일득록」 16

"말을 잘 감별하는 사람은 그 말이 똑똑하고 잘 달리는지를 살펴보지, 말의 털이 검은지 누런지를 보지 않는다. 마찬가지로 책을 잘 읽는 사람은 (책에서 이야기 하는) 뜻을 본받지 말과 표현을 좇지 않으며, 선비를 잘 취하는 사람은 그 마음을 취하지 외모를 취하지 않는다."

善相馬者 相其神駿 不相其驪黃 善讀書者 法其意 不法其詞 善取士者 取其心 不取其貌

25 『홍재전서』 176권, 「일득록」 16

"사람을 등용하는 도리는 오로지 단점을 버리고 장점을 취하는 데

있을 따름이다. 이처럼 한다면 눈앞에 좋지 않은 사람이 없고, 세
상에 버릴 사람이란 없게 될 것이다."

用人有道 惟捨短而取長乎 如此則眼前無不好底人 天下無可棄底人

26 『홍재전서』 161권, 「일득록」 1
"責人以己 則天下無不恕底事"

27 비슷한 말이 『맹자』의 「고자(告子)」 장에 나온다. 정조도 이 말을
염두에 두고 한 말로 보인다.
"하늘이 장차 이 사람에게 큰 임무를 부여하고자 할 때에는 반드
시 먼저 그 마음과 의지를 지치게 만들고, 온 몸을 힘들게 만드는
고난을 겪게 하며, 굶주리고 빈곤하게 하여 하고자 하는 일마다 어
렵게 만든다. 이는 그의 마음을 격동시키고 인내를 기르게 해주어
그때껏 할 수 없었던 일을 능히 해낼 수 있게 만들기 위함이다."
天將降大任于斯人也 必先勞其心志 苦其筋骨 餓其膚 窮乏其身行 拂亂其所
不能 是故 動心忍性 增益其所不能 (『홍재전서』 15권, 「비(碑)」, '경흥부적
도기적비면(慶興府赤島紀蹟碑銘)')

28 『홍재전서』 173권, 「일득록」 13
"人之升沉屈伸 有不可料度者"

반성
反省

일을 실패한 뒤에 그 경험을 되살려서
지난날의 잘못을 반성하고,
지난 일을 거울삼아
앞으로 오는 희망을 열어나가는 것이
바로 일을 잘 처리하는 것이다.

―최한기(崔漢綺)

"임금은 자신의 잘못을 고치는 일에 주저하지 않는다."

1433년(세종 15년) 9월 18일. 경복궁 강녕전康寧殿의 수리 공사 도중에 군인 강인수康仁壽가 돌에 맞아 죽는 사고가 일어났다. 세종은 그의 죽음을 애통해하며 스스로를 책망했다.

"조금 전에 강녕전에서 돌을 채취하던 군인 강인수가 돌에 맞아서 죽었다는 소식을 접했다. 내가 깊이 뉘우친다. 고려조 때에는 궁궐이 마련되지 않아서 임금이 신하의 집에 거처하기도 하였다는데, 우리 조선에 이르러서는 태조께서 궁궐을 지으시매 두루 갖추어지지 않음이 없었다. 내가 조종의 대업을 계승하여 이 궁궐 안에 편안히 거처할 수 있게 되었기에 내 몸을 위하는 일 같은 것은 일체 끊어버렸어야 했는데, 강녕전이 좁고 비가 새서 간단히 수리만 한다는 것이 공사 기간이 길어져 지금껏 끝내지 못하고 있다. 대저 세상이 잘 다스려지고 백성들이 평안해지면 사치스러운 마음이 생겨나 집을 짓고 수리를 하게 된다. 지금 선대왕들께서 남겨주신 모책謀策 덕분에 이만큼이나 융성하고 태평하게 되었으니, 의당 삼가고 조심하여 옛 전각에 그대로 거처하는 것이 옳았다. 헌데 비좁고 물이 샌다는 이유로 수리하다가 사람을 죽게 하였으니, 이제와 후회한들 무슨 소용이 있겠는가. 근자에 모화관慕華館과 태평관太平館*의 확장 · 개수 공사를 몇 년에 걸쳐 하고 있으나, 이 둘은 중국 사신들이 머물거나 사신들을 대접하기 위해 만든 공간으로, 국가의 공적인 업무를 위한 공사라 할 수 있다. 그러니 공사 중에 설령 사람이 많이 죽었다고 해도 어찌 내가 머무는 곳을 수리하다가 한 사람의 죽음을 초래한 것과 같을 수 있겠는가. 궁궐 공사를 벌임으로써 이미 나의 부덕함을 드러내었는데, 여기에 더하여 사람까지 죽게 하였으니 나의 과실이 더욱 명백해졌다. 이제 부의로 쌀 1백 석을 준다고 해도 어찌 그 부모와 처자의 애통한 마음을 위로할 수 있겠는가."[1]

---

* 중국 사신의 숙소. 이곳에서 사신에 대한 접대 행사 등이 이루어졌다.

정조 한 사람의 소중한 생명을 잃은 것은 너무도 안타까운 일이오나, 전하께서 지나치게 자책하시는 것 같사옵니다.

세종 아니다. 내가 사소한 불편함만 참았더라도 이런 일이 없었을 것이 아니냐. 그리고 비단 이런 사고가 있을 때뿐만이 아니다. 수재가 발생하고 가뭄으로 흉년이 닥쳤을 때도 마찬가지다. 평온했던 시기에는 나태해 있다가, 재앙이 극심해지자 그제야 "형벌이 잘못 집행되어 죄 있는 자가 용서를 받고 무고한 자가 도리어 화를 입지는 않았는지, 등용해야 할 인재와 버려야 할 소인이 서로 뒤바뀌지는 않았는지, 바른 말을 하는 이가 소외되고 아랫사람의 목소리가 위로 전달되지 못한 것은 아닌지, 법령이 어지럽게 시행되지는 않았는지, 관리들이 법령을 제대로 지키고 있는지, 내가 미처 살피지 못한 사이에 백성들이 공평하지 못한 부역으로 인해 괴로움을 당한 것은 아닌지, 번다한 세금 때문에 생활이 쪼들리어 원망과 한탄이 늘지는 않았는지, 그리하여 삶의 평화가 깨어지지는 않았는지, 마음속으로 반성하며 자책하였으니"[2] 나의 부덕함이 매우 크구나.

산祘아, 당부한다. 임금은 늘 반성하고 두려워할 줄 알아야 한다. 설령 재난이 없는 태평한 시기라 할지라도 어찌 잘못 판단한 부분이 없겠으며, 후세 사람으로부터 나무람을 받을 만한 점이 없겠느냐. "내가 시행하는 정책이, 천심에 부합하는지 아닌지를 항

상 성찰하도록 해야 한다."³

정조 예, 전하. 명심하겠사옵니다. 반성과 성찰은 누구에게나 해당되는 것이나, 임금에게는 보다 절실한 일일 것입니다. 그런데 임금은 "국가의 정무가 매우 번다하고 수많은 백성들의 일로 날마다 혼란스러우니, 이럴수록 더욱 잡념을 끊어 마음의 동요를 막고 엄숙한 자세로 스스로를 돌아보아야 한다고 생각하옵니다."⁴

세종 그렇다. 특히 하루 종일 한 일들을 돌아보았을 때 "마음에 불편하게 느껴지는 것이 있다면, 그것은 옳은 일이 아닐 가능성이 크니"⁵, 다시금 살펴 보완해야 할 것이다.

정조 "소손, 어릴 때부터 증자曾子가 매일 세 가지를 가지고 스스로를 반성했다는 교훈을 가슴에 담아 왔습니다.* 『일성록日省錄』**을 쓰고 있는 것도 그러한 뜻에서입니다."⁶ 그리하여 "하루 동안 생각한 것과 실천한 것들을 점검하여 하나라도 내세울 만한 것

---

* 논어(論語)』, 「학이(學而)」편: "증자가 말하였다. 나는 하루에 세 가지 측면에서 나 자신을 반성한다. 다른 사람을 위해 일할 때 진심을 다했는가. 벗을 대함에 있어서 신의를 지켰는가. 오늘 배운 것을 제대로 익혔는가." (曾子曰 吾日三省吾身 爲人謀而不忠乎 與朋友交而不信乎 傳不習乎)
** 정조가 처음 기록하기 시작하여 1910년까지 계속되었다. 임금이 기술하는 일기 형식을 취하고 있지만 어디까지나 국가의 공식 문헌으로서, 임금의 동정과 그날의 국정에 대한 제반사항 등이 기록되어 있다. '일성록'이라는 명칭은 임금이 매일 자신을 성찰하는 기록이라는 뜻이다.

이 없으면 밥상을 마주해도 수저를 들고 싶은 마음이 생겨나지 않사옵니다."[7]

세종 훌륭하구나. 아울러 임금은 자신의 잘못을 고치기를 두려워해서는 안 된다. 임금의 과오는 백성의 안위, 나라의 존망과 직결되기 때문이다.

정조 깊이 새기겠사옵니다. 전하의 하교처럼, "잘못을 고치는 일에 주저하지 않는 것이, 진정 임금다운 모습일 것입니다."[8] 하온데 "소손, 잘못의 근본적인 원인을 다스리지 못하고, 자기 합리화를 하면서 임시변통으로 덮으려는 생각을 갖는 때가 많은 것 같아 걱정입니다."[9]

세종 자신의 문제점을 자각하고 있다는 것만으로도 훌륭한 일이다. 네가 일전에 신하들에게 "설령 잘못을 하더라도 이내 반성하여 선善한 방향으로 돌아오고 다시는 그 잘못을 반복하지 않는다면, 애당초 잘못을 하지 않은 것만은 못하더라도 성인聖人의 경지와 몇 걸음 차이가 없을 것이다."[10]라고 하지 않았더냐. 그 말이 옳다. 그리고 정자程子가 "자신의 잘못을 자책하는 것은 필요하다. 그러나 오래도록 마음속에 담아두어서는 안 된다."고 하셨다. 잘못을 뉘우치고, 그 잘못을 다스려서 다시는 잘못하는 일이 없도록 하기만 하면 된다. 잘못에 대한 후회를 오래도록 마음에 담아둔다면 의기소침해져 진취적이지 못하게 되기 때문이다.[11]

정조 명심하겠나이다.

세종 그리고 또 경계해야 할 것이 있다. 임금은 화를 다스릴 줄 알아야 한다. 군주는 언제나 냉정하게 상황을 바라보아야 하는 법인데, 화를 다스리지 못하면 상황을 오도하게 되고 잘못된 결정을 하게 될 수 있다. 임금의 뜻이 신하들에게 왜곡되어 전달되며, 신하들이 임금의 눈치를 보게 될 수 있으므로 반드시 이를 조심해야 한다.

정조 "사람이 하기는 쉬우나 억제하기는 어려운 일이, 바로 화내는 일인 것 같사옵니다. 성질이 나는 순간에는 사리를 판단하지 않고 먼저 성질부터 부리게 되고, 그러면 화는 더욱 치밀어 올라 끝내 일을 그르치고 맙니다. 화가 가라앉은 뒤에는 후회스럽기 그지없지요. 소손 비록 수양의 공부는 부족하지만 이 점을 항상 경계하고 있사옵니다. 그리하여 소손, 화가 나는 일이 생기면 일단 그 순간을 피해 화를 가라앉히고, 하룻밤을 지낸 뒤에야 그 일을 다시 처리하곤 합니다. 이렇게 하니 마음을 다스리는 데 조금이나마 도움이 되었습니다."[12]

세종 좋은 방법이구나. 그래, 그처럼 자신의 마음을 부단히 성찰하고 단속하여 항상 객관적인 판단 능력을 유지할 수 있도록 힘써야 할 것이다.

정조 분부 받들겠사옵니다. 하옵고 전하, 소손이 얼마 전 「만천명월주인옹 자서萬川明月主人翁 自序」라는 글을 지었기에 전하께 보여드리고자 가져왔나이다. 이 글은 임금이 치열하게 스스로를 갈고 닦아서 자신의 빛을 찬연히 밝게 만듦으로써 백성들의 좌표가 되어주어야 한다는 소손의 다짐을 담고 있사옵니다. "저는 이 글에서 임금을 밝은 달明月에, 백성을 세상의 모든 물萬川에 비유하였습니다. 달빛이 세상의 물川을 비추는 것을 살펴보면, 강물에도 달빛이 드리워지고 개천이나 작은 도랑에도 달빛이 비추니, 냇물의 수가 만 개라면 달의 수도 만 개처럼 보이지 않사옵니까? 이것이 가능한 것은 하늘의 달은 비록 하나이나 그것이 모든 물들을 빠짐없이 비추고 있기 때문입니다. 이처럼 임금도 만백성을 차별 없이 고루고루, 환히 비추어주어야 한다는 의미를 담고 있나이다."13

세종 좋은 글이로구나. 내 이따가 자기 전에 더 자세히 읽어보도록 하마. 다만 달빛이 만물을 비추는 것, 즉 임금이 교화敎化를 통해 백성들을 이끌어가는 것이 중요하나, 그것이 자칫 획일화로

이어져서는 안 될 것이다. 물이라 해도 깊은 물과 얕은 물이 있고, 흐르는 물과 머물러 있는 물, 넓은 물과 좁은 물이 있지 않더냐. 그 물마다의 특성과 다양성을 인정해주어야 한다. 백성들의 개성을 잘 파악하면서 그 장점을 살리도록 해야지, 임금의 생각과 뜻을 일방적으로 백성들에게 주입해서 임금이 사사로이 원하는 바대로 백성을 바꾸려고 해서는 안 된다는 뜻이다. 무릇 임금이란 자리가 만들어지게 된 이유가 무엇이더냐. "백성들 각자가 하려고 하는 일이 서로 부딪혀 혼란스럽지 않게 하려고 임금을 세워서 다스리고 조율하게 한 것이다."[14] 임금은 백성들 각자가 자신의 '삶을 살아가는 즐거움生生之樂'을 완수할 수 있도록 돕는 자리임을 잊지 말도록 해라.[15]

정조 소손, 전하의 가르침을 결코 잊지 않겠나이다. 그런데 전하, 여쭐 것이 또 있사옵니다.

세종 무엇이냐. 기탄없이 말해보아라.

정조 "임금은 백성의 마음을 곧 자신의 마음으로 삼아 정치에 임해야 한다고 하지 않사옵니까?"[16] 그런데 처리하는 사안마다 그에 대한 백성들의 의견과 뜻이 무엇인지 분명하게 파악할 수 있겠습니까? 임금 자신을 비롯하여 조정朝廷이나 지방 수령들이 주관적인 판단과 결정을 내려놓고, 이것이 곧 백성의 마음이라고 왜곡할 수 있지 않겠습니까.

세종 "정치를 하는 도리는 백성의 마음이 위로 통하게 하는 것이다."[17] 그런데 "백성의 마음은 일정하게 정해진 방향이 없어서 흡사 바람을 타고 따라가는 것처럼 보인다. 누군가가 옳다고 목소리를 높이면 다들 따라가 같이 옳다고 말하기도 하고, 누군가가 옳지 않다고 주장하면 모두가 함께 옳지 않다고 주장하기도 한다. 명확한 의견이 없이 중구난방으로 펼쳐지다가 무수한 주장들이 뒤섞여버리는 경우도 많다. 이를 두고 사람들은 백성들이 어리석다고 말한다. 하지만 그 말은 틀렸다. 비록 혼란스러워보일지라도 거기에는 분명 백성들의 신묘한 뜻이 담겨져 있으니, 그것을 찾아내는 것이 임금이 해야 할 일이다. 백성들의 의사가 어느 방향으로 향하는지를 확인하는 것보다 중요한 것은 왜 그 방향으로 향했는지를 살피는 것이다. 백성들이 바라는 것과 꺼리는 것, 백성들에게 유리한 것과 불리한 것, 백성들을 수고롭게 하는 것과 편안하게 만드는 것을 세밀히 검토하라. 그리하여 여러 사람의 일치하지 않는 말들 속에서 올바른 방향과 타당한 결론을 이끌어 내라."[18] 이것이 백성의 마음을 곧 임금 자신의 마음으로 삼는 것이다.

정조 그렇다면 장기적으로는 백성들에게 유리하지만 단기적으로는 불편함을 주는 일들에 대해서는 어떻게 결정을 내려야 합니까. 당장은 백성들의 반대가 많을 터인데, 이 경우에는 백성의 마음과 반대되는 선택을 해야 하는 것입니까?

세종 정사政事를 계획하고 시행할 때는 먼 훗날까지 오래도록 이어질 수 있는 큰 계책을 세워야 하는 법이니, 일시적으로 불편하더라도 궁극적으로 백성에게 도움이 된다면 당연히 추진하는 것이 마땅하다. 다만 단기적인 불편함을 당연시해서는 안 될 것이다. 조금이라도 불편을 덜어줄 방법은 없는지, 보완할 방법은 없는지를 끊임없이 고민해야 한다. "과인도 여러 가지 일을 추진하는 데 있어서, 반대가 심하였지만 대의로써 강행한 적이 있었다. 하지만 그렇다고 독선적이 되어서는 안 된다. 아무리 옳은 일이라도 반대하는 이들을 억눌러서는 안 되느니라. 설득하기를 게을리하지 말아서, 상세하고 명확하게 설명하고 이해를 구하였는데도 반대 여론이 잦아들지 않는다면, 일단은 시행을 잠시 정지시키는 것도 필요하다. 그리고 끝까지 설득하는 데 심혈을 기울여야 할 것이다."19

정조 참으로 그렇사옵니다. 소손도 전하의 하교를 본받아 대처하겠나이다. 더 내려주실 가르침은 없으신지요?

세종　임금은 행동할 때도 각별히 삼가야 할 것이다. "군주는 얼굴을 한 번 웃고 한 번 찡그리는 것조차도 조심해야 한다 하지 않았더냐."[20] 임금이 어떤 것에 대해 좋아하거나 싫어하는 기색을 내어 보이게 되면, 신하들은 그 눈치를 살펴 임금이 좋아하는 쪽으로만 몰려가게 된다. 또한 임금 된 자는 "공치사를 좋아해서는 안 되며"[21], "행동거지에는 곧은 절도가 있어야 하느니라."[22] 임금이 나라와 백성을 위하는 일에 혼신을 쏟아야 함은 당연한 의무이고 책임인데 그 일을 가지고 공치사를 바라는 것은 천박한 일이지 않겠느냐. 임금의 행동은 만백성의 모범이 되기에, 행동 하나하나에 천금의 무게가 드리워져 있어야 함은 더 말할 필요가 없을 것이다.

정조　지당하신 하교이시옵니다. 임금은 공치사를 해서도, 바라서도 안 될 것입니다. "진정 나라를 이롭게 하려는 마음이 있는 임금은 입으로 이야기하지 않더라도 만백성들이 자연스레 그 마음을 알아줄 것입니다. 임금이 스스로의 업적을 떠들썩하게 자랑하지 않더라도, 종묘사직과 백성을 위해 세운 업적과 공이 있다면 그것은 조용히 드러나 천리 밖에서도 자연스레 알게 될 것입니다."[23] 임금의 말도 그렇습니다. 무릇 임금의 "말은 간단해야지 과장하거나 번거로워서는 안 되고, 법도에 맞고 담백해야지 교묘해서는 안 되며, 순수해야지 천박해서는 안 된다고 생각합니다."[24]

"거친 언어를 사용함으로써 한때의 쾌감을 얻으려 해서도 안 될 것입니다."[25] 말과 행동이 태산과 같은 무게를 지닐 수 있도록 더욱 제 자신을 수양하겠나이다.[26]

세종 너의 말이 참으로 아름답구나.

정조 삼가 생각하건대, 자신을 반성하고 성찰하는 길은 '하나'에서 출발하는 것 같사옵니다. "소손, 한漢나라 광무제의 '하루, 또 하루를 산다日復一日.'는 말을 좋아합니다. 한 줌의 생각이라도 해이하게 가지지 않고, 한 가지 일이라도 나태하지 않으며, 한순간 한순간을 성찰하고 반성하매 그리하여 오늘 이 하루를 혼신을 다해 살아가고자 합니다."[27]

세종 그래. 그런 자세면 될 것이다. 마지막으로 한 가지만 더 부탁한다. 무릇 임금을 비롯한 "종실宗室*의 몸가짐은 지극히 어려운 법이다. 그 까닭은 다른 데 있지 않다. 부귀富貴 속에서 나고 자랐기에, 어렵고 괴로운 일을 알지 못하기 때문이다."[28] 세상물정을 모르면서 신분만 높으니, 늘 교만함을 경계해야 할 것이다. 너야 알아서 잘 하겠지만, 종실의 일원들은 네가 직접 깨우치고 가르치

_____

* 왕족

도록 해라.

정조 삼가 분부를 받들겠나이다.

1 『세종실록』61권, 15년 9월 18일

"今聞康寧殿伐石軍康仁壽 爲石所擊而死 予甚悔焉 竊聞高麗之時 宮
室不備 人君或居臣僚之家 至本朝 我太祖營建宮闕 無不周備 予承祖
宗之業 乃安斯宮 凡諸自奉之事 一皆頓絶 只緣康寧殿隘漏 暫欲改繕
卽令撤去 因此工役連起 迄今未迄 大抵世治民安 則侈心生而營繕起
矣 今承祖宗貽謀 隆平至此 宜當謹愼 而仍居舊室可也 乃以隘漏爲改
而以致人命殞絶 悔之何及 比者慕華館之役 太平館之營 連年繼作 然
此皆爲朝廷使臣館待之處 亦國家之公役 雖致人命之死亡 至於百數
豈如營我居處 而致一名之死乎 其於營宮室 旣著我不德 而今又致人
於死 予之過失 益著矣 雖賜之賻米百石 安能塞其父母妻子哀戚之心"

2 『세종실록』36권, 9년 6월 14일

"此必刑罰不中 而有罪者曲蒙赦宥 無罪者反罹殃禍 用舍失宜 而忠讜
見疎也 聰明壅塞 而下情 不得上達也 法令紛更 而官吏昧於遵守也 又
況目之所不及見 耳之所不及聞 州縣之廣 人民之衆 病賦役之不均 苦
抽斂之多端 起怨咨而傷和氣者 不知其幾也 此皆原於予之否德 所以
內訟自責"

3 『세종실록』76권, 19년 1월 29일

"내가 올바른 다스림을 펼칠 수 있는 도리에 관한 것이라면, 어떤 것이든 생각하지 않은 바가 없었다. 하지만 이와 같은 지경에 이른 까닭은 필시 내가 추진한 정책이 천심(天心)에 부합하지 못하였기 때문일 것이다."

且予凡致治之道 靡不致慮 然其所以至於如此者 必其施爲未合於天心也

4 『홍재전서』 161권, 「일득록」 1

"옛 사람이 이르기를, '항상 잡념을 끊고 엄숙하게 지내는 시간이 많으며, 동요되고 혼란스럽게 지내는 시간이 적어야 한다.'고 하였다. 군주의 학문은 일반 서민보다 더욱 어렵다. 맡아야 할 정무가 매우 많고, 날마다 수많은 백성들의 일로 복잡한 가운데 앉아 있으니 만일 마음까지 이를 따라서 흔들리고 혼란스러워진다면 잡념을 끊고 엄숙한 마음을 지니기가 어려울 것이다. 바로 이 점이 체험하고 살펴서 공부해야 할 부분이다."

古人云常使截斷嚴整時多 膠膠擾擾時少 但人主之學 尤難於匹庶 萬幾至繁 兆民至衆 日復日 坐在膠擾場中 萬一心亦隨以膠擾則做難得截斷嚴整 政宜體察做工處

5 『세종실록』 19권, 5년 2월 11일
"心所未便 必非義事"

6 『홍재전서』 161권, 「일득록」 1
"曾子日省之訓 於學者踐履之工 最爲切要 予自幼時 服膺乎斯訓 今之
日省錄 卽此意也"

7 『홍재전서』 175권, 「일득록」 15
"予於一日之內 點檢猷爲 如不有可言者 對饌實無下箸意"

8 『홍재전서』 175권, 「일득록」 15
"改過不吝 帝王之盛節也"

9 『홍재전서』 161권, 「일득록」 1
서연(왕세자나 세손이 경서를 공부하고 토론하던 자리)에서 춘방관
(서연을 담당하는 기관인 세자시강원에 소속된 벼슬아치)이 "사람이
자신의 과오를 깨닫고 고치려 할 때는 매번 임시변통으로 터진 곳
을 대충 얽어매려는 생각을 갖기가 쉽사옵니다. 일찍이 혹시나 그
런 경험을 하신 적이 있거나 그에 대한 근심이 있던 적이 있으시
옵니까?"라고 물으니, 이에 하교하기를 "어찌 '혹시나' 있을 뿐이
었겠는가. 매양 그러한 적이 많아서 걱정이다."라 하셨다.
書筵春坊官有以人於悟過將改之際 每易有彌縫底意思 曾以此自驗 而

248

或有如此之患與否仰問者 敎曰 奚但或有而已 每患如此之時多矣

10 『홍재전서』123권,「노론하전(魯論夏箋)」2
"來說又問不貳過之義 而不遠而復 不復更爲 則雖異於初無 其爲距聖人 特
數武許"

11 이 대목은 세종의 어록이 아니고, 정조의 말을 인용하여 활용하
였다.
"'자신의 잘못을 자책하는 것은 필요하다. 하지만 오래도록 마음
속에 담아 두어서는 안 된다.'는 정자(程子)의 말은 실로 참으로 절
실한 말이라 할 것이다. 사람이 자신의 잘못을 뉘우치기란 참으로
어려운 일로, 잘못을 고쳐서 다시 그 잘못을 반복하지 않도록 하면
되는 것이다. 그런데 만일 잘못한 일에 대한 후회를 오래도록 가슴
속에 담아 두고 있으면, 의지와 기운이 소침해져서 장차 전진하여
나아가지 못하게 된다."
罪己責躬不可無 然亦不當長留在心胷爲悔 程子此言 實爲切至語 凡
人有過 悔之固難 而但可懲前之失而已 不可再做錯了 若以悔意常留
著心中在 但看志氣消沮 將無進前之路 (『홍재전서』161권,「일득록」1)

12 『홍재전서』161권,「일득록」1
"人之易發難制者 惟怒爲甚 若使乘其方發之機 不察事理 先加聲氣 則
怒益熾而事轉錯 怒已之後 將不勝其悔矣 予雖無審察之工 而每以是

爲戒 或當怒則必思息怒觀理之道 經一宿而後 始乃處事 則未必不爲
治心之一助也”

13 『홍재전서』 10권, 「서인(序引)」 3, '만천명월주인옹자서(萬川明月主
人翁自序)'

"물에 비춰 떠 있는 달에 비유하자면, 달은 본래 천연(天然)의 밝
음으로, 아름답게 환히 아래로 비치면서 물 위에 그 빛을 발한다.
용문(龍門)의 물은 넓고도 빠르고, 안탕(鴈宕)의 물은 맑고 여울지
다. 염계(濂溪, 중국 호남성의 강 이름)의 물은 검푸르고, 무이(武夷)
의 물은 소리 내어 흐르며, 양자(揚子)의 물은 차고, 탕천(湯泉)의
물은 따뜻하다. 강물은 담담하지만 바닷물은 짜고, 경수는 흐리지
만 위수는 맑다. 달은 다만 그 형태에 따라 비춰줄 뿐이니, 물이 흐
르면 달도 같이 흐르고, 물이 멎으면 달도 함께 멎는다. 물이 거슬
러 올라가면 달도 같이 거슬러 올라가고, 물이 소용돌이치면 달도
함께 소용돌이친다. 그러한 물의 원뿌리는 즉 달의 정(精)이다. 나
는 그 물이라는 것이 세상 사람들이며, 비추어 드러나는 것은 사람
들의 형상이라고 본다. (또한) 달이라는 것은 태극이며, 태극이라
는 것은 (곧) 나이다."

譬諸在水之月 月固天然而明也 及夫赫然而臨下 得之水而放之光也
龍門之水洪而駛 鴈宕之水淸而漪 濂溪之水紺而碧 武夷之水汨而瀨
揚子之水寒 湯泉之水溫 河淡海鹹 涇以渭濁 而月之來照 各隨其形 水
之流者 月與之流 水之渟者 月與之渟 水之溯者 月與之溯 水之洄者 月

與之洞 摠其水之大本 則月之精也 吾知其水者 世之人也 照而著之者
人之象也 月者太極也 太極者吾也

14 『세종실록』52권, 13년 6월 20일
　"民生有欲 無主乃亂 必立君長而治之"

15 『세종실록』105권, 26년 윤7월 25일 참조.

16 『홍재전서』167권, 「일득록」 7
　"성인(聖人)은 일정한 마음이 없고 백성의 마음으로써 자신의 마
　음을 삼는다는 것을 내가 평생토록 가슴에 새기고 있다."
　聖人無常心 以百姓爲心 予平生服膺

17 『세종실록』62권, 15년 10월 23일
　"爲政之道 使下情上達"

18 공법 시행과 관련하여 전라·충청·경상도의 고을 수령들로 하여
　금 자신과 자기 고을 백성들의 의견을 수렴하여 중앙에 보고하도
　록 지시한 글의 일부이다.
　"공법의 편리함과 문제점을 알아보기 위해 우선 하삼도(下三道, 충
　청·경상·전라)에 시험 실시한 것이 여러 해가 되었으나, 내가 궁
　궐 깊은 곳에 있어 백성들의 일을 자세히 알지 못하니 어찌 공법

실시에 따른 손해와 실익, 편리함과 문제점을 제대로 살펴 정할 수 있겠는가. 민간에 물어서 백성이 바라는 쪽으로 옳고 그름을 살피고자 하나, 백성들의 마음이란 본디 정해진 방향이 없어서 한 사람이 옳다고 하면 다 옳다고 말하고, 한 사람이 옳지 않다고 하면 역시 다들 옳지 않다고 말하여, 흡사 바람을 타고 따라가는 것 같으니 형세가 진실로 그러하다. 이는 내가 이미 겪어봐서 다 알고 있는 것이다. 감사와 수령은 백성과 가까운 직임이니, 이 법의 편리함과 부당함에 대해 자세히 알 수 있을 것이요, 일반 백성들이 원하는 바에 대해서도 알지 못하는 바가 없을 것이다. 나는 여러 사람의 일치하지 못한 다양한 말들 속에서 지당한 하나의 결론을 듣고자 한다."

予欲試驗貢法之便否 姑試之於下三道 已有年矣 然予深居九重之內 未諳民間之事 安能察貢法損實便否之歸一乎 伊欲訪於民間 以審民望之可否 然庶民之心無常 一人可則皆曰可 一人否則亦曰否 乘風趨向 勢固然也 予已驗之審矣 監司守令 近民之職 玆法之便否 備詳知之 庶民之趨向 亦莫不知 肆將衆人不一之說 欲聞至當歸一之論 (『세종실록』 101권, 25년 7월 19일)

19 새로 만든 공법(貢法, 토지세법) 시행과 관련하여 반대가 많자 세종이 한 말이다.

"내가 여러 사안들에 있어서 다른 사람들의 논의를 따르지 않고, 대의(大義)에 따라 강행한 적이 자못 많았다. 수령육기(守令六期)

제 실시나 양계 지역에 성을 쌓는 일, 행직(行職)·수직(守職)을 자급(資級)에 따르는 일('행직'은 품계에 비해 관직이 낮을 것, '수직'은 품계에 비해 관직이 높은 것) 등은 모두 남들이 다 불가하다고 하였던 것을 내가 이 주장들을 배제하고 홀로 결단하여 행한 것이다. 근자에 공법(貢法)을 시행하고자 하니, 모든 신민(臣民)들이 모두 불가하다고 하므로, 내가 상세하고 명료하게 설명하고 설득하였으나, 오히려 아직도 깨닫지 못하고 있다. 하여 나는 공법의 시행을 정지하고자 한다."

予於庶事 不從衆議 斷以大義而强爲之者頗多 守令六期 兩界築城與行守循資等事 人皆以爲不可 予獨排衆議爲之 近日欲行貢法 大小臣民 又皆不可 予曉諭詳明 尙未覺悟 予欲停之 (『세종실록』105권, 26년 윤7월 23일)

20 『세종실록』36권, 9년 5월 22일
"自古人君 愛一嚬一笑"

21 『세종실록』50권, 12년 11월 18일
"송나라 태종은 진정 현명한 군주이다. 그러나 더러는 공치사하기를 좋아했고, 또 희롱을 즐겼으니 이런 것은 제왕으로서 할 일이 못된다."

宋太宗誠賢主 然或誇功 且好戲 此非帝王之事

22 『세종실록』41권, 10년 9월 8일

"임금의 행동에 절도가 없다면, 어찌 아름다운 일이겠는가?"

人主興居無節 豈美事乎

23 『홍재전서』169권, 「일득록」9

"지극히 어리석은 듯 보이나 또한 신묘하여 속일 수 없는 것이 백
성이다. 나라를 이롭게 하겠다는 것은 굳이 말하지 않아도, 진정
조금이라도 나라를 이롭게 하려는 마음이 있다면 조용히 자연스
레 드러나 장차 천리 밖에서도 알게 될 것이다."

至愚而神 不可欺者民也 雖不以利國爲言 如有一毫利國之心 著在隱
微之間 則千里之外 其將知之

24 『홍재전서』182권, 「군서표기(羣書標記)」4

"是以王者之言 可不可繁 可典不可巧 可醇不可漓"

25 『홍재전서』175권, 「일득록」15

"人不可以口業取快於一時"

26 『홍재전서』132권, 「고식」4 참조.

27 『홍재전서』170권, 「일득록」10

"나는 일찍이 한나라 광무제(光武帝)의 '하루하루를 지낸다(日復一

日).'는 말을 좋아하였다. 무릇 사람의 걱정은 항상 외부로부터 오는 것이니, 부귀영화와 명예 등을 자신의 소유로 여겨 그것을 오랫동안 유지할 계책을 세우려고 하기 때문이다. 이로 인해 부유한 사람은 자연스레 사치스러워지고, 귀한 사람은 자연스레 교만해진다. 내가 즉위한 이래로 일찍부터 단 하나의 생각도 해이하게 가진 적이 없었고, 단 한가지의 일이라도 안일하게 행한 적이 없었다."

予嘗喜漢光武日復一日之語 凡人之患 每以外至之榮名利祿 認爲己有 把作久計 所以富不期侈 貴不期驕也 予於御極以後 未嘗一念或弛 一事自逸 如宮室服御之屬 亦取其苟完而已 蓋爲此耳

28 『세종실록』45권, 11년 8월 7일
"自古宗室持身最難 所以然者無他 生長富貴 不知艱苦之事耳"

엄격
嚴格

다른 사람은 봄바람처럼 부드럽게 대하고,
자기 자신은 가을 서리처럼 서슬 푸르게 대해야 한다.

—『채근담』

"모든 빛나는 공적은 작은 시간도 헛되게
보내지 않는 데서 시작한다."

1796년(정조 20년) 4월 11일의 늦은 밤. 훈련도감訓鍊都監*에서는 술에 취해 궁궐 담장 아래서 자고 있던 진사 이정용李正容을 체포해 형조로 넘겼다. 다음 날 이 보고를 받은 정조는 그를 용서해주라고 지시했다.

"요즘 들어 조정의 관료나 선비들의 주량이 너무 적어서 술에 흠뻑 취하는 풍류가 있다는 소리를 들어보지 못했는데, 이 유생은 술의 멋을 알고 있으니 매우 기특하구나."[1]

---

* 조선시대 수도 한양의 경비와 방어를 담당하던 군영.

그러고 나서는 술값에 쓰라고 쌀 한 포대를 내렸다.

정조는 술을 좋아했고, 주량도 꽤 셌던 것으로 보인다. 그는 자신의 주량을 자랑하는 발언을 하기도 했다.

"내가 술을 잘 마실 줄은 알지만 평생토록 매우 조심스럽게 음주를 경계하였기 때문에, 내 주량이 센 줄 모르는 사람들도 있다. 작년에 어머님을 모시고 여기에 왔던 것은 천년에 한 번 누릴까 말까 하는 기쁜 일이었으므로, 가슴을 열고 기분 좋게 마음껏 술을 마셔 반나절 만에 홍로주紅露酒 큰 병 하나를 모두 비웠다. 그런데도 전혀 취하지를 않았으니 이만하면 가히 주량이 끝이 없다고 할 만하지 않은가."[2]

"술을 마시지 말아야 할 때는 마시지 않아서 비록 반잔의 술이라 할지라도 입에 대지 않고, 술을 마시고 싶을 때는 마음껏 마셔서 설령 열 말의 술이라 할지라도 마치 고래가 바닷물을 들이키듯 마실 줄 알아야 한다. 이 정도는 되어야 비로소 주량이 있다고 말할 수 있는 것이다."[3]

세종 산祘아. 과인이 너에 대해서는 별다른 걱정이 없지만 다만 한 가지, 술이 우려되는구나. 어찌 임금이 술의 풍류를 논할 수가 있느냐. 그리고 술을 많이 마셔도 취하지 않는다고 자랑하다니, 이것은 필부나 하는 짓이 아니더냐. "술은 본래 술 자체를 즐기기 위해 마시는 것이 아니다. 약藥酒으로 쓰거나, 조상과 웃어른을 받들고 손님을 대접하거나, 친목을 기르고 예절을 배우기 위해서 마시는 것이다. 그런데 많은 사람들이 이러한 취지를 망각하고 술 자체에만 탐닉하여 헤어나올 줄을 모른다. 부디 명심하라. 술이 끼치는 해독은 너무나 크니, 어찌 곡식을 썩히고 재물을 허비하는 일뿐이겠는가. 안으로는 사람의 마음과 의지를 손상시키고 밖으로는 그릇된 행동을 하게 만든다. 술 때문에 부모의 봉양을 버리고, 문란한 행위를 일삼는 자들도 생겨나니 술이 끼치는 해악은 크게는 나라와 집을 망하게 하며, 작게는 개인의 성품을 파괴시키고 생명을 잃게 만든다고 할 것이다."[4] 그러니 너는 술의 풍류와 같은 이야기를 절대 꺼내지 말라.

정조 소손도 그런 해악을 경계하고 있사옵니다. "술을 마구 마시는 것은 사람을 미쳐버리게 하는 약을 먹는 것과도 같다고 생각합니다. 하지만 적당히 절제하면서 술을 마신다면 기운을 조화롭고 평온하게 만드는 데에 도움이 되옵니다."[5] 그래서 소손 "마시고 싶을 때는 한껏 마시지만 절대 취하도록 마시지 않으며, 마시지 말아야 할 때는 단 반 잔이라도 결코 입에 대지 않사옵니다."[6] 하옵고 전하, "어떤 사람이 술에 취한 듯 만 듯한 상태가 되면 그 사람의 본 모습이 드러나지 않사옵니까?"[7] "술에 취한 모습에서 그 사람의 인품을 살펴볼 수 있음이니"[8], 소손 이 점에서 술이 유용하다고 생각하옵니다. 인재를 살피는 좋은 방법이 될 수 있지 않겠사옵니까?

세종 틀린 말은 아니나, 그것을 굳이 술로써 살펴야겠느냐? "술이 끼치는 해독이 참혹하다고 내가 이야기했건만, 그런 이야기를 하다니 아직도 깨우치지를 못했구나. 대체 무슨 생각이냐. 종묘 사직의 앞날을 걱정하지는 못할지언정, 사람들이 제 한 몸의 건강조차 돌아보지 않게 만들겠다는 것이냐."[9] 더군다나 임금이 주량을 논하고, 술의 풍류를 입에 올리다보면 백성들이 무엇을 본받겠느냐. 너는 절제하며 술을 마실 수 있다고 하여도 백성들 모두가 너처럼 절제할 능력을 지녔겠느냐. 자칫 잘못된 풍속을 불러일으킬 수 있으니, 사소한 부분일지라도 조심해야 하느니라.

정조 송구하옵니다. 분부 받들겠사옵니다. 술 문제도 그러하거니와 저 자신에게 보다 엄격하여야 할 것 같사옵니다. 일찍이 "동래 여조겸*이 『논어論語』의 '제 자신에 대해서는 관대하면서도 남

---

* 여조겸(呂祖謙, 1137~1181): 중국 남송시대의 철학자. 호는 동래선생(東萊先生)으로, 주희(朱熹)와 육구연(陸九淵) 사상의 장점을 조화시키고자 노력하였다.

을 책망하는 데는 야박하다.'는 구절을 읽고 크게 반성하여 마침내 스스로를 변화시켰다는 말을 들은 적이 있사옵니다. 소손, 마음속으로는 항상 그것을 옳게 여기면서도 제대로 실천하지를 못하였습니다."[10] "사람은 아무리 총명해도 자기 자신을 반성하는 일에는 어둡다고 했습니다. 이러면서 남을 탓하고 책망할 때는 총명해진 듯 재빠르게 나서지요."[11] 돌아보니 흡사 제가 그렇습니다. 남을 나무라는 마음으로 저 자신을 나무랄 수 있도록 노력하고자 하겠사옵니다.

세종 훌륭한 자세이다. 무릇 자기 자신을 엄격하게 대해야 한다는 말은 마음속에 새겨두어야 할 소중한 격언이니라. 나랏일을 하는 사람은 사소한 말과 행동까지도 백성들의 모범이 되어야 하는데 자신의 판단과 결정이 국가의 운명을 가름하게 되는 임금이야 더 말할 나위가 있겠느냐. "설령 과도하게 수고로워지는 한이 있더라도 나태함에 빠지지 않도록 하며"[12], 엄격하게 자신을 관리함으로써 실책을 범하는 일이 없도록 해야 한다.

정조 참으로 그러하옵니다. 임금은 "하찮은 일과 자잘한 부분에서도 스스로 엄격해야 하며, 지키고자 마음먹은 원칙을 굳건히 지켜내야 합니다. 또 남들이 보지 않는 곳에서도 마음을 해이하게 두면 안 될 것이며, 내면의 세계까지도 잘 다스려야 할 것입니다."[13]

이러한 자세를 변함없이 유지하려면 특히 어떤 점을 유념해야 하옵니까?

세종 무엇보다도 너는 너 자신을 속이지 말아야 할 것이다. 이 말이 무슨 의미인지 알겠느냐?

정조 "군자는 마땅히 스스로를 속이지 않는 것을 삶의 으뜸 원칙으로 삼아야 합니다. 스스로를 속이는 것이 없으면 하늘에 부끄럽지 않고, 다른 사람에게도 부끄럽지 않을 것입니다."[14] 가령 어떤 일을 할 때 "9분分(90퍼센트)이 공정한 마음에 의한 것이라도 1분의 사사로운 뜻이 개입되었다면, 자신은 의로운 일을 행하고 있다고 착각할지 모르나 결국 자기 자신을 속이는 것입니다. 악惡을 미워하되 그것에 조금이라도 끌리는 바가 있고, 선善을 실천하되 조금이라도 주저하는 바가 있으며, 겉으로만 그러할 뿐 속마음은 그렇지 않은 것. 이 역시 스스로를 속이는 일이니, 그 마음이 설령 작고 은밀할지라도 언젠가는 반드시 드러나게 되어 있습니다."[15] 마찬가지로 "혼자 있을 때는 그릇된 짓을 하다가, 다른 사람들이 주시할 때는 선한 척 행동하는 경우가 있는데 그 실체 또한 이내 곧 밝혀지고 말 것입니다."[16] 무릇 "입으로만 그렇다고 말하고 마음과 행동은 그렇지 않다면 어느 누가 그 말을 믿으려 하겠습니까? 무엇보다 자기 스스로에게 부끄럽지 않겠습니까?"[17] 자신을 속이지 말라는 전하의 하교를 소손은 이렇게 이해하옵니다. 아울러 "자신을 다른 사람들에게 내어 보일 때, 절대 본인이 가지고 있는 실질보다 현란하게 포장해서도 아니 될 것입니다."[18] 본래의 모습과는 다르게 겉포장을 하는 것 역시 스스로를 속이는 일이지 않사옵니까.

세종 옳은 말이다. 다음으로 임금은 몸과 마음이 해이해지지 않도록 늘 스스로를 경계해야 한다. "모든 빛나는 공적은 작은 시간도 헛되게 보내지 않는 데서 시작되는 것이다."[19] "우리에게 주어진 책무의 무거움은 너무도 크다. 그 과업을 완수하기 위해 혼신을 다해 노력해야 하니 잠시라도 안락함을 추구할 시간이란 없느니라."[20]

정조 명심하겠사옵니다. "사람의 마음이 안락함과 한가로움을 추구하다 보면 마음에 중심이 없어지고, 결국은 방탕해져서 스스로의 기운을 통제하지 못하는 지경에 이릅니다."[21] 누구나 이것을 알고 있지만, 사람이란 본래 안락함을 좋아하기 마련이라 갈수록 나태해지는 마음에서 벗어나기가 쉽지 않습니다. 선현先賢들이 '극기克己'를 유독 강조하신 것도 자기 자신을 극복하기가 어려워서일 것입니다. 나태한 생각이 조금이라도 싹트지 않도록 엄격하게 제 자신을 성찰하겠나이다."[22] "남이 보지 않을 때도 경계하고 삼가며, 남이 듣지 않을 때도 조심하고 두려워하겠나이다. 남은 알지 못하고 저 혼자만 알고 있는 상황이라 해도 항상 소홀히 하지 않겠사옵니다."[23] "스스로에게 관대하고 스스로를 쉽게 용서하는 것 또한, 지금 상황에 자만하여 안락을 추구하는 나약함에서 비롯되는 것이라 생각합니다. 의당 경계하고 반성하여 나날이 저 자신을 진보시킬 수 있도록 노력하겠습니다."[24]

세종 그 마음을 절대 잊지 마라. 더불어 임금은 자신이 제대로 하지 못하는 일, 자신이 지키지 못하는 일을 다른 사람에게 요구해서도 안 되느니라. 군주는 신하와 백성들에게 요청해야 할 것이 많은 자리이기 때문에 더욱 그러하다. "얼마 전에 신하들이 과인의 건강을 염려하며 약주藥酒를 마시라 권한 적이 있었다. 하지만 민간에는 먹을 곡식이 없어 굶주리는 백성들이 많은데 어찌 내 한 몸을 위한다고 곡식을 낭비하는 술을 마실 수 있겠느냐."[25] 더욱이 금주령을 내려 백성들이 술 마시는 것을 금지하고 있던 상황이었다. "다른 사람은 마시지 못하도록 하면서 나는 마시는 것이 옳은 일이겠느냐."[26] 자신이 지키지 못하는 일을 남에게 요구하는 자는 소인小人이니라. 너는 혹시라도 이런 일이 있어서는 절대 안 될 것이다.

정조 백성에게 모범을 보이고자 하시는 전하의 뜻이 참으로

깊으옵니다.

세종 "무릇 윤리를 두텁게 하고 풍속을 바로잡는 것은 임금이 앞장서서 힘써야 할 일이다. 그런데 도리道理가 쇠퇴하여 세상 풍습이 예전 같지가 않고, 법과 기강은 점점 무너져 사람들이 각자 맡은 바 책임과 직분을 다하지 않으니 한탄스럽구나. 이는 결국 임금인 나로부터 본받을 것이 없어서 그런 것이 아니겠느냐. 옛날의 훌륭한 군주들은 몸소 바른 가르침을 실천하여 뭇 사람들이 따르도록 인도함으로써, 모든 사람을 다 훌륭한 인격자로 만들었다. 내가 덕이 부족한 탓에 그러한 경지까지 이루지는 못하겠지만, 그 정신만이라도 본받기 위해 밤낮으로 마음을 쏟으며 노력하고 있다."[27] 술을 마시는 것이 비록 사소한 일이라고는 하나 이 또한 원칙을 지키지 않을 수 없는 것이다.

정조 유념하겠나이다.

세종 아, 그리고 주변 관리도 잘해야 한다. "내가 어린 궁녀 하나를 예뻐하여 항상 내 시중을 들게 하였는데, 어느 날 나에게 청탁을 해오더구나. 내가 준 사사로운 정情을 기회삼아 공무公務와 관련된 부탁을 하니, 이는 내가 지나치게 사랑을 주어서 그런 탓일 것이다. 이 계집아이가 아직 나이가 어린데도 불구하고 벌써부

267

터 이러하니 나중에 자라면 어떠할지 짐작이 갔다. 해서 그 궁녀를 물리쳐 멀리하고 다시는 가까이하지 않았느니라."[28] 너는 어련히 알아서 잘 하겠지만, 임금이 주는 정이나 관심을 사사로운 목적에서 이용하려 드는 자들이 있을 것이다. 엄히 단속하도록 해라.

정조 깊이 새기겠나이다.

세종 당부한다. "우리가 평화로운 시절에 성城을 쌓아 외적을 방비하는 까닭이 무엇이냐? 편안한 때일수록 위태로울 때를 대비하여 경계하고자 하는 것이다."[29] 임금이 평소에 자신을 엄격히 관리해야 하는 까닭도 이와 같다. 장차 위급한 시기를 만났을 때 당당히 이를 헤쳐 나갈 수 있도록 스스로를 단련하기 위함이니 부디 명심하길 바란다.

1　『정조실록』44권, 20년 4월 12일

"近來無論朝官士子 酒戶太窄 未聞酩酊風流 此儒生能知酒趣 極爲可嘉"

2　『홍재전서』177권,「일득록」17

"予有酒量 而平生戒飮甚切 故人或不知也 昨年奉慈駕臨此 卽予千載一時歡忭之至 開懷暢飮半日之頃 倒盡紅露一大壺而猶不至醉 庶可謂惟酒無量乎"

3　『홍재전서』178권,「일득록」18

"當節而節 雖半勺不近於口 欲飮則飮 雖十斗如鯨之吸 是可謂有酒量"

4　『세종실록』62권, 15년 10월 28일

"대개 들건대, 술을 마련하는 것은 술 마시는 것 자체를 숭상하기 위해서가 아니라 신명(神明)을 받들고, 손님을 대접하며, 나이 많은 이를 부양하기 위해서이다. [...] 무릇 술이 가져오는 화가 매우 크니, 어찌 곡식을 썩히고 재물을 낭비하는 일에만 그치겠는가. 술은 안으로는 마음과 의지를 약하게 만들며, 밖으로는 바른 태도와 몸가짐을 저버리게 만든다. 술 때문에 부모님 봉양을 내팽개치고, 남녀의 분별을 문란하게 만드는 자들이 생겨나니, 술은 크게는 나라를 잃고 집을 패망하게 만들며, 작게는 성품을 파괴시키고 생명을 상하게 한다고 할 것이다. 윤리를 더럽혀 혼탁하게 만들고, 풍속의 퇴폐를 가져오는 등 (술로 인해 초래되는 폐해는) 이루 다 말할 수 없다."

蓋聞酒醴之設 非以崇飮 所以奉神明 享賓客 養高年者也 [...] 夫酒之爲 禍甚大 豈特糜穀費財而已哉 內弱心志 外喪威儀 或廢父母之養 或亂 男女之別 大則喪國敗家 小則伐性喪生 其所以瀆亂綱常 敗毁風俗者 難以枚擧

참고로 술을 탐닉하는 것에 관해 맹자는 다음과 같은 말을 남겼다. "짐승을 쫓아 다니는 것(사냥)을 싫증내지 않는 것을 일러 '황荒(황폐해지다)'이라 하고 술을 즐기는 일을 싫증내지 않는 것을 일러 '망亡(망하다)'이라 한다."

從獸無厭 謂之荒 樂酒無厭 謂之亡 (『맹자』, 「양혜왕(梁惠王)」下편)

5   『홍재전서』 178권, 「일득록」 18
"대개 술은 지나치게 마시면 실로 미치게 만드는 약과도 비슷해지지만, 절제하며 마시면 기운을 온화하게 하는 것에 도움이 된다. 또한 취한 듯 만 듯한 상태에서는 가히 그 사람의 본모습을 파악할 수가 있다. 예로부터 큰 학자들 중에는 술을 잘 마시기로 유명

한 사람이 많았는데, 요즘 들어서는 편협하고 인색하게 마시는 것
이 풍습을 이루었으니, 여기에서도 세태의 변화를 확인할 수가 있
다.”

蓋縱之則實近於狂藥 而節之則有助於和氣 且微醺半醉 眞態可見 古
來名碩 多有以酒名者 近來則齷齪成習 此亦可見世變也

6   3번과 같음.

7   5번과 같음.

8   『홍재전서』 172권, 「일득록」 12
     “醉之以酒 固可觀德”

9   『세종실록』 62권, 15년 10월 28일
     “덕이 부족한 내가 외람되게도 대통(왕위)을 이어받으매, 밤낮으
     로 공경하고 두려워하면서 편안한 정치를 펼치고자 하였다. 지나
     간 과거의 실패한 자취를 거울 삼아 선대왕들께서 이루어 놓으신
     가르침과 교훈을 받들어서 예(禮)로써 (정치를) 보여주고, 법으로
     써 규찰하였다. (이처럼) 내가 지극히 마음을 쓰고 있건만, 그대들
     신하와 백성들은 술로 인해 덕을 잃어버리는 일이 비일비재하니,
     이는 전조(前朝, 고려)의 쇠퇴하고 미약한 풍습이 아직도 다 없어
     지지 않았기 때문으로 내 심히 안타깝게 여긴다. 오호라, 술이 빚

내는 화근이 이처럼 참혹한데, 아직도 깨우치지를 못하다니 대체 무슨 생각들인가. 나라의 앞날을 걱정하지는 못할지언정 한 몸의 목숨조차 돌아보지 않겠다는 말인가? 조정에 벼슬하고 있는 신하들처럼 지식이 있는 자들마저 이와 같은 행태를 보이니, 민간의 일반 백성들이야 무슨 일인들 못 벌이겠는가. 형옥이 벌어지고, 소송이 일어나는 것도 이(술)로 인해 생겨나는 경우가 많으니, 처음을 삼가지 않으면 그 끝의 폐해는 진실로 두려워할 만한 것이 될 것이다."

予以否德 叨承丕緖 夙夜祗懼 以圖治安 鑑往昔之覆轍 遵祖宗之成憲 示之以禮 糾之以法 予之用心 非不至也 而惟爾臣民 以酒失德者 比比 有之 是前朝衰微之風 猶未殄絶 予甚憫焉 嗚呼 酒之釀禍 若是之慘 而 尙不覺悟 亦何心哉 縱不能以國家爲念 獨不顧一身之性命乎 朝臣有 識者 尙且如此 閭巷小民 何所不至 獄訟之興 多出於此 始之不謹 則末 流之弊 誠可畏也

10 『홍재전서』161권, 「일득록」1
"呂東萊 讀論語躬自厚而薄責於人 而遂成變化之功 予心常好之而未 之能矣"

11 『송명신언행록(宋名臣言行錄)』
"人雖至愚 責人則明 雖有聰明 恕己則昏"

12 『세종실록』 105권, 26년 윤7월 25일

"乃知寧過於勤勞 不可失之怠惰也"

13 『홍재전서』 120권, 「추서춘기(鄒書春記)」 1

"그러므로 작은 행동에서부터 조심하지 않는 사람은 나중에 가서
큰 덕에 누를 끼치고 말 것이다. 모름지기 하찮은 일과 자잘한 부
분에서도 스스로 지켜나감이 반드시 엄격하여야 하고, 방 안 깊은
곳에 홀로 있을 때나 남들이 보지 못하는 내면의 세계에서도 나의
마음이 해이해지지 않게 하여야 한다."

故不矜細行者 終累大德 須於微事瑣節 吾守必嚴 屋漏幽獨 吾心不弛

14 『홍재전서』 177권, 「일득록」 17

"사대부가 마음을 보존할 때는, 마땅히 스스로 속이지 않는 것을
위주로 해야 하니, 스스로를 속이는 바가 없으면 하늘에 부끄럽지
않고 다른 이들에게도 부끄럽지 않을 것이다."

士大夫存心 當以無自欺爲主 無自欺則可以不愧不怍矣

15 『홍재전서』 129권, 「고식」 1

"만약 9분(分)이 의리에 의한 것이라도 거기에 1분(分)의 사사로
운 마음이 섞여 있다면 그것은 곧 스스로를 속이는 것이다. 무릇
악을 미워하는 것이 진실하지 않고 선을 실천하는 것이 용감하지
않은 것, 겉으로만 그러할 뿐 내면은 그렇지 않은 것. 이 모두가 스

스로를 속이는 것이니, 이를 다스리기 위한 공부는 오로지 '그렇게 하지 말라.'고 경계하는 데에 있을 따름이다. 한 가지 일을 이처럼 하고 또 다른 한 가지 일을 이처럼 하며, 하루를 이렇게 보내고 또 하루를 이렇게 보내어, 철저하게 파악하고 진정으로 파고들어 그 쌓은 노력이 오래되면, 처음에는 비록 틀어져 어긋나는 부분이 있더라도 마침내는 아름답게 어우러져 하나가 될 것이다."

如有九分義理 雜了一分私意 便是自欺 凡惡惡之不眞 爲善之不勇 外然而中不然者 皆是自欺 如治之之工 亦惟曰毋之而已 一事如此 又一事如此 一日如此 又一日如此 迪知允蹈 眞積力久 始雖齟齬 終必爛漫

16 『홍재전서』 42권, 「비답(批答)」 1

"대개 아주 털끝만큼이라도 거짓이 있으면 아무리 작아도 반드시 드러나고 아무리 은밀해도 반드시 보이는 법이다."

蓋有絲毫之僞 則至微而必顯 至隱而必見

17 『홍재전서』 175권, 「일득록」 15

"口然而心不然 人誰肯信之 亦不愧屋漏耶"

18 『홍재전서』 52권, 「책문」 5

"재주는 그 실질보다 현란하지 않게 하라."

才惡其眩於實

19 『세종실록』 65권, 16년 7월 1일

"千歲之致 始於一刻之不差 庶績之熙 由於寸陰之無曠"

20 세종이 세자였을 때 태종에게 올린 글에 있는 말이다.

"용렬한 자질을 지닌 제게 명하시어 높은 지위를 책임지게 하시
니, 신은 삼가 마땅히 부탁하신 책무의 무거움을 생각하여 싫증내
는 일 없이 이를 지켜낼 것이며, 지극하고 간절한 가르침을 받들어
영원토록 잊지 않겠사옵니다."

遂命庸品 獲荷崇儀 臣謹當思付托之匪輕 無斁亦保 奉訓戒之至切 永
矢不諼 (『태종실록』 35권, 18년 6월 17일)

21 『홍재전서』 175권, 「일득록」 15

"무릇 사람이 너무 안일하면 마음에 중심이 없어지고, 너무 방탕
하면 기운이 통제되지가 않으니, 생각은 의당 조심스레 삼갈 줄 알
아야 하고 자세는 마땅히 추슬러야 한다."

凡人太安逸則心便無主 太放浪則氣便無統 思慮宜警謹 容儀當收斂耳

22 『홍재전서』 161권, 「일득록」 1

"옛 성현들이 '극기(克己)'에 대해 말씀하시길, 모름지기 극복하기
어려운 치우친 성품을 극복해 나아가는 것이라고 하셨다. 내가 어
렸을 때부터 이 말을 깊이 음미하여 매번 생각이 처음 싹트는 시
기에, 혹시 단 하나의 생각이라도 치우치는 바가 생기면, 치열하게

성찰하여 단속하지 않은 적이 없었다."

先儒謂克己 須從性偏難克處克將去 予自幼時 深有味乎此言 每於思
慮初萌之時 或有一念之偏 則未嘗不猛加省檢

23 『홍재전서』 121권, 「추서춘기」 2
"尤好戒愼乎其所未覩 恐懼乎其所未聞 跡雖未見 幾則已動 人雖未知
己所獨知之時 每每常常 莫忽罔懈"

24 정조가 세손 시절 쓴 편지에 나오는 대목이다.
"'스스로 만족하고 스스로를 용서한다.'는 가르침은 더욱 경계로
삼고 두려워해야 할 것입니다. 문왕(文王)과 같은 성인도 도(道)를
바라보되 아직 보지 못한 것처럼 하셨는데, 제가 비록 매우 고루하
지만 어찌 얕은 학문과 작은 깨우침만 가지고 스스로 안심하여 만
족하고 있겠습니까. 생각건대 스스로를 용서함으로 인해 생겨나
는 해독은 가장 헤어나기 힘든 것으로, 알면서도 행하지 못하고 뉘
우치면서도 개선하지 못하는 것 모두가 스스로를 용서하는 까닭
입니다. 배움이 나날이 새로워져야 비로소 스스로를 용서하지 않
게 될 것인데, 어찌 감히 능히 할 수 있다고 자만하겠습니까. 스스
로 만족하는 것은 교만함과 관계되고 스스로 용서하는 것은 나약
함과 관계되는 것인데 이 둘이 서로 같지 않아 보이나, 계속 스스
로를 용서하다 보면 마침내는 반드시 그 상황을 편안하게 여기게
될 것이고, 그 상황을 편하게 여기게 되면 종래에는 스스로 만족하

게 되는 데로 귀결될 것이니 이는 심히 두려운 일입니다."

至若自足自恕之戒 尤所警惕 聖如文王而望道而未之見 雖甚固陋 何遽
自安於淺學護聞 以爲足也 惟是自恕之爲害 最所難免 知之而不能爲
悔之而不能改 罔非自恕之故也 學到日新 方是不自恕 何敢曰能之 然
自足屬於驕 自恕屬於懦 雖若不同 而自恕之不已 則其勢必將安之 既
安之則終必歸於自足 甚可懼也 (『홍재전서』3권, 「춘저록(春邸錄)」3)

25 『세종실록』20권, 5년 5월 3일
"다시 말하지 말라. 덕이 없는 내가 백성을 다스리는 임금의 자리
에 올라 있으니, 가뭄의 재앙은 하늘이 나를 꾸짖고 계신 것이다.
어찌 내 한 몸만을 위하여 술을 마실 것인가."

勿復言也 予以不德 君臨民上 旱乾之災 其譴在予 豈可爲一身飮酒

같은 달 5월 6일
"내가 술 한 잔을 들지 않는다고 해서 하늘의 뜻을 돌리지는 못할
것이다. 하지만 마음속에 실로 미안함이 있어 술을 마시지는 못하
겠다."

一盃之酒 雖無回天之力 然於心實有未安

26 『세종실록』32권, 8년 5월 11일
"予則飮酒, 而禁人用酒可乎"

27 『세종실록』64권, 16년 4월 27일

"내가 생각건대, 하늘로부터 부여받은 바른 덕과 선하고 참된 마음을 굳게 지켜 나가야 하는 것은 사람이면 누구나 해야 할 바이나, 윤리를 두텁게 하고 풍속을 바로 잡는 것은 임금이 앞장서서 힘써야 할 일이다. 지금 세상의 도리가 땅에 떨어지고, 순하고 두텁던 풍속도 예전 같지 않아서 인륜의 법칙과 기강이 점점 그 참된 모습을 잃어버리고 있다. 하여 신하는 신하된 도리를 다하지 못하고, 자식은 자식 된 도리를 지키지 못하고, 아내는 아내로서의 덕을 온전히 갖추지 못하는 자들이 간혹 생겨나니, 참으로 개탄스러울 뿐이다. 옛날 훌륭한 임금들은 몸소 모범을 보이고 가르쳐서 (백성들이) 따르도록 인도함으로써, 백성들 모두가 성인의 덕에 교화되어 어진 사람이 이 세상에 넘쳐나도록 만들었다. 내가 덕이 부족하여 비록 그 만분의 일이라도 바랄 수는 없겠지만, 절실한 마음만큼은 거기에 뜻을 두었도다."

予惟降衷秉彝 生民之所同 厚倫成俗 有國之先務 世道旣降 淳風不古 天經人紀 浸以失眞 臣不能盡臣道 子不能供子職 婦不能全婦德者 間或有之 良可嘆已 思昔聖帝明王 躬行身敎 表倡導率 使比屋可封 顧予涼德 雖不能企其萬一 而竊有志焉

28 『연려실기술』3권, 「세종조 고사본말(世宗祖故事本末)」

"有一小姬寵後宮常在左右侍 上春愛以微事上請 上下敎曰使兒女子敢發 懇請之言 由予啓寵而然也 此女幼而如此將可知矣 乃斥而遠之 終不復近"

29 『세종실록』 58권, 14년 10월 10일

"사람들 모두가 말하기를 '어찌 평화로운 시기에 급급하게 성을
쌓으려 하는가?'라고 하지만, 나는 그렇게 생각하지 않는다. 편안
한 때일수록 위태로움을 잊지 않는 것이 나라를 위하는 도리이니
어찌 적이 침범하여 들어온 연후에야 성을 쌓는다는 이치가 있겠
느냐."

人皆言 昇平之世 何汲汲於築城乎 予則以爲不然 安不忘危 爲國之道
焉有寇至 然後築城之理乎

성공
成功

성공과 실패, 유리함과 불리함에 대해서는
신의 지혜로써 미리 헤아릴 수 있는 바가 못됩니다.
신은 그저 몸과 마음을 바쳐 혼신을 다해 노력하기를
죽은 뒤에야 그만 둘 것입니다.

― 제갈량(諸葛亮)

"태산의 정상에 올라서
다시 또 다른 태산을 찾아 오르라."

정조가 죽기 한 해 전인 1799년(정조 23년) 12월 25일. 정조는 여러 신하들 앞에서 지난 한 해를 회고하며 잘한 일보다는 잘못한 일이 많다고 자책하고, 아쉬워했다.

"올해도 이미 저물어간다. 한 해가 끝날 무렵엔 그해의 잘한 일과 잘못한 일들을 따져 보아야 한다는 옛 사람의 말이 있다. 나 또한 지금 올 한 해 전체를 되돌아보니 공은 한 가지라도 내세울 만한 것이 없는 반면에 정무를 보며 명을 내리고 조치를 취한 일들 중에 어느 하나 과오로 봐야 할 일이 아닌 것이 없구나.

거백옥蘧伯玉*은 나이 쉰이 되었을 때, 지난 49년간의 잘못을 깨달았다고 했다. 이것이 비단 49세를 마무리하는 섣달 마지막 날 밤이 되어서야 전날의 잘못을 깨닫기 시작했다는 뜻은 아닐 것이다. 자기 마음속으로 성찰하며 점검을 하다가 문득 홀로 깨닫게 된 오묘한 부분이 있었다는 말이리라. 그런데 나는 아직도 마음이 개운하게 걷히듯 깨닫는 바가 없으니, 어찌 안타깝지 않겠는가. [...] 해마다 나 자신에 대해 점검하고 평가해보기를, 마치 이조에서 관리들의 근무 성적을 평가하는 것처럼 하였지만 세월만 덧없이 흐르고 실질적 효과를 거두는 일은 아득하기만 하다. 설령 잘한 일이 한두 가지가 있다 하여도 그 공이 과를 가리지는 못한다. 생각이 여기에 이르니, 내 어찌 두렵고 위태로운 마음이 생기지 않겠는가. 미안하고 부끄러워 면목이 없구나!"[1]

정조 비단 올해뿐만이 아니라, 소손이 보위에 있던 지난 23년을 다 되돌아보아도 이룩한 공은 하나도 보이지 않고, 저지른 과오만이 있을 따름이니 참으로 부끄럽사옵니다. 헌데 이런 소손에

---

* 중국 춘추(春秋)시대 위(衛)나라의 재상을 지낸 인물로 학식과 인품이 뛰어나 공자로부터도 높은 평가를 받았다.

비해 전하께서는 수많은 위대한 업적을 남기시고 누구도 상상하지 못했던 일들까지 이뤄내셨습니다. 도대체 그 원동력은 무엇이옵니까?

세종 네가 이룩한 공이 없다니 겸손이 지나치구나. 그리고 내가 이룩한 공이 많다니, 너무 부담스러운 말이다. 부덕한 과인이 외람되게도 왕위에 올라서 혹시라도 종묘사직에 누를 끼치고 백성들에게 피해를 주지는 않을까 늘 두려웠을 뿐이다. 만일 내게 작은 공이라도 있다면, 그것은 전적으로 나를 믿고 따라준 신하와 백성들의 덕이다. 하여 너의 질문에 대해 답할 수가 없구나.

정조 전하께서야 말로 지나친 겸양謙讓이신 것 같사옵니다. 그렇다면 질문을 바꿔 여쭙겠사옵니다. 전하께서 일을 계획하고, 그것을 실현시키는 데 있어서 가장 중요하게 생각하신 것은 무엇인지요. 가르침을 청하옵니다.

세종 음. 과인이 항상 잊지 않았던 명제를 이야기하자면 '의문을 던지라.'이다.

정조 매우 중요한 말씀이라 생각됩니다. "오랜 관행이라 하여 어떤 의문도 갖지 않은 채 그저 답습하고, 개혁하지 못하는 일들이 많습니다."[2] 정책이나 제도를 만들 때도 "반드시 깊이 생각하고 힘써 파고들어, 이만하면 확실하다고 생각되는 곳에서도 의문을 던지고, 의문을 던진 곳에서 다시 의심을 하여 그 어떤 의문도 생겨날 여지가 없을 때까지 확인해야 하겠지요."[3]

세종 그렇다. 특히 당연하다고 여겨지던 것에서 "의심이 가는 바를 발견해내고, 그것을 더욱 파고들어야 한다. 그러면 반드시 성취하는 바가 있을 것이다."[4] 우리가 당연하다고 말하는 것은 사실 선입관과 관행의 산물에 불과한 경우가 많다. 지금 당연한 것이 과연 과거에도 당연한 것이었겠느냐. 훗날에도 당연한 것이겠느냐. 당연한 것에 의문을 던짐으로써 새로운 가능성을 발견할 수 있어야 한다. 우리가 중국의 글자를 빌려 사용하는 것을 당연하다고 여겨왔으나, "무릇 땅의 생김이 다르면 기후가 다르고, 기후가 다르면 사람들이 숨 쉬는 것조차 다른 법이다. 우리의 지리와 기후 조건이 중국과 명백히 다른데 어찌 중국의 말과 문자가 우리에게 어울리겠느냐."[5] 이것이 내가 훈민정음訓民正音을 만들게 된 까닭이다(293쪽 참조).

우리만의 책력冊曆*인 『칠정산七政算』**을 편찬한 것도 마찬가지

---

* 전통 사회에서 달력 역할을 한 것이다. 일 년 동안의 날짜, 해와 달의 운행, 절기, 월식과 일식, 특이한 기상 상태를 적어놓아 농사에 참고가 될 수 있도록 하였다.
** 세종 때 편찬된 역서(曆書). 중국의 역서를 참고하여 우리나라의 실정에 맞게 만들었다.

다. 예전에는 일식日食 예보가 틀렸다는 이유로 일관日官*이 징계를 받는 일이 빈번했다.6 하지만 예측이 틀리는 것은 필연적인 일이었다. 우리가 일식을 예보한 근거가『대명력大明曆』**에 있기 때문이다. 조선의 하늘과 명의 하늘이 다른데, 어찌 명나라의 책력을 가지고 우리나라에 맞는 예측을 할 수 있겠느냐.

또 다른 이야기를 해볼까. 우리는 제사를 지낼 때 아악雅樂***을 연주하는 것을 당연하게 생각해왔다. 그러나 "아악은 본래 우리나라의 음악이 아니고 중국의 음악이지 않느냐? 중국 사람들이야 생전에도 익숙하게 들었을 것이므로 제사에서 아악을 연주하는 것이 마땅한 일이다. 하지만 우리나라 사람들은 살아서는 향악鄕樂****을 들었는데, 죽어서는 아악을 들어야 하는 것이 과연 옳은 것이냐?"7

당연히 지켜야 한다고 생각하는 강상綱常***** 윤리도 마찬가지다. 아랫사람이 윗사람을 거역하는 것이 강상의 도리에 위반된다고 하여, 신하들은 백성들이 자신의 고을 수령을 고발하는 일을 차단하려 들더구나. 하지만 강상의 법도를 지켜야 한다는 이유로, 백성이 억울하고 원통한 일을 당하고도 그 사정을 호소하지 못한다면

---

* 천문 관측을 담당하는 관리.
** 명나라의 책력.
*** 국가의 주요 의식·행사 등에 사용된 음악으로, 중국에서 만들어진 것을 정비한 것이다.
**** 우리나라 고유의 음악.
***** 유교에서 말하는 사람이 지켜야 할 윤리. 삼강(三綱)과 오상(五常)을 합한 말이다.

그것이 어찌 옳은 일이겠느냐(296쪽 참조). 당부한다. 관행이라 하여 무조건 따르지 마라. 당연한 것이라 해서 의문을 거두지 마라. 늘 다른 시각에서 상황을 살피고, 새로운 안목으로 임해야 할 것이다.

정조 유념하겠나이다. 그 밖에 추진하는 목표와 일들을 성공시키기 위해 가져야 할 마음가짐으로는 또 어떤 것이 있겠는지요.

세종 너의 생각을 이야기해 보거라.

정조 소손은 일을 즐겁게 여기는 마음이 무엇보다 중요하다고 생각하옵니다. "끼니도 잊을 만큼 즐거운 일을 찾았다면 무엇인들 도道에 이르는 길이 아니겠습니까."[8] "사람의 재능과 자질이 무한할 수는 없으나, 즐거운 마음으로 임하면 못할 일이 없고, 게으른 마음으로 임하면 허물어지지 않을 일이 없을 것입니다. 즐거운 마음을 가지면 일이 항상 쉽다고 여겨지지만, 게으른 마음을 가지면 항상 어렵다고 느껴지지 않사옵니까."[9]

세종 좋은 말이다. 공자께서도 "아는 것은 좋아하는 것만 못하고 좋아하는 것은 즐기는 것만 못하다."[10]고 하지 않으셨더냐. 다만, 즐기기만 하다 보면 자칫 자만하거나 치밀하지 못하게 되는

288

경우가 있을 수 있다. 따라서 나는 즐기되, 그 일을 어렵게 여기고 두려워할 줄도 알아야 한다고 말하고 싶다. 물론 무조건 어려워하고 두려워하라는 뜻은 아니다. '조심操心'하라는 의미이다. 조심에서 '조操'가 어떤 글자이더냐. 나무木 위에 앉은 세 마리 새品를 손手으로 잡는 것을 형상화한 것이다. 나무 위에 앉은 새를 잡으려면 준비를 철저히 하고 호흡을 가다듬어 차분하게 다가서야 하듯이 일을 가벼이 여기지 말고 신중하게 임하라는 의미에서 '어려워하고 두려워하라.'고 한 것이다. 기억하라. "일을 쉽게 여기고 임하면 성공하지 못하나, 그 일을 어렵게 여기고 임하면 반드시 성공할 것이다."[11] "선현들께서도 큰일을 만나게 되면 반드시 두려워하되 지모智謀를 내어 성사시키라 하셨다."[12] 이 말도 같은 맥락이다. 두려워하고, 어려워하는 마음만큼이나 만반의 준비를 다하고, 모든 지혜를 내어 모아 신중히 일을 성사시켜야 하는 것이다.

정조 명심하겠나이다.

세종 그래, 그리고 또 무엇이 필요할까?

정조 혼신을 다한 노력이 필요하옵니다. "바둑을 잘 두는 사람은 바둑 한 수에 승패를 다투고, 작전을 잘 세우는 사람은 계책 하나로 승패를 가늠합니다. 능력이 뛰어난 자는 하나하나에 혼신을 다해 성공하는 것이고, 무능한 사람은 하나하나를 소홀히 하다 실패하는 것이옵니다."[13] 하여 "일을 할 때에는 시간이 부족하지 않을까를 걱정하지 말고, 그 일에 내가 과연 혼신을 다할 수 있을까를 걱정해야 하는 것이겠지요."[14] 소손 "낳는 것은 하늘이고 기르는 것은 땅이지만 이루는 것은 사람이며"[15] 그 사람이 "몸과 마음을 다해 정성을 바쳤는데 이루지 못할 세상일이란 없다."[16]고 생각합니다. 더욱이 "타고난 성인聖人이 아닌 바에야 누구나 다 노력 끝에 자신의 삶을 완성하고, 목표를 이뤄가는 것 아니겠습니까."[17] "재주와 지혜가 뛰어난 사람이라도 노력하지 않는다면, 더디고 둔한 사람이 노력하는 것만 못할 것입니다."[18] "태산泰山의 정상에 올라서 다시 또 다른 태산을 찾아 오르듯 힘써 노력하겠사옵니다."[19] "백리 길을 가는 사람은 구십 리를 절반으로 여겨야 한다는 격언을 가슴에 품고 마지막 순간까지도 흐트러짐 없이 한 걸음이라도 더 내딛고 전진하겠나이다."[20]

촉蜀나라의 승상 제갈공명이 후세에 길이 이름을 남긴 것은 "성공과 실패, 유리함과 불리함에 대해선 내가 헤아릴 바가 아니니, 오직 몸과 마음을 다 바쳐 나라를 위해 노력할 뿐, 죽기 전에는 그만두지 않을 것이다."라는 자신의 다짐을 그대로 실천했기 때문입니다.[21] 소손, "죽음을 두려워하지 않고 삶을 아끼지 않겠습니다. 제 앞을 막아서는 장애물들은 저의 기개와 신념이 견고하지 못하기 때문에 생겨난 것일 뿐이니"[22] "하나의 생각이라도 해이하게 갖지 않고, 한 가지 일이라도 태만하지 않게 하여"[23] 매 순간 순간 최선을 다하겠사옵니다. 그러면 나태해지고 싶어도 나태해질 틈이, 자만하고 싶어도 자만할 겨를이 없겠지요. 다만 "넉넉한 기상으로 혼신을 다하되, 촉박한 마음은 경계해야 할 것입니다. 사람들이 그저 빨리 성취하려고만 하다 보니, 지나치게 황급히 일을 처리하려 들어 마침내는 다급하고 불안한 지경에까지 이르옵니다."[24] 이는 오히려 일을 망치게 할 것이라 생각하옵니다.

세종 너의 말이 참으로 훌륭하구나. 하늘은 누구에게나 똑같이 아름답고 선한 자질을 부여해주셨으니, "그런 자질을 가지고 있는데 대체 무슨 일이든 해내지 못하겠느냐."[25] "어떤 일이든 전력을 다한다면 이루어지지 않는 일은 없을 것이다."[26] 다만, "처음에는 부지런하다가도 시간이 흐를수록 게을러지며, 아무리 강한 사람도 종국에 가서는 해이해지게 되는 것이 사람의 일반적인 모습이다."[27] 하여 바라노니, 너는 절대 안주하지 말라. 밤낮으로 마음을 쏟고 노력한다면 머지않아 네가 바라던 모습 가까이에 다가서 있을 것이라 믿는다.

아울러 당부한다. 성공도 중요하지만, "그 성공을 어떻게 하면 길이 보존하여 발전시킬 수 있느냐가 더욱 중요하다."[28] 특히 평화로운 시기에는 태평함만 믿고 안주하기가 쉽다. 이는 나라가 쇠망하고 민심이 혼란스러워지는 단초가 될 것이니, 오늘의 편안함 때문에 후일에 닥쳐오게 될지도 모를 환란을 잊어서는 안 될 것이다.[29] 오늘의 성공을 계속 이어갈 수 있도록 힘쓰길 당부한다.

정조 가슴 깊이 새기겠사옵니다.

훈민정음(訓民正音)

훈민정음 창제와 관련된 기록은 실록에 거의 나오지 않는다. 세종이 새로 글자를 만들고 이름을 '훈민정음'이라고 정하였다는 기록(『세종실록』102권, 25년 12월 30일), 새로 만든 글자로 집현전에서 『운회韻會』를 번역하였다는 기록(『세종실록』103권, 26년 2월 16일), 최만리 등이 새로 만든 글자를 비판하며 올린 상소와 그에 대한 세종의 반박에 관한 기록(『세종실록』103권, 26년 2월 20일), '훈민정음'이 완성되고 공식적으로 반포되었다는 기록(『세종실록』113권, 28년 9월 29일) 등 이 네 가지가 전부이다.

　그리고 훈민정음 반포에 따른 세종의 「어제御製」와 정인지鄭麟趾의 『훈민정음 해례訓民正音解例』 서문에 기술되어 있는 마지막 기록을 제외하면, 나머지 세 기록은 사실관계만을 간략히 소개하는 데 그치고 있다. 새로 글자를 만들었다는 첫 번째 기록 이전에는, 훈민정음과 관련된 그 어떤 기록도 없다. 이를 통해 창제의 과정이 상당히 비밀리에 이루어졌음을 추측할 수 있는 대목이다. 또한 글자를 만들고(25년 12월 30일), 반포하기까지(28년 9월 29일) 3년에 가까운 시간이 소요된 것은, 글자의 완결성을 기하기 위해 문제점들을 보완하는 시간으로 이해할 수도 있지만, 글자 창제를 반대하는 내부의 움직임이 만만치 않았기 때문일 수도 있다.

이처럼 관련 기록이 매우 적기 때문에 세종이 훈민정음을 창제하게 된 계기와 창제하기까지의 진행 과정, 창제 과정에 참여한 사람들에 대해서 파악하기 위해서는 다른 기록들을 통해 추론하는 수밖에 없다. 하지만 그 기록들도 『동국정운東國正韻』, 『보한재집保閑齋集(신숙주의 문집)』 등 몇 권 되지 않기 때문에 훈민정음 창제를 둘러싼 역사적 사실을 온전히 복원하기란 사실상 불가능하다.

아울러 훈민정음 창제를 반대한 사람들의 생각이나 입장에 대한 관련 자료 또한 최만리가 주도하여 올린 반대 상소밖에 없다. 반대 상소의 주요 내용을 살펴보면, 언문의 창제는 첫 번째로 중국을 섬기고 중화中華의 제도를 사모하는 정신에 어긋나는 것이며, 두 번째로 우리 스스로를 오랑캐와 같아지게 하려는 행위이며, 세 번째로 이미 이두를 쓰고 있으니 상스럽고 무익한 글자를 굳이 만들 필요가 없으며, 네 번째로 언문을 배우면 따로 문자를 배울 필요가 없어서 성리학의 가르침을 공부하려 하지 않을 것이니 학문에 방해가 되고 정치에 아무런 이익을 주지 못한다는 것이다. 최만리는 언문이 그저 '새롭고 기이한 기예'일 뿐 아무리 생각해봐도 무엇이 좋은지 알 수 없다고 주장한다. 또한 문자를 창제하는 것은 풍속을 바꾸는 중대한 일인데도, 이를 신하들과 상의하지 않고 비밀리에 처리한 것은 잘못이며 성학聖學의 공부에 힘써야 할 세자가 여기에 정력을 허비하니 용납할 수 없는 일이라고 공격하였다. 특히 그는 훈민정음이 '용음합자用音合字(초성 · 중성 · 종성 등 음을 합쳐서 글자를 만듦)'로 이루어지는 것, 즉 표음문자인 것을 문제 삼았다.

'용음합자'가 당시 논쟁에서 가장 중요한 문제였다고 보는 것은, 최만리의 반대상소에 대한 세종의 반박 첫 마디가 바로 이 문제에 대한 내용이기 때문이다.

"그대들이 말하기를 음을 합하여 글자를 만든 것이 옛 것에 어긋나는 일이라고 하는데, 설총의 이두도 역시 음을 달리하여 만든 것이 아니냐?"

汝等云 用音合字 盡反於古 薛聰吏讀 亦非異音乎

『세종실록』 103권, 26년 2월 20일

저자의 주관적인 해석이지만, 이 문제는 표의(表意)문자인 한자를 통해 지식을 독점하던 사대부들이 훈민정음의 탄생과 함께 표음表音문자, 즉 일상생활에서 사용하는 말이 곧 문자가 되는 세상이 와서 백성들이 누구나 지식의 세계로 진입하게 되는 것을 꺼렸다고 볼 수 있다. 최만리의 주장은, 지식을 사대부만이 독점해야 한다는 의식의 반영으로 이해될 수 있는 것이다.

부민고소금지법(部民告訴禁止法)

조선 초기에는 윗사람과 아랫사람 사이의 질서와 도리를 강조하
는 유교윤리에 입각하여, 수령의 과오로 인해 백성이 피해를 입어
도 그 수령을 고발하지 못하도록 금지하는 법이 존재했다. 이것을
'부민고소금지법'이라고 한다. 지금의 관점에서야 수령이 잘못한
일이 있으면 백성이 당연히 고발할 수 있어야 한다고 생각하겠지
만, 당시의 윤리적 기준에서는 '부모=스승=고을 수령'이 동격이기
때문에 백성이 자신의 고을 수령을 고발하는 것은 아들이 아버지
를 고발하는 것과 마찬가지로 여겨졌다.

　세종은 이 법을 폐지하고자 하였는데, 신하들은 "부민(해당 고
을에 사는 백성)이 수령을 고소하지 못하게 함은 그것이 풍속을 파괴
하는 까닭이니, 조금이라도 단서를 열어놓으면 사람들이 앞다투
어 고소하게 되고 그러면 정사가 혼란해져서 풍속이 각박하게 될
것이다."라며 반대했다. (禁部民告訴者 以其敗毁風俗也 若開其端 則
人爭告訴 漸致風俗之薄)

　이에 대해 세종은 신하들의 주장이 일리는 있지만 아래와 같
은 이유로 부민고소금지법을 폐지해야 한다고 주장했다.

"백성들의 억울하고 원통한 마음을 살펴주지 않는다면 그것이 어찌 정치를 행하는 도리이겠는가? 가령 수령이 백성의 문제에 대해 잘못된 판결을 했는데, 당사자인 백성이 그 잘못된 판결을 개정해 달라고 요구하는 것을 어찌 고소라고 할 수 있겠느냐. 이는 당연히 할 수 있는, 부득이한 일인 것이다."

冤抑不伸 豈爲政之道乎 如守令誤決部民之田 部民又呈誤決改正 豈爲告訴乎 實自己不得已之事也　　　　　　　　　　『세종실록』 51권, 13년 1월 19일

그리고 이 과정에서 세종은 임금이 존재하는 이유를 다음과 같이 규정했다.

"백성들이 하고자 하는 바가 있는데, 그 이해관계가 부딪히고 얽히다 보면 어지러워지므로 임금을 세워 그것을 조율하고 다스리게 한 것이다."

民生有欲 無主乃亂 必立君長而治之　　　　　　　　『세종실록』 52권, 13년 6월 20일

이러한 책무를 지닌 임금이 백성들의 호소에 귀 기울이지 않는다면, 그것은 정치의 목적에 어긋나는 것이며 임금의 존재 이유를 다하지 못하는 것이라는 것이 세종의 판단이었다. (不受訴冤 則豈不害於治體) 그래서 세종은 되묻는다.

"윗사람을 능멸하는 것을 금지하는 법이 있다 하여, 이에 구애되어 백성들로 하여금 억울함도 호소하지 못하게 할 것인가?"

豈拘於陵上之禁 而不訴冤抑哉同 　　　　　　　『세종실록』 53권, 13년 7월 4일

이 문제는 이후에도 몇 년에 걸친 논쟁 끝에, 백성이 고발을 할 수 있게 하고 그 문제를 나라에서 반드시 처리해주되, 고발당한 수령의 죄는 원칙적으로 묻지 않으며 다만 고의로 사건을 은폐하거나 왜곡한 경우에 한해서 처벌하는 것으로 일단락되었다. (『세종실록』 62권, 15년 10월 24일)

원전 속으로

1 『정조실록』 52권, 23년 12월 25일

"今歲已暮矣 古人有計功計過之語 予今通歲而計之 則計功邊無一可言 而政令事爲之間 無往而非可計之過矣 蘧伯玉行年五十 而知四十九年之非 未必於四十九歲之除夕 始知其前日之非 而蓋其內自點檢之際 必有獨覺之玅 予則尙未有脫然覺悟處 豈不悶然乎 [...] 年年點檢 殆若吏部之考功 而歲月荏苒 功效漠然 設或有一能一善 而畢竟功不掩過 言念及此 豈不瞿然懍然 而繼之以歉然乎"

2 『홍재전서』 169권, 「일득록」 9

"이제는 바꿀 수 없는 전례가 되어버린 탓에, 서울이건 지방이건 여기에 모두 익숙해져서 그저 일상적인 일로 받아들인다. 토지로부터 거둬들이는 조세를 고르게 하려면 마땅히 먼저 이것을 바로잡아야 한다. 하지만 수백 년 동안 관행적으로 답습하면서 아직도 힘을 다해 혁신하지 못하였으니, 참으로 개탄할 만하다."

今作不易之典 中外習狃爲故常 田賦若均則首當釐正 而屢百年因循 尙未能痛革 誠可慨嘆

3 『홍재전서』 166권, 「일득록」 6

"窮格必熟思力究 無疑處起疑 起疑處又起疑 直到十分無疑地 然後方

可謂豁然"

4 『세종실록』58권, 14년 12월 22일
"大抵知其可疑而益究之 則庶有得焉"

5 『동국정운(東國正韻)』,「서문」
"盖以地勢別 而風氣殊 風氣殊而呼吸異 [...] 風氣已殊於中國 呼吸豈
與華音相合歟"

6 『세종실록』15권, 4년 1월 1일 기사 참조.

7 『세종실록』49권, 12년 9월 11일
"雅樂 本非我國之聲 實中國之音也 中國之人平日聞之熟矣 奏之祭祀
宜矣 我國之人 則生而聞鄉樂 歿而奏雅樂 何如"

8 『홍재전서』3권,「춘저록(春邸錄)」3
"發憤忘食 求所以樂之者 夫孰非入道之方"

9 『홍재전서』176권,「일득록」16
"凡曰某事難者 皆不爲也 非不能也 人之才分 固有限量 而肯心所指 事
無不成 怠心所指 事無不毀 人之喜事者 以有肯心而常覺於易也 人之
厭事者 以有怠心而常覺於難也"

10 『논어』, 「옹야(雍也)」편

"子曰 知之者 不如好之者 好之者 不如樂之者"

11 『세종실록』 38권, 9년 12월 8일

"大抵易其事而爲之 事竟不成 難其事而爲之者 事必成"

12 『세종실록』 125권, 31년 9월 2일

"古人當大事 必云 臨事而懼 好謀而成 臨事而懼 謂不可無畏也 好謀而

成 謂不可徒畏也"

13 『홍재전서』 116권, 「경사강의(經史講義)」 53

"善棊者爭一著 善謀者爭一策 能者得之以興 不肖者失之以敗"

14 『홍재전서』 175권, 「일득록」 15

"做事 不患日力不足 但患心力不逮耳"

15 『홍재전서』 50권, 「책문(策問)」 3

"生之者 天也 養之者 地也 成之者 人也"

16 『정조실록』 17권, 8년 1월 1일

"무릇 정성을 다했는데 감동시키지 못하고, 감동시킬 정도가 되었

는데도 응하지 않는 일이란 없다."

凡事未有誠而不格 感而不應者

17 『홍재전서』183권, 「군서표기(羣書標記)」5
"苟非安行之聖 孰有不勉而中者乎"

18 『홍재전서』163권, 「일득록」3
"雖有才慧之人 不肯俛力於學 反不如遲鈍者之苦攻其業也"

19 『홍재전서』120권, 「추서춘기(鄒書春記)」1
"하나씩 점차 충족시켜나가면 백이 되고 천만이 되어 마침내 일정한 수준을 다 채울 수 있을 것이다. 일정한 수준을 채운 후에도 자만하지 않고, 나태하지 않는 마음을 갖추어, 백척간두에 올라서 다시 또 한 걸음을 내딛어 나아가고, 태산의 정상에 올라 다시 또 다른 태산을 찾아 올라야 하니, 바라고 또 바라기를 마치 아직 보지 못한 듯이 하여야 한다(늘 자신이 부족하다는 태도를 가져야 한다). 그리하여 부지런히 노력하기를 죽은 후에야 비로소 그만두겠다고 다짐해야 할 것이다."
漸益加分 以至百分千萬分 自然盈科 盈科之後 猶有不自滿假之心 百尺竿頭 又進一步 太山頂上 更尋太山 望之又望 若未之見焉 矻矻斃而後已 以是爲期

20 『홍재전서』181권, 「군서표기」3

"(그대들은) 마치 100리 길을 가려는 이가 90리를 절반으로 여기는 것처럼 하라. 그리하면 자만하고 싶어도 자만할 틈이 없으리라."

行百里 常若半九十里 雖欲自滿而自假得乎

21 정조가 제갈량의 말을 인용한 부분이다. (『홍재전서』3권, 「춘저록 (春邸錄)」3 참조)

"鞠躬盡瘁 死而後已 至於成敗利鈍 非臣之明 所能逆睹也"(제갈량(諸葛亮), 「후출사표(後出師表)」

22 『홍재전서』177권, 「일득록」17

"자신의 자리에 굳건하게 우뚝 서서 죽음을 두려워하지 않고 삶을 아끼지 않을 수 있어야 비로소 사대부라 이를 수 있는 것이다. 그리하여 마음에 맹세를 하고 앞을 향하여 뒤돌아보지 않고 용맹하게 나아간다면, 설령 죽을 위기에 당면하더라도 반드시 죽으라는 법은 없을 것이다. 내 앞뒤로 놓인 도도한 것들은 모두 나의 마음가짐이 견고하지 못한 탓이다."

立脚堅牢 不怕死不愛生 然後方可謂之士大夫 且矢心向前 勇往不顧 則當死而亦無必死之理矣 前後滔滔者 皆是脊梁不固之致也

23 『홍재전서』170권, 「일득록」10

"未嘗一念或弛 一事自逸"

24 『홍재전서』175권, 「일득록」 15

"기상은 마땅히 넉넉하도록 하고, 촉박한 것을 경계해야 하는데 요즘은 이와는 반대로 가고 있다. 관직에 나아가서는 빨리 성취하려 들고, 일을 할 때는 지나치게 분주하며, 말을 하고 토론을 할 때는 황망하고 급급하게 하여 다른 사람에게 빼앗기지는 않을까 두려워한다. 이러한 습성들이 고쳐지지 않는다면 나라가 나라답지 못할 것이니 어찌 두려워할 일이 아니겠는가."

氣象當務寬緩 當戒促迫 近來則反是 做宦則欲速就 做事則太凌遽 至 言論猷爲 忙忙底汲汲底 惟恐見奪於人 此習不悛 則國不爲國 可不懼 哉

25 『세종실록』99권, 22년 7월 21일

"(내가) 그대의 자질이 아름다운 것을 알고 있다. 만약 하지 않겠다면 모르겠지만, 진실로 마음을 다해 노력한다면 어떤 일이든 해내지 못하겠는가."

知汝質美 不爲則已 若用心力 何事不能也

26 『세종실록』49권, 12년 9월 11일

"予意以謂凡事專治 則無不成"

27 『세종실록』50권, 12년 11월 25일

"大抵人情 始勤終怠 雖至强 亦流於懈弛"

28 여진정벌에 성공한 후 세종이 신하들에게 한 말이다.

"내가 보위에 오른 이후로 항상 문치(文治)에 뜻을 두고, 군대와 전쟁 같은 일에는 마음을 두지 않았다. 내가 어찌 큰일을 벌이길 좋아하고, 공을 세우기를 즐겨서 야인을 정벌하였겠는가. 적이 먼저 우리에게 피해를 입히므로 부득이하게 군사를 일으킨 것인데, 다행히 대승을 거두어 진심으로 기쁘지만, 또한 두렵구나. 지금은 비록 성공하였을지라도 어떻게 하면 이 성공을 보전하여 영원토록 후환을 제거할 수 있겠는가."

予自乘御以來 每致意於守文 而兵革之事 未嘗及也 予豈好大喜功 而加兵於野人乎 敵加於己 不得不擧 而幸至大勝 是誠可喜 而亦有懼焉 今雖功成 何以保安此功 而永無後患乎 (『세종실록』 60권, 15년 5월 3일)

29 『국조보감』 6권, 「세종 12년」 기사 참조.

공부
工夫

만 권의 책을 읽어 근본을 다지고
사방을 유람하여 활용할 능력을 기른 뒤라야
대장부로서 할 일을 잘 해낼 수 있을 것이다.

— 서거정(徐居正)

"만 줄의 글을 열 번 읽는 것은 열 줄의 글을
만 번 읽는 것보다 못한 법이다."

세종과 정조는 모두 학문을 좋아하는 '호학^{好學}' 군주였고, 정무
政務로 인해 책 읽을 시간이 부족하면 잠자는 시간을 아껴서라
도 독서에 힘을 쏟았다. 특히 세종은 유명한 일화를 하나 남겼는
데, 서거정*이 쓴 『필원잡기^{筆苑雜記}』**에 다음과 같이 전한다.

---

* 서거정(徐居正, 1420~1488): 조선 전기를 대표하는 학자 중 한 사람이다. 45년간 여섯 임
금을 섬겼고, 오랜 기간 대제학으로서 교육·학문·외교·제도의 업무를 관장했으며 형조판
서·좌찬성 등을 역임했다. 우리나라의 역대 시·문집인 『동문선(東文選)』의 편찬을 주도하였
고, 삼국시대부터 고려까지의 역사를 기록한 『동국통감(東國通鑑)』, 지리서인 『동국여지승람
(東國輿地勝覽)』의 편찬 과정에도 핵심적인 역할을 했다.
** 『필원잡기(筆苑雜記)』: 서거정이 쓴 책으로, 단군부터 그가 살았던 시대에 이르기까지 역사
적 사실과 주요 인물들에 얽힌 에피소드, 전설 등 시중에서 떠도는 다양한 이야기들을 수록하
고, 자신의 견해를 덧붙였다.

"세종대왕은 천성이 학문을 좋아하시어 편전으로 나가기 전에 항상 책을 읽으시기를, 반드시 백 번씩 읽으셨으며, 『좌전左傳』* 이나 『초사楚辭』** 같은 책은 다시 백 번을 더 읽으셨다. 일찍이 몸이 편찮으셨을 때도 책 읽는 것을 그만두지 않아 병이 점점 더 심해지시니, 태종께서 불시에 내관에게 명하시어 (세종의) 처소로 가 책을 남김없이 압수해 오게 하셨는데, 이때 『구소수간 歐蘇手簡』*** 한 권이 홀로 병풍 사이에 떨어져 남아 있게 되자, 세종께선 이 책을 천백번 읽으셨다고 한다. 보위에 오르자 날마다 경연에 나아가 읽지 않은 책이 없으셨고, 빛나는 덕과 부지런한 공은 여러 왕들 중 으뜸이셨다."[1]

비슷한 내용이 실록에도 나온다. 태종이 직접 언급하고 있다.

"충녕 대군忠寧大君은 타고난 성품이 총명하고 민첩하다. 학문을 무척이나 좋아하여 날씨가 몹시 춥거나 더운 날에도 밤을 지새 우며 책을 읽으므로, 그러다 병이라도 날까 걱정이 되어 밤중에

---

* 『춘추좌씨전(春秋左氏傳)』을 말하는 것으로, 공자가 지은 역사서 『춘추(春秋)』에 대한 해설 서 성격의 책이다.
** 중국 초(楚)나라의 가사(歌辭, 노래와 산문의 중간 형태)를 모은 책으로 한나라의 유향(劉 向)이 편찬하였으며, 굴원(屈原) · 송옥(宋玉) 등의 작품이 담겨 있다.
*** 중국 송(宋)나라의 정치가이자 문인인 구양수(歐陽脩)와 소동파(蘇東坡)가 서로 주고받은 편지글을 모아놓은 책이다.

책 읽는 것을 금지시켰다. 그런데 내가 가지고 있는 방대한 분량의 책들을 모두 달라고 부탁해서 가져가더군."[2]

정조 소손도 책 읽는 것을 좋아하지만, 전하가 남기신 일화들을 보면 그저 놀라울 따름이옵니다. 즉위하신 이후에도 "정사政事를 보느라 고단하셨을 터인데 매일같이 한밤중까지 책을 읽으시고, 경서는 백 번을, 자사子史*는 서른 번을 넘게 읽으셨다니."[3] 참으로 대단하시옵니다. 독서가 주는 효용이 무어라고 생각하셨기에, 전하께서는 그토록 책 읽기에 심혈을 기울이신 것이옵니까?

세종 네가 "지혜를 넓히기 위해서는 반드시 먼저 많이 듣고 귀 기울일 줄 알아야 하며, 지혜를 더하기 위해서는 책을 읽는 것만한 것이 없다."라고 말하지 않았더냐[4] 그 말이 곧 답일 것이다. "과인이 비록 성리학에 능통하지는 못해도 이미 관련된 대부분의 책들을 읽었고, 사학史學에 익숙하지는 못하지만 그래도 여러 책을 읽어서 더 이상 의문점은 남아 있지 않다고 생각했었다. 그런데 또 새로운 책을 접하게 되면 그때마다 생겨나는 궁금한 점이

---

* 옛날에는 책을 '경사자집(經史子集)'으로 분류했다. 여기서 '자(子)'는 '제자백가(諸子百家)'의 저술을, '사(史)'는 역사서를 의미한다. 그밖에 '경(經)'은 유교경전, '집(集)'은 학자들의 문집을 뜻한다.

한두 가지가 아니었다."⁵ 이 궁금증들을 마주하고, 그것에 대해 성찰하며 해답을 찾아갈 때마다 나는 한없는 희열을 느꼈다. 본디 학문이란 무궁한 것이지만, 임금에게 있어서는 더더욱 끝없는 것이다. 바른 정치는 임금의 수양修養을 통해 확립되고, 백성을 위한 정책은 임금의 배움을 거쳐 더욱 밝아지니, 어찌 잠시라도 독서를 멈출 수 있겠느냐. "내가 늙어서 기억력이 쇠잔해지는 순간까지도 책 읽는 것을 멈추지 않았던 것은, 글을 읽으면서 번잡했던 마음이 정리되고 새로운 생각이 일깨워져서 여러 가지로 정사에 도움되는 것이 많았기 때문이다."⁶

정조 그렇다면 독서를 잘 하기 위한 방법은 무엇이나이까?

세종 너의 생각은 무엇이냐. 내 너의 생각을 듣고자 한다.

정조 소손은 "책을 제대로 읽지 않고 그 내용을 성찰하지 않았으면서 대충 짐작으로 책의 뜻을 헤아리려 드는 것은, 책을 한 장도 읽지 않는 것보다 오히려 해로움이 더 크다고 생각하옵니다."⁷ 하여 책을 읽을 때는 "정밀하게 살피고 명확하게 분석해내어 몸과 마음으로 체득하는 것을 가장 우선시해야 합니다. 그렇지 못하면 날마다 다섯 수레에 실을 분량의 책을 읽고 암송한들 그게 자기 자신에게 무슨 도움이 되겠습니까. 글 속에 있는 이치가 자신 안의 이치와 하나하나 부합되어야 비로소 참으로 터득하는 것이 있을 것입니다."[8]

세종 참으로 그러하다. 모름지기 책은 나 자신과 맞닿아야 한다. 독서를 통해 새로운 지식을 배우는 것도 중요하지만 책의 내용을 나의 경험과 연결 지어 성찰하고, 책을 통해 내 안의 긍정적인 가능성과 가치들을 촉발시켜 이끌어내는 것이 더욱 중요한 일이다. 책이 주는 감동이라는 것도 결국 내 마음이 움직여야 오는 것이 아니더냐. "겉으로 드러난 내용에만 얽매이고, 글귀에나 집착하며 책을 읽어서는 학문에 아무런 도움 되는 바가 없을 것이니, 독서에는 반드시 마음 공부가 뒤따라야 함을 항상 유념해야 할 것이다."[9] 아울러 책을 읽을 때는 너의 말처럼 "한 가지라도 오로지하여 지극히 자세히 보고 깨우쳐 가야 한다. 지금 사람들은 이것저것 보기를 원하기 때문에 독서를 하고 연구를 해도 도무지 얻는 것들이 없는 것이다."[10]

정조 지당한 하교이시옵니다. "옛 사람들은 한 가지를 전문적으로 파고드는 학문을 중요하게 여겨서 평생토록 하나의 경전마저 다 끝내지 못하는 사람도 있었습니다. 그런데 요즘 사람들은 정신과 노력이 옛 사람들의 수준에 미치지 못하면서도, 서적의 양이 날이 갈수록 방대해지다보니, 망령되게도 자신의 재주와 능력으로는 감당할 길이 없는 많은 책들을 두루 섭렵하려 들고 있사옵니다. 이런 자들은 귀로 밥을 먹고 겉가죽만 핥는 것과 같아서 허기진 배를 채우지 못하고, 갖가지로 채워진 진수성찬 앞에서 침만 흘리다가 끝내는 밥 한 그릇, 국 한 그릇도 제대로 먹지 못하는 지경에 이르고 맙니다. 한도 끝도 없는 책을 읽느라고 혼란만 겪고 아무것도 얻지 못할 바에야 차라리 한 권의 책을 제대로 읽어 진정으로 무언가를 얻어내는 것이 나을 것이옵니다."[11] 물론 그렇다고 해서 넓게 공부하는 것의 효용을 부정하는 것은 아닙니다. 넓게 공부하는 것은 좋은 일이지요. "하지만 만 줄의 글을 열 번 읽는 것은 열 줄의 글을 만 번 읽는 것보다 못한 법입니다. 많은 책을 널리 읽는 것보다는 좋은 책 한 권을 거듭 읽어 정밀하게 생각하고, 세밀히 파고드는 데 힘써서 근본을 확립하는 것이 더 나을 것입니다."[12]

세종 네 말이 지극히 옳다. 그래, 그 밖에 독서를 잘하기 위한 방법으로 또 무엇이 있겠느냐.

정조 "책을 읽을 때는 반드시 먼저 그 책의 핵심 요점을 파악해야 할 것입니다. 핵심 요점을 파악하게 되면 수많은 이야기들이 하나의 이치로 꿰어져서 큰 어려움 없이 그 책을 통달할 수 있겠지만, 요점을 파악하지 못하면 서로 연관되지가 않아서 평생토록 힘써 외우고 읽어도 이루는 바가 없게 되옵니다."[13] 또한 "책을 볼 때는 반드시 초록鈔錄* 공부가 뒤따라야 한다."[14]고 생각하옵니다. "소손이 일찍부터 초록하는 공부를 가장 좋아하여 직접 써서 모은 것이 책 수십 권 분량에 이르는데, 이러한 작업을 통해서 효과를 거둔 바가 참으로 컸나이다. 그냥 단순히 읽고 지나가는 것에 비해, 책의 내용이 오래도록 머릿속에 남아 있게 되는 것 같사옵니다."[15]

세종 너의 독서법이 매우 훌륭하구나.

정조 그리 칭찬을 해주시니 부끄러울 따름입니다. 소손, 전하께서 치열하게 독서에 임하시는 모습을 보며 늘 제 자신을 반성하고 있나이다. 특히나 시간이 없어서 독서를 하지 못한다는 말은 핑계에 불과함을 깨달았사옵니다. "진정 부지런히 공부하고자 하는 마음이 있다면 어찌 책 볼 겨를이 없겠사옵니까. 글을 읽을 시간이 없는 것이 아니라 글을 읽으려는 생각을 갖지 않는 것이겠지요."[16] "무릇 따로 독서할 시간을 구하고자 한다면 그 때란 존재하지 않을 것입니다. 어떻게든 핑계가 생길 테니까요. 공무를 보느라고 여가가 적기야 하겠지만, 하루 한 편씩의 글을 읽어 나간다면

---

* 책의 중요한 부분을 뽑아서 따로 적어놓는 것.

그것은 그리 어렵지 않을 것이라 생각하옵니다."¹⁷ 설령 "하루 동안 읽는 양이 많지 않더라도, 매일 분량을 정해 놓고 꾸준히 읽어 나간다면, 일시적으로 많은 책을 읽고 중단한 사람보다 훨씬 더 좋은 성취를 거둘 수 있을 것입니다."¹⁸

세종 참으로 아름다운 말이구나. 그리고 산아, 내가 당부할 것이 또 있느니라. 우리가 학문을 함에 있어서 경서經書*를 가장 중요하게 여기는 것은 당연한 일이지만, 역사서 또한 소홀히 해서는 안 될 것이다. "역사에는 권선징악의 생생한 사례는 물론이거니와 뭇 인간과 나라가 흥하고 쇄락하며 보전되고 멸망하는 과정이 여실히 드러나 있지 않더냐. 그것을 가지고 오늘을 살아가는 거울로 삼을 수 있을 것이다. 특히 임금이 좋은 정치를 하려면 반드시 앞 시대가 남긴 치란治亂**의 자취를 경계로 삼아야 하는데, 그 자취를 확인하는 방법은 오로지 역사를 살펴보는 것에 있다."¹⁹

정조 명심하겠나이다. "이 세상은 변화가 무궁하여, 옛날과 오늘날 사이의 차이점을 따지자면 한도 끝도 없겠지만 그 이면에는 서로 비슷한 데가 있사옵니다. 사람의 천성과 감정의 작용이 같고,

---

* 사서오경과 같은 유교 경전
** 나라가 올바로 다스려지고, 잘못 다스려짐.

시대가 융성하고 쇠퇴하는 흐름도 대개 비슷하지요. 그러므로 잘 관찰해 보면 오늘의 일은 옛 사람이 일찍이 겪었던 일이요, 옛 사람이 남긴 말은 지금도 마땅히 되새겨야 할 말이 되옵니다."[20] 역사를 공부하여 "지난 일을 환히 알며, 지난 시대의 사람들을 잘 분석하고 판단해낼 줄 안다면, 과거를 통해 현재를 비추는 효험을 크게 얻을 수 있을 것이옵니다."[21]

세종 그래. 그것이 역사 공부가 중요한 이유니라. 그런데 역사책을 읽을 때 반드시 주의해야 할 점이 있다. 무엇이라고 보느냐.

정조 "사사로운 마음을 조심해야 하지 않겠습니까? 역사적 상황이나 사실史實에 대한 해석과 평가는 받아들이는 사람마다 다를 것이지만, 자신의 호불호에 따라 사실事實 자체를 왜곡하여 이해해서는 안 될 것입니다. 많은 사람들이 학문이 높고 저명한 인물, 혹은 자신이 좋아하는 인물에 대해서는 의심이 들고 의문이 가는 점이 있더라도 비판하지 않고 맹목적으로 옳다고만 합니다. 반대로 명성이 없고 덕이 부족한 인물, 혹은 자신이 싫어하는 인물에 대해서는 설령 본받을 만한 점이 있어도 싸잡아서 나쁘게 평가해버리곤 합니다. 이 또한 사사로운 마음에서 비롯된 것입니다."[22]

세종 중요한 말을 해주었다. 그 점 때문에 현재의 역사서를 편찬할 때도 각별히 주의해야 한다. 내가 정도전이 지은 『고려사』의 개정을 지시했는데, 그 이유는 아무리 우리 조선 창업의 정당성을 내세우기 위해서였다지만 왜곡이 극심하여 올바른 역사책이라고 할 수 없었기 때문이었다. "역사를 기록하는 붓을 잡은 자로서, 공자께서 역사의 기록을 취하고 버리신 그 뜻을 본받지 못할 바에는 그저 사실에 따라 바르게 기록하면 그뿐이다. 그러면 자연스레 칭찬하고 비난할 바가 가려져서 후세에 전할 수 있고, 믿을 수 있는 기록이 된다."[23] 역사를 읽는 사람뿐 아니라 역사를 기록하는 사람 역시 사사로운 마음을 제거해야, 비로소 역사로부터 배우는 바가 있을 것이다.

정조 깊이 새기겠사옵니다. 하옵고 전하, 역사 외에 또 힘써야 할 공부에는 무엇이 있사옵니까?

세종 중국말 공부를 해야 한다.

정조 참으로 그러하옵니다. 일전에 중국에서 사신이 왔는데, 대신大臣이라는 사람들이 통사通詞*가 없으면 간단한 대화조차 하

---

* 동시 통역관

지 못하니 참으로 한심했습니다. 옛날 "월사 이정구*는 통사가 미처 도착하지 못하자 자신이 나서 유창한 중국말로 막힘없이 통역하여, 사신으로부터 해동海東의 학사가 이처럼 중국말에 능통하니 놀랍다는 평을 들었습니다. 선조宣祖 때는 경연에서 중국말로 토론이 이루어질 정도로 신료들 대다수가 일정한 수준의 중국어 능력을 갖추고 있었습니다. 그런데 지금은 수준이 점차 낮아져 중국말 잘하는 자를 찾을 수 없으니 개탄스럽습니다."24

세종 너의 중국말 실력은 어떠하냐?

정조 부끄럽사오나 소손 역시 많이 부족합니다.

세종 "중국말을 배우려고 하는 것은 진실로 아름다운 일이다. 한, 당나라 때부터 송, 원나라에 이르기까지 우리의 옛 나라들은 모두가 젊은 인재들을 중국에 보내 국학國學에 입학시켰다."25 이는 중국말을 익혀 저들의 학문과 문화를 배우게 함으로써 우리의 문화를 발달시키고, 나아가 저들을 상대할 힘을 기르기 위해서였

---

* 이정구(李廷龜, 1564~1635): 월사(月沙)는 그의 호이다. 중국어에 능통하여 정부를 대표하여 명나라와 관련된 업무들을 관장하였으며, 대제학, 예조판서, 우의정, 좌의정 등을 역임했다. 중국을 내왕하면서 『조천기행록(朝天紀行錄)』을 펴냈고, 뛰어난 문장으로 '한문 4대가'의 한 사람으로 손꼽힌다.

다. 더욱이 군왕이나 예조禮曹를 책임지고 있는 신하들은 더더욱 중국말을 익혀야 하는데, 이는 외교 무대에서 저들의 의도와 사정을 정확하게 알기 위해서다. 우리가 비록 저들의 문헌을 해독할 수 있고, 필담으로 의사를 소통할 수 있더라도, 말을 하지 못하면 한계가 있느니라. 나 또한 "중국말을 꾸준히 공부하고 있는데 다른 이유가 있어서가 아니다. 명나라 사신과 만났을 때 미리 그들의 말을 알고 있으면 통사가 통역하는 동안 조금이라도 대답할 말을 빨리 생각하여 준비할 수 있지 않을까하고 생각해서이다."[26]

정조 중국말을 공부하는 데 도움이 될 만한 가르침이 있다면, 내려주옵소서.

세종 반복적으로 습득하는 것이 제일이다. 아울러 "대개 말이라는 것은 문맥과 말의 느낌, 어감을 제대로 이해해야 번역할 때 맛도 살아나고, 의미도 있게 된다. 말 자체를 곧이곧대로 옮기려 하지 말고, 굽고 꺾인 곳을 올바로 이해하고 옮길 수 있도록 노력하라."[27]

정조 유념하겠나이다.

세종 산祘아. 독서건 외국어 공부건, 학문에서 가장 중요한 것은 꾸준함이다. "나태한 마음이 한 번 싹트면 방만하고 해이해져서 안일함에 빠지게 되고 결국 성취하는 바가 아무것도 없게 되느니라. 조금이라도 멈춤이 있거나 끊어짐이 있으면 계속 쉬고 싶어져 정진하고 싶은 마음이 더는 들지 않게 된다. 학문뿐 아니라 모든 일이 다 그렇지 않은 것이 없느니."[28] 이 점을 각별히 조심했으면 좋겠구나.

정조 "학문을 하는 것은 마치 백 층 보탑寶塔에 오르는 것과 같아서, 멈추지 않고 한 층 한 층 묵묵히 따라 올라가다 보면 자연히 꼭대기에 도달할 수 있을 것입니다. 탑 밖에 서서 그저 층수만 세고 있으면 한 걸음도 나아갈 수 없겠지요."[29] 소손, 그저 꾸준히 나아가겠나이다. "꾸준히 지켜내며 공부를 하는 사람이 진정으로 참된 학문을 하는 것이 아니겠사옵니까."[30]

세종 또한 학문은 거창한 것이 아니며, 공부란 일상생활에서 마땅히 행해야 할 바를 해 나가는 것임을 또한 잊지 말아야 한다. "지금의 선비들은 말로는 경학經學을 한다고 떠드나, 이치를 제대로 밝히고 마음을 바르게 한 인사人士가 있다는 것은 듣지 못하였다."[31] 이는 어려워 보이는 것만 찾아 거기에 매달릴 뿐, 학문이 일상생활 속에 있다는 것을 모르기 때문이다.

정조 소손도 그리 생각하옵니다. "후세 사람들이 '학學'이라는 글자를 별도의 하기 어려운 일로 만들어버리는 바람에 사람과 배움이 따로따로 나뉜 두 가지 길이 되어 버렸습니다."[32] 하지만 학문이란, 전하의 말씀처럼 "모두 일상생활 속에 있는 것입니다. 어찌 따로 학문을 추구할 곳이 존재하겠사옵니까."[33] 그저 일상적이고 평상적인 삶을 하루하루 올바르게 살아가는 것이고, 그 삶 속에서 참된 도리를 찾는 것일 따름이겠지요. "주자가 말하길, 배우는 사람은 마땅히 평이하고 명백한 곳에 힘을 기울여야 한다고 하지 않았사옵니까. 이른바 평이하고 명백한 곳이란 어버이를 섬기고 형을 공경하는 등, 자신이 늘 행하는 일을 말하는 것으로, 요순堯舜의 도리도 여기에서 벗어나지 않을 것입니다."[34]

세종 내 끝으로 한 가지만 더 당부하마. 사람은 늘 스스로의 부족함을 자각하고, 아쉬워할 줄 알아야 한다. 공부란 결국 그 부족함을 깨닫고, 채우기 위한 것이다. 모르는 것이 없다고 자만하지 마라. 더욱이 임금은 모든 일을 관장해야 한다. 곧 임금의 판단과 결정에 나라와 백성의 안위가 달려 있는 것이다. 그런데 임금이 그 모든 일에 하나같이 완벽하기란 애초부터 불가능한 일이 아니냐. 그러니 언제나 자신의 부족함을 깨닫고, 끝없이 경청하고 배워야 한다. 쉬지 않고 학문을 닦고 책을 읽어 자신을 계발하도록 해라. "모르는 게 있고 의심이 가는 바가 있어야 그 부분을 열심히 공부하고 준비해서 결국엔 더 깊이 잘 알게 되는 것이 아니냐. 자기가 모르는 게 없다고 자신하는 것은 참으로 어리석은 일이니, 이런 이들에게는 더 이상 진보란 없을 것이다. 자신 또한 모르는 것이 있음을 깨닫고, 인정한 후에 그것을 적극적으로 채워나가길 바란다."[35]

정조 분부 받들겠사옵니다. "일상의 다른 일들에서는 욕심을 내지 말고 지족知足(만족할 줄 앎)이란 두 글자를 품어야 한다고 배웠습니다. 그러면 자연히 마음이 편안해져 평상심을 갖출 수 있게 된다고 말입니다. 하지만 공부를 하고, 정치를 펼치는 일에서만큼은 절대 만족하지 않으려 합니다. 작은 성과를 거두었다고 해서 안주하는 사람들이 있는데, 이 일들에 있어서 애당초 완벽이란 없는 것이 아니겠습니까? 완벽은 또 다른 출발점일 뿐이니, 더욱 힘써 정진하면서 언제나 제 자신의 부족함을 채우고자 노력하겠사옵니다."[36]

1 서거정(徐居正), 『필원잡기(筆苑雜記)』 1권

"世宗天性好學 其未出閤 每讀書必百遍 於左傳楚詞 又加百遍 嘗違豫
亦不輟讀 病漸劇 太宗命中官 猝至其所 盡搜書帙而來 獨歐蘇手簡一
卷 遺在屛障間 世宗讀千百遍 及卽位日 御經筵無書不讀 緝熙時敏之
功"

2 『태종실록』 35권, 18년 6월 3일

"忠寧大君天性聰敏 頗好學 雖當盛寒極熱 終夜讀書 予恐其致疾 常禁
夜讀 然予大冊皆請去"

3 『세종실록』 127권, 32년 2월 22일

"(전하께서는) 조용히 앉아 책을 읽으시되 손에서 책을 놓지 않으
시다가 한밤중이 지나서야 잠자리에 드시니, 읽지 않은 책이 없으
셨으며, 한 번이라도 관심을 쏟으신 책은 평생토록 그 내용을 잊어
버리지 않으셨다. 경서(經書)는 반드시 백 번을 넘게 읽으셨고, 자
사(子史)류는 반드시 서른 번 이상을 읽으셨다."

燕坐讀書 手不釋卷 夜分乃寢 於書無所不讀 凡一經耳目 終身不忘 而
其讀經書 則必過百遍 子史則必過三十遍

4 『홍재전서』49권,「책문(策問)」2

"廣智必先多聞 益智莫如書籍"

5 『세종실록』34권, 8년 12월 10일

"내가 비록 이학(理學, 성리학)에 능통하지는 못하지만, (책들을) 이
미 다 살펴보았다. 유독 사학(史學)만 익숙하지 못하나, 일찍이『통
감강목(通鑑綱目)』을 거듭 읽고『원위집람(源委輯覽)』등의 책들을
참고하여 더 이상 의문이 드는 바가 없다고 스스로 생각했었다. 그
런데 지금 또 이 책을 읽고 자못 의심이 가는 바들이 생겨나니, 학
문이란 진실로 무궁한 것이라 이를 만하다."

予於理學 雖未能通 然旣遍閱矣 獨史學未熟 曾讀綱目通鑑 參考源委
輯覽諸書 自以爲庶無疑矣 今又讀此書 頗有疑處 學問誠可謂無窮矣

6 『세종실록』80권, 20년 3월 19일

"且今老不能記 不須讀書 今尙不輟者 只爲觀覽之間 因以起意 施諸政
事者頗多 以此觀之 讀書豈不有益"

7 『홍재전서』129권,「고식(故寔)」1

"공부가 아직 이러한 경지에 이르지 못했으면서 단번에 현공작우

(懸空嚼芋, 공중에 걸쳐있는 토란을 씹어 먹는다는 뜻으로, 의미의 정확한 유래는 알 수 없으나 마음속 제대로 된 성찰 공부가 없는 상태에서 단번에 짐작으로 글의 뜻을 헤아리려고 드는 것을 의미하는 것으로 생각된다.) 하고자 하면, 그 해는 책을 한 장도 읽지 않고서 오로지 방랑만 일삼는 것보다 더 클 것이다."

工夫未到這裏 便欲懸空嚼芋 其害反甚於不讀一板 專事放浪 吾於爾問亦云

8   『홍재전서』 162권, 「일득록」 2
"독서는 직접 체험하는 것이 가장 중요하다. 진실로 정밀하게 살피고 명확하게 분별해내서 몸과 마음으로 체득하지 않는다면 날마다 수레 다섯 대에 실을 분량의 책을 암송한다 한들 대체 그것이 자기 자신과 무슨 상관이 있겠는가. 문청공(文淸公) 설선(薛瑄)이 말하기를 [...] '오래도록 독서를 하여 책 속에서 깨달은 이치가 자기 몸속의 이치와 하나하나 부합되어야 비로소 참으로 터득하는 바가 있을 것이다'라고 하였다."

讀書最好體驗 苟不能精察明辨 體貼心身 則雖日誦五車 更管自己何事 薛文淸之言曰 [...] 讀書之久 見得書上之理 與自家身上之理 一一契合 方始有得處

9   『세종실록』 1권, 즉위년 10월 12일
"句讀經書 無益於學 必有心上功夫 乃有益矣"

10 경연석상에서 강론하다가 한 말이다.

"지금 사람들이 책을 읽어서 한나라 유학자들만큼의 깨달음이라도 있었으면 좋겠다. 한나라 유학자들은 각기 한 가지 학문 분야에 집중하였기에 지극하고 세밀하게 살펴서 깨우치는 바가 있었다. 하지만 요즘 사람들은 겨우 이것 한 가지를 살피고 나서 다시 또 저것 한 가지를 살펴보길 바라므로, 그 결과 도통 이해하여 얻는 바가 없다."

今人讀書 得如漢儒亦好 漢儒各專一家 故看得極仔細 今人纔看這一件 又要看那一件 下稍都不曾理會得 (『세종실록』 59권, 15년 2월 2일)

11 『홍재전서』 165권, 「일득록」 5

"古人重專門之學 蓋有終身一經受用不盡者 今人精力則萬萬不及古人 而載籍極博 日以寖加 妄欲以區區藐藐 而遍涉於浩浩瀚瀚 耳食皮舐 餒然無一飽之實 徒爾津津饞涎於八珍九膳之味 而簞食豆羹 畢竟屢空而止 與其胡亂於五車十篋而鹵莽無當 毋寧沉著於一策半部而眞實有得"

12 『홍재전서』 178권, 「일득록」 18

"과인이 일찍이 들으니 그대는 책을 읽을 때 많은 분량의 글을 약독(略讀, 대략 중요한 부분만 골라 통독함)하는 것을 독서법으로 삼은 나머지, 많을 때는 한꺼번에 100여줄 분량을 읽어내지만 그것을 읽는 횟수는 불과 20~30번에 지나지 않는다고 하더군. 이는 책을 읽는 방법이 아니다. 만 줄의 글을 열 번 읽는 것은 열 줄의 글을 만 번 읽는 것보다 못한 법이니, 지금부터는 모름지기 정밀하게 생각하고 세밀하게 연구하여 읽는 횟수를 늘리는 데 힘쓸 것이며, 많은 책을 읽는 일을 구하지 말라."

曾聞汝讀書 以多行略讀爲法 多或至百有餘行 而讀不過二三十遍 此非讀法 萬行書十讀 不如十行書萬讀 今以後 切須精思細究 讀必務多書無求廣

13 『홍재전서』 164권, 「일득록」 4

"讀書 須先識得大要 得其要則萬殊一本 事半而功倍 不得其要 則事事物物 不相貫聯 終身誦讀而無所成矣"

14 『홍재전서』 165권, 「일득록」 5

"看書必鈔錄"

15 『홍재전서』 163권, 「일득록」 3

"초록(鈔錄)하는 공부는 학문을 하는 데 큰 도움이 된다. 장횡거(張橫渠, 장재, 중국의 철학자)가 묘계질서(妙契疾書, 번쩍 떠오른 깨달음을 재빨리 기록함)하였던 것은 더 논할 나위도 없거니와 우리나라의 선현들도 모두 초록하여 모으는 일에 심혈을 기울였다. 나는 일찍부터 초록하는 공부를 가장 좋아하여 직접 써서 편(編)을 이룬 것이 수십 권에 이르는데, 이러한 작업을 통하여 효과를 거둔

바가 상당히 많으니, 차근한 맛이 없이 데면데면하게 읽어 넘어가
는 것과는 동일선상에서 논할 수 없다."

鈔集之工 大有助於學問 張橫渠之妙契疾書 尙矣毋論 而至若我朝先
正諸人 皆從鈔集上著力 予嘗最好鈔集工夫 而手寫成編者 殆至屢數
十卷 間多有以此收效處 其視泛然看讀 不可同日而語矣

16 『홍재전서』 162권, 「일득록」 2
"사관(史官)은 입시(入侍, 편전에 들어 임금을 뵈거나, 임금 옆에서 업
무를 수행함)하는 때가 빈번하므로 여가 시간이 별로 없겠지만, 겨
울밤이 무척 기니 부지런히 공부하겠다는 정성만 있다면 경연 석
상에서 물러나온 다음에 어찌 책을 읽을 수 있는 틈이 없겠느냐.
근래에 보면 젊은 사관들이 애당초 책을 읽으려는 생각을 갖지 않
는 것 같다."

史官入侍旣頻 雖無暇隙 冬夜甚永 筵退之後 苟有孜孜攻業之誠 豈無
冊字繙覽之暇乎 近見年少史官 初不以讀書看字爲意

17 上同
임금께서 새로 관직에 나온 근신들에게 그대들은 요즘 무슨 책을
읽고 있느냐고 물으시니, 근신들은 읽지 못하고 있다고 대답하였
다. 이에 하교하시기를, "이는 하지 않은 것이지, 못하는 것이 아니
다. 공무를 보느라 여가가 적기야 하겠지만, 하루 한 편씩 글을 읽
는 것은 어렵지 않으리라. 이렇게 계획을 세워 날마다 진도를 밟아

간다면 일 년이면 몇 질의 경서를 읽을 수 있을 것이고, 몇 년을 쉬지 않고 꾸준히 해 나간다면 사서삼경을 두루 다 읽을 수 있을 것이다. (이처럼 평소에 책을 읽지 않고) 지금 그대들이 따로 독서할 시간을 구하고자 한다면 책을 읽을 수 있을 때란 없을 것이다."라 하셨다.

敎新進近臣曰 爾輩近讀何書 對以未能 敎曰 是不爲也 非未能也 公務雖少暇 如欲日讀一篇書 是自不難 遵此立課 日以爲度 則一年可了數帙經籍 行之不息 計以數歲 七書自當讀遍 今欲別求得讀書日子 是無時可讀也

18 『홍재전서』165권,「일득록」5
"책을 읽는 사람이라면 매일매일 공부할 과정을 정해 놓는 것이 매우 중요하다. 비록 하루 동안 읽는 양은 많지 않더라도 공부가 쌓여져서 의미가 고루 전해지면, 일시적으로 많은 책을 읽고는 이내 중단하여 잊어버리는 사람에 비해 그 효과는 몇 곱절일 것이다."

讀書者 最貴日課 雖一日所讀不多 工夫積累 意味浹洽 與一時間讀得累卷書而旋卽間斷而忘之者 其效不啻倍蓰矣

19 임금이 알아야 할 역사적 사실들을 모아놓은 책인 『치평요람(治平要覽)』의 편찬을 지시하며 세종이 한 말에서 가져왔다.
"무릇 좋은 정치를 하려면 반드시 앞 시대가 남긴 치란(治亂)의 자취를 살펴보아야 할 것이요, 그 자취를 보려면 오직 역사의 기록을 상고하여야 한다. [...] 역사 기록들을 상고하고 열람하여 권선징악의 사례가 될 만한 것들을 뽑아내어 하나의 서적으로 편찬하라. 그리고 이를 후세 자손들이 쉽게 관람토록 만들어 영원히 거울로 삼을 수 있도록 하라. 아울러 우리 동방도 나라가 세워진 지 오래 되었으니, 각 나라들이 흥하고 쇠락하며 보존되고 멸망하는 과정 역시 몰라서는 안 된다. 이 내용도 집어넣되 번잡하거나 또는 너무 생략하거나 하지 말라."

凡欲爲治 必觀前代治亂之迹 欲觀其迹 惟史籍是稽 [...] 卿其考閱史籍 其善惡之可爲勸懲者 撰次成書 使便觀覽 以爲後世子孫之永鑑 且東方建國 惟古興廢存亡 又不可不知 竝令編入 毋失繁簡 (『세종실록』93권, 23년 6월 28일)

20 『홍재전서』183권,「군서표기(羣書標記)」5
"大抵天下古今之事變雖無窮 而亦未有不相近者 誠以人之性情同其用 而世級之汙隆略相似也 故善觀之 則今日之事 未始非古人之所嘗經 而古人之言 未始非今日之所當察也"

21 『홍재전서』162권,「일득록」2
"若其能瞭於往事 能辨乎前人 則資古鏡今 效驗日來"

22 『홍재전서』161권,「일득록」1

"역사서를 읽을 때에는 사사로운 생각을 갖는 것을 가장 조심해야 한다. 학문이 높고 유명한 사람에 대해서는 의심이 가는 점이 있더라도 이를 왜곡하여 올바른 것으로 이해하고, 명성이나 덕이 보잘것없는 사람에 대해서는 본받을 만한 점이 있어도 싸잡아서 다 나쁘게 평가해버리곤 한다. 바로 이러한 것이 사사로운 생각이다."

讀史 最忌私意 學問高明之人 一事雖有可疑 必曲成其是 名德蔑裂之類 一節雖有可取 必同歸無稱 此便是私意

23 『세종실록』22권, 5년 12월 29일

"今之秉筆者 旣不能窺聖人筆削之旨 則但當據事直書 褒貶自見 足以傳信於後"

24 『홍재전서』166권, 「일득록」6

"월사(月沙) 이정구(李廷龜)가 세자시강원에 있을 때, 중국에서 사신이 왔는데 통역관이 미처 대령을 하지 못하였다. 이에 월사가 임금 앞에 나아가 중국말과 우리말로 양쪽 사이에서 막힘없이 통역을 하자, 사신이 말하기를 '해동(海東)의 학사가 중국말도 잘 아는군요.'라고 하였다. [...] 선묘조(宣廟朝, 선조)에는 경연에서 참석자들이 모두 중국말을 사용했다, [...] 그런데 세상의 수준이 점점 떨어져서 (지금은) 중국말을 들을 수가 없으니 참으로 개탄스럽구나."

月沙直春坊時 詔使來 通事未及待令 月沙於御前以華東語通兩間無滯

詔使曰 海東學士 亦解華語 [...] 宣廟朝 經筵皆用華語 [...] 世級漸降 華語不得聞 良用慨然

25 『세종실록』 87권, 21년 12월 4일
"外國欲習華語 是誠美事 上自漢唐至于宋元 皆遣子弟 請入國學"

26 『세종실록』 22권, 5년 12월 23일
"予學漢譯無他 與朝廷使臣相接之時 預知其言 則其對辭庶幾早圖耳"

27 『세종실록』 55권, 14년 1월 7일
"무릇 언어라는 굽고 꺾인 곳(문맥과 어감, 말의 느낌)을 통하게 번역하는 데서 맛도 살아나고 의미도 있는 것인데, 요즘 통사들은 대충 그 대강만을 말할 뿐이고, 굽고 꺾인 곳을 제대로 통역하지 못하니 한스러운 일이다."
凡言語 辨通曲折 而味趣存焉 今通事等 汎言其概而已 其曲折處 不能變通 是可恨也

28 『세종실록』 63권, 16년 1월 15일
"怠心一萌 安於縱弛 不至成就 至於學問 稍有間斷 則怠不肯進 凡事莫不皆然"

29 『홍재전서』 129권, 「고식(故寔)」 1

"爲學如登百層寶塔 逐層層登將去 不待問人 自到上面 却終日懸空數
他層 一步也不能進"

30 『홍재전서』162권,「일득록」2
"畢竟持守者爲爲己之學"

31 『세종실록』30권, 7년 11월 29일
"今之儒者 名爲治經學 而窮理正心之士 未之聞也"

32 『홍재전서』162권,「일득록」2
"後之人 拈出學之一字 看作別件難做底物事 以至人自人學自學 判若
兩般條路"

33 上同
"大凡學問 都在日用事爲間 外此而焉有別般討學問處"

34 上同
"朱子曰 當令學者於平易明白處用功 夫所謂平易明白 卽事親敬兄日用
常行之事 堯舜之道 直不過如是而已"

35 이 부분은 세종이 경연 석상에서 한 말을 토대로 각색한 것이다.
"대저 의심스러운 바를 알고 더욱 연구하면 대부분 얻는 바가 있을 것이다. 무릇 배우는 자들은 모르면 모른다고 말할 수 있어야 한다. 스스로 나는 알지 못하는 바가 없다고 일컫는 사람은 이른바 '용류(庸流, 쓸모없는 무리)'인 것이니, 그대들은 모르는 것을 부끄럽게 여기지 말라."

大抵知其可疑而益究之 則庶有得焉 凡學者自謂不知者 然矣 自謂無所不知者 斯其所謂庸流也 爾等毋嫌其不知也 (『세종실록』58권, 14년 12월 22일)

36 매우 더운 여름날, 날씨가 더우니 거처하는 장소를 시원한 곳으로 옮기라는 신하들의 주청에 대해 정조가 한 말에서 가져온 것이다. "지금 좁고 답답한 이곳을 버리고 서늘하고 넓은 다른 곳으로 옮기게 되면 거기 가서도 참고 견디지 못하고 필시 다시 더 서늘한 곳은 없는지를 생각하게 될 것이다. 그리되면 과연 만족할 때라는 것이 존재하겠는가. 진실로 참고 견디면 바로 이곳이 서늘한 곳이 되는 것이다. 이를 통해 미루어 살펴보면 '지족(知足, 만족할 줄 안다.)'이라는 이 두 글자는 해당되지 않는 곳이 없다. 다만, 학문을 공부하는 것과 나라를 태평하게 다스리는 길에서만큼은 작은 완성에 만족할 줄 알아야 한다고 하면 안 된다. (이 문제에 대해서는) 더욱 힘써 정진하면서, 언제나 자신의 부족함을 탄식할 줄 알아야 한다."

今若捨此湫隘 就彼爽塏 又不能耐過 必更思爽塏處 如是而豈有知足之時乎 果能耐過 此便是爽塏處 推此以廣 則知足二字 無處不當 而但

335

學問之工 平治之道 不可以小成謂之知足 益勉進進而恒懷不足之歎 斯可矣 (『홍재전서』161권, 「일득록」1)

유조(遺詔)*

정조 잠에서 깨어나면 옷차림을 바로 하고 조용히 아침을 기다리면서 오늘만큼은 여러 가지 일들에서 성과도 거두고, 후회도 없이 보내리라 다짐하곤 했습니다. 하지만 늘 그렇듯이 일과를 마치고 하루를 되돌아보게 되면, 새벽의 그 다짐은 어디론지 사라져버리고 남는 것은 자책과 아쉬움뿐이더군요. 하루를 이렇게 보내고, 1년을 이렇게 허비하였으니, 대체 제가 나라와 백성들을 위해 한 일은 무엇이며, 앞으로 또 무엇을 할 수 있겠사옵니까. 아무런

---

* 임금이 세자나 신하들에게 남기는 마지막 유언. 자신의 재위기간을 회고하고, 후계문제를 결정하며, 국정에 대한 당부 등을 담는다. 구두로 남기기도 하고, 문서로 작성하여 전하기도 하는데, 보통 전자를 고명(顧命), 유훈(遺訓)이라고도 부르고, 후자를 유조(遺詔) 또는 유교(遺敎)라고 한다.

보탬이 되지 못한 것 같아 답답하고 부끄러울 따름입니다.

세종 아니다. 너는 누구보다도 잘해왔느니라. 그렇게 자신의 부족함을 아는 것. 그것이 중요하다. 자신이 보낸 하루를 후회하고, 아쉬워하는 것. 그것은 더 열심히 살아가고자 노력하는 사람만이 느낄 수 있는 감정이다. 스스로를 쉽게 용서하고, 자만하는 사람. 나태하여 하루하루를 안일하게 보내려는 사람은 자신의 부족함을 절대 알지 못하느니라. 부족한 걸 알아야 더 나아질 수 있는 것 아니겠느냐. 산(祘)아. 나는 너의 자질이 아름답고도 뛰어나다는 것을 알고 있다. 네가 해내지 못할 일이 대체 무엇이겠느냐. 스스로에게 믿음을 갖고 혼신을 다해 앞으로 나아가라. 그러면 머지 않아 너는 네가 원하던 모습을 이룰 수 있을 것이다.

정조 가슴 깊이 새기겠나이다. 일찍이 공자께서 말씀하시길, "아침에 도(道)를 들으면 저녁때에 죽어도 좋다."고 하셨습니다. 소손이 부족한 점이 많아서 지금 당장 크게 깨우치지는 못하더라도, 날마다 좋은 말을 들으면서 그것을 닮기 위해 노력하다 보면 조금씩 제 자신을 나아지게 만들 수 있을 것이라 생각하옵니다. 특히나 이번에 전하의 소중한 가르침을 듣는 시간을 갖게 되어 소손, 얼마나 기쁜지 모르옵니다. 제게 내려주신 말씀들을 그대로 받들어 실천해가겠사옵니다.

세종 '그대로 받들겠다.'는 말은 옳지가 않다. 어떤 일을 해나가는 방법은 자기 스스로 찾아내서 사용하는 것이다. 그것은 다른 사람으로부터 받을 수도 없고, 또한 내가 다른 사람에게 전해 줄 수도 없는 것이니라. 나의 조언과 내가 범한 시행착오를 참고하는 것은 좋은 일이다. 하지만 과인의 말을 그대로 따르지는 마라. 그 것은 답습일 뿐이니, 너는 나를 과감히 넘어설 수 있어야 한다. 부디 너만의 방법을 찾고, 너만의 길을 찾길 바란다. 잘 해낼 것이다. 내 너를 믿는다.

정조 성은이 하해와 같사옵니다.

세종 그래 이제 이 긴 대화를 마무리하고, 헤어져야 할 시간이로구나. 마지막으로 당부한다. 백성의 마음이 곧 하늘의 마음이고 이 나라의 마음이니, 언제나 너의 마음이 백성의 마음과 일치될 수 있도록 노력해야 할 것이다. 부디 정성을 다해 학문에 힘쓰고, 반성하고 포용하고 경청하면서 실질적 과업들을 실천해가거라. 나라의 근본을 튼튼히 하는 것도, 수 천리 강산의 민생을 편안하게 하는 것도 오늘부터 시작되는 것이다. 모든 것은, 오늘 지금 이 순간부터 시작되는 것이니, 단 한 순간이라도 소홀히 하지 말고 최선을 다해 노력해야 한다. 그리하여 나아가고 또 나아가, 마치 백리 길을 가는 이가 항상 구십 리를 절반으로 여기듯이 해라.

그리 마음먹으면 나태하고 싶어도 나태할 틈이 없으리니, 아름답고도 강대한 나라를 만드는 일도 더 이상 꿈으로만 남지 않을 것이다.

정조 명심, 또 명심하겠사옵니다.

세종 이제껏 내가 한 말들은 이미 너 스스로 잘 알고 있고, 또 실천하고 있는 것들이라, 괜히 사족(蛇足)을 덧붙인 것은 아닌지 모르겠구나. 노파심에서 나온 말이니 이해해주길 바란다.

정조 소손, 전하의 가르침을 받들어 종묘사직을 반석 위에 올리고, 이 땅위에 태평성대를 실현시켜 백성들 모두가 살아가는 즐거움을 마음껏 누릴 수 있도록 만들 것이옵니다. 그 모습을 지켜봐주시옵소서.

원전

『논어論語』『맹자孟子』『대학大學』『서경書經』

『주자봉사朱子封事』『정관정요貞觀政要』『성학집요聖學輯要』『사숙재집私淑齋集』

연구서

김태완, 『책문, 시대의 물음에 답하라』 (소나무, 2004)

노마 히데끼, 『한글의 탄생』 (돌베개, 2011)

박시백, 『박시백의 조선왕조실록 10: 정조실록』 (휴머니스트, 2010)

박시백, 『박시백의 조선왕조실록 4: 세종 문종 실록』 (휴머니스트, 2005)

박현모, 『세종처럼: 소통과 헌신의 리더십』 (미다스북스, 2008)

박현모, 『세종 실록 밖으로 행차하다: 조선의 정치가 9인이 본 세종』 (푸른역사, 2007)

백승종 외, 『조선의 통치철학』 (푸른역사, 2010)

신복룡, 『한국정치사상사』 (지식산업사, 2011)

신세돈, 『외천본민: 세종대왕의 바른정치』 (국가미래연구원, 2011)

안대회, 『성소치세어록』 (푸르메, 2011)

이한우, 『정조: 조선의 혼이 지다』 (해냄출판사, 2007)

이한우, 『세종: 조선의 표준을 세우다』 (해냄출판사, 2006)

정윤재 외, 『세종의 국가경영』 (지식산업사, 2006)

조남욱, 『세종대왕의 정치철학』 (부산대학교 출판부, 2001)

왕의 경영

초판 1쇄 인쇄 2012년 7월 3일
초판 4쇄 발행 2012년 7월 24일

지은이 김준태
펴낸이 김선식

Editorial Creator 박지아
Design Creator 이나정

5th Creative Editorial Dept. 정성원 홍다휘 박지아
Creative Design Dept. 최부돈 박효영 김태수 손은숙 이나정 조혜상
Creative Marketing Dept. 이주화 원종필 백미숙
　　　　　Online Team 김선준 박혜원 전아름
　　　　Public Relation Team 서선행
　　　　Contents Rights Team 김미영
Creative Management Dept. 김성자 송현주 권송이 윤이경 김민아 한선미

펴낸곳 (주)다산북스
주소 경기도 파주시 회동길 37-14 3, 4층
전화 02-702-1724(기획편집) 02-6217-1726(마케팅) 02-704-1724(경영지원)
팩스 02-703-2219
이메일 dasanbooks@hanmail.net
홈페이지 www.dasanbooks.com
출판등록 2005년 12월 23일 제313-2005-00277호

종이 (주)월드페이퍼
인쇄 · 제본 (주)현문

© 김준태, 2012. Printed in Seoul, Korea

ISBN 978-89-6370-906-2 (03900)